정치·경제의
대전환과
큰 적공

정치·경제의 대전환과 큰 적공

원광대학교 원불교사상연구원 편

모시는사람들

원불교 100주년 및 원광대학교 70주년 기념 국제학술대회가 2016년 4월 28일부터 30일까지 원불교 중앙총부 반백년기념관과 원광대학교 숭산기념관에서 열렸다. 「종교·문명의 대전환과 큰 적공」을 주제로 종교·정치·경제·생명 등 네 분야의 국내외 전문가들이 논문을 발표했다. 이 책은 정치 분야와 경제 분야에서 발표되고 토론된 내용을 엮은 것이다.

〈정치의 대전환〉 분과에서는 서승 일본 리츠메이칸대학교 특임교수, 김성곤 전(前) 더불어민주당 국회의원, 윤창원 서울디지털대학교 교수, 진징이 중국 베이징대학 교수, 이성전 원광대학교 교수가 발표했다. 한국정치의 발전, 한반도의 평화와 통일, 동아시아 평화와 국제정세 등의 문제를 다루었다.

서승 교수는 세계적으로는 1989년 냉전이 종식되었지만, 동아시아에서는 냉전 체제가 잔존한다며 동아시아 평화가 위기를 맞고 있다고 진단했다. 일본의 제국주의 침략 정신이 아직 청산되지 못한 데다, 이를 묵인하고 심지어 방조하는 미국의 세계 패권 유지를 위한 아시아 정책 때문이라고 주장했다. 예를 들어, 1965년의 굴욕적이고 졸속적인 한일수교나 2015년 12월 한일 간에 있었던 위안부 문제 협상도 미국의 압력 때문에 가능했다는 것이다.

김성곤 전 국회의원은 학자 출신 정치인으로서 한국사회 내에서 진보와 보수의 갈등, 한반도 안에서 남한과 북한 사이의 갈등이라는 상극 관계를 상생 관계로 전환할 수 있는 방안을 제안했다. 또한 원불교 교도로서 소태산 대종사의 '강자약자 진화상 요법'에 따라 강자와 약자가 적대 관계가 아닌 '은적(恩的) 관계'에 있다는 논리를 펼친 게 흥미롭다.

윤창원 교수는 한반도 평화통일을 위한 첫걸음이 남북 사이에 신뢰를 형성하는 것이라고 주장하고, 이를 위해서는 평화 유지(peace-keeping)에서 평화 만들기(peace-making)로 발전해야 하며 더 나아가 평화 구조화(peace-building)에 이르러야 한다고 주장했다. 나아가 원불교를 포함한 종교계에서 선교나 포교를 위한 시혜적 대북지원을 보편적 인류애에 바탕을 둔 통일 준비 사업으로 발전시키자고 제안했다.

진징이 교수는 1940년대 이후 지금까지 중미관계의 변화를 짚어주며 북한 핵문제의 원인을 파헤쳤다. 미국이 중국의 협조가 필요할 때는 북핵문제 해결에 긍정적으로 나섰지만, 중국의 급성장이 미국에 위협이 된다고 생각할 때는 중국을 견제하고 봉쇄하기 위해 북핵을 이용한다고 주장했다. 특히 세계 유일의 초강대국 미국이 급속하게 떠오르는 중국을 견제하기 위해 북한이라는 주적을 필요로 한다며, 미국이 북한 붕괴도 원하지도 않고 북한과의 평화협정도 바라지 않는다고 분석을 내놓았다.

이성전 교수는 원불교 성직자로서 한국정치의 발전과 관련해 정산종사의 '건국론'을 바탕으로 한 정치발전안을 제시했다. 1945년 해방 정국의 사회혼란 속에서 원불교 제2대 종법사가 내세웠던 중도와 중립의 치교사상을 다시 강조한 것이다.

〈경제의 대전환〉 분과에서는 강신준 동아대학교 교수, 칫다다 아난다 마르가 수행자, 윤병선 건국대학교 교수, 정태인 칼폴라니 사회경제연구소 소장이 발표를 맡았다. 주로 자본주의의 위기와 대안을 모색하였다. 다양한 관점에서 대전환 시기에 선 자본주의와 그 이후를 논의하였다. 현재 자본주의에서 나타나는 불평등과 사회적 약자, 특히 대학생과 청년세대의 경제적 문제 그리고 실업에 대한 전반적인 문제의식 아래 이를 해결하기 위한 구체적 대안들을 토론하였다. 순수한 경제학적 관점을 넘어서는 영적 분석 및 사회 구성원 간의 상호성 등을 통한 경제문제 분석은 논의를 더욱 풍부하게 만들었다. 이를 통해 자본주의의 위기와 대안에 대하여 다시 숙고할 수 있었다.

강신준 교수는 "노동의 해방, 마르크스의 약속"이라는 주제를 가지고 자본주의와 대전환 시기의 경제를 분석하였다. 현재 나타나고 있는 자본주의의 문제점들의 해결방안으로 노동의 공동소유와 공동체가 다스리는 국가를 제시하였다. 또한 지속적인 교육과 적당한 물질적 토대를 이와 같은 대안의 구체적 방법으로 제시하였다.

칫다 아난다 마르가 수행자는 "세계경제 대공황과 자본주의의 종말"이라는 주제로 현재의 경제문제와 자본주의의 위기를 물질이 아닌 정신과 영적인 측면에서 해결하고자 하였다. 특히 앞으로 닥칠 대공황은 각각 개개인과 사회의 영적 변화를 통해서만이 극복할 수 있다고 이야기한다. 자본주의의 대공황을 넘어서 새로운 사회로의 대전환을 위해서는 의식이 전환이 필요하다는 것이다.

윤병선 교수는 "생명의 눈으로 본 한국 농업"이라는 주제로 한국의 농업경제 문제를 바라보았다. 도시와 농촌 사이의 소득격차와 기존 농업지원 정책의 문제점을 지적하고 이에 대한 해결방안으로 대안농식품운동을 제시하였다. 더불어 이러한 대안이 사회적 가치 위에 존재해야 하며 지속가능하여야 한다는 점을 강조하고 있다.

정태인 교수는 "칼 폴라니의 대전환과 다원적 경제로의 전환"을 주제로 논문을 발표하였다. 기존 자본주의는 사회 전체를 시장경제의 시각으로 바라보았기 때문에 현재의 위기가 왔다고 진단하면서, 사회적경제와 더불어 공공경제와 시장경제 등을 포괄하는 다원적 경제로의 전환을 주장하였다. 이러한 대전환을 위하여 제도와 조직의 민주적 운영 및 사회적 협동의 원칙을 강조하였다. 구체적인 실천방안으로는 사회적 불평등 개선을 위한 생태인프라에 대한 투자를 제시하였다.

　이렇듯, 〈경제의 대전환〉 분과는 다양한 관점에서 현재 진행되고 있는 자본주의의 위기를 진단하고 자본주의를 넘어서는 대전환에 대하여 논의하는 자리였다. 이러한 논의는 대전환의 시기에 개개인과 사회가 어떠한 역할을 해야 하는지를 다시 한 번 고민하게 하는 소중한 기회였다.

2016년 12월
성제환 · 이재봉

종교문명의 대전환과 큰 적공

원불교 100주년·원광대학교 개교 70주년 기념 국제학술대회

오광익 _ 궁산, 원로교무

1

我國著名敎授群 우리나라 저명한 교수 무리와

他邦優秀學人欣 다른 나라 우수한 학자들이 기쁘게

論經論政論生命 경제와 정치를 논하고 생명을 논하며

宗敎所談盛大聞 종교를 말하는 바가 성대하게 들렸어라.

2

建敎百年艱裏過 원불교 세운 백년, 어려움 속에 지나가고

圓光七十易非拖 원광대학 칠십년, 쉽게 끌어옴이 아니라네

上存眞理感應降 위에는 진리가 있어서 감응을 내리었고

下有匹儔同懋荷 아래로는 짝들이 있어 함께 힘써 멤이어라.

* 원불교 100주년·원광대학교 개교 70주년 기념 국제학술대회가 「종교문명의 대전환과 큰 적공」이라는 대제(大題)를 내걸고 원불교 중앙총부 반백년기념관과 원광대학교 숭산기념관에서 2016년 4월 28일에서 30일까지 개최되었다. 이 대회에 참석하여 두루 경청하고 그 감상을 한시로 엮었다.

3

世態渾淪活路焦 세태의 혼륜에 살아가는 길이 초조하고
地村環境破傷招 지구마을 환경은 깨어져 상함을 부르누나
群邦互戰平和壞 여러 나라 서로 다퉈 평화가 어그러지니
恩愛不施消滅邀 은혜사랑 베풀지 아니하면 소멸을 맞으리.

4

先天交易後天回 선천이 바뀌어서 후천이 돌아오니
主佛吾師此世來 주세 부처 우리 스승 이 세상 왔어라
道德再明人類濟 도덕을 다시 밝혀서 인류를 건지고
齊肩共活樂園開 어깨 나란히 함께 살 낙원을 열었네.

5

宗敎文明轉換迎 종교문명의 전환기를 맞이하여
積功加力再開晴 적공에 힘을 더해 다시 열고 맑히리라
好治物質新生覓 물질을 좋게 다스려 새로 살림을 찾고
善啓精神聖世成 정신을 잘 열어 성스러운 세상 이루리.

제2부 경제의 대전환

제1부

정치의 대전환

성장시대의 종언과 민주주의*

김종철**

* 이 글은 『녹색평론』 제148호, 2016년 5-6월호에도 게재한 내용임.
**『녹색평론』 발행인

Ⅰ. 들어가는 말

최근 세계의 지식인 사회에서는, 오늘의 글로벌 경제 위기가 경제성장시대가 끝났거나 끝나가는 징후로 봐야 한다는 견해가 날로 증가하고 있다. 그중에서 『자본주의의 종언과 역사의 위기』(2014)라는 책을 쓴 미즈노 가즈오(水野和夫)라는 일본의 경제사가는 대표적인 논자라고 할 수 있다. 그는 이미 여러 해 전부터 세계의 선진 자본주의 국가들에서 국채의 이자율이 2% 이하로 머물거나 혹은 제로 금리, 심지어는 마이너스까지 내려가는 상황이 됐음을 주목하고, 이것은 사실상 자본주의의 종말을 고하는 신호로 봐야 한다는 논리를 편다. 그에 의하면, 유사 이래 이자율이 이토록 낮은 적이 없었다. 예외적이나마 굳이 유사한 상황을 들자면, 16세기 초 약 10여 년 동안 이자율이 2% 이하로 머물러 있던 제노바를 비롯한 이탈리아 자유도시들의 상황이 있다. 중세 말기 경제적으로 가장 번영을 누리던 이탈리아 자유도시들은 16세기 전반기에 쇠락의 길을 걷기 시작했고, 경제적 헤게모니가 네덜란드, 이어서 영국으로 옮겨 간 것은 잘 알려진 역사적 사실이다.

미즈노에 의하면, 낮은 이자율은 낮은 이윤율을 의미한다. 이토록 낮은 이자율이 지속된다는 것은 장기적으로 극심한 불황이 예상되기 때문이다. 상당한 이윤 획득의 전망이 보이지 않기 때문에 자본가들은 새로운 투자를 꺼리게 마련이고, 이러한 투자 위축 상황이 계속되면 경제 전반의 활력 둔화·

생산 부진·고용 기회의 축소·소득 감소·구매력 부족·과소 소비·투자 위축의 악순환이 반복되면서 결국에는 헤어나기 어려운 심각한 디플레이션에 빠져 버린다. 물론 이것은 자본주의 시스템의 낯익은 호황, 불황 사이클의 최신판이라고 할 수도 있다. 하지만 2% 이하의 이자율이 장기간 계속된다는 것은 단순한 경기순환론만으로는 설명이 안 되고, 오히려 그것은 자본주의 시스템 자체의 수명이 끝났음을 알리는 신호로 봐야 한다고 미즈노는 말한다.

II. '프런티어'가 사라진 자본주의

미즈노가 그렇게 보는 이유의 하나는, 오늘의 상황이 16세기 이탈리아 자유도시들의 경우와 근본적으로 다른 점이 있기 때문이다. 즉, 중세 말기의 그 상황은 경제적 헤게모니가 다른 지역으로 이동하는 것으로 귀결되었으나, 오늘날에는 미국에 이어서 세계 자본주의를 새로이 주도할 헤게모니 세력이 존재하지 않는다는 중요한 차이가 있다. 지금은 패권 국가 미국의 쇠락에도 불구하고, 그 패권을 이어받을 새로운 세력이 등장하기는커녕 세계경제가 총체적으로 동반 추락하고 있다.

왜 이렇게 되었을까? 이 점을 이해하자면 자본주의가 본시 '외부', 즉 수탈과 착취를 할 수 있는 '프런티어'가 없으면 계속해서 성장할 수 없는 시스템이라는 것, 그리고 성장이 불가능하면 자본주의는 붕괴할 수밖에 없는 시스템이라는 것을 새겨 둘 필요가 있다.

이 점에 관련해서 흥미로운 관점을 하나 소개하고 싶다. 미국의 역사학자 월터 프레스콧 웹(Walter Prescott Webb, 1888-1963)은 『거대한 프런티어, The Great Frontier』(1952)라는 책에서, 지난 450년 동안 유럽인들이 주도해 온 자본주의 문명이 놀랄 만한 성장·확장을 거듭해 온 것은 기본적으로 1492년

아메리카 대륙 '발견' 이후 남북 아메리카를 비롯하여 아프리카 · 오스트레일리아 · 아시아 등 서구인들이 맘대로 지배할 수 있었던 '거대한 프런티어'가 존재했기 때문이라고 설명한다. 유럽이라는 중심(메트로폴리탄)에서 보자면 비유럽 세계는 모두 '프런티어'인데, 그 '거대한 프런티어'에 대한 거침없는 약탈에 의해서 자본주의가 비약적인 발전을 거듭할 수 있었다. 그리고 이렇게 성장 · 확대되는 경제를 토대로 의회제 정당정치를 비롯하여, 온갖 사회적 · 문화적 시스템, 즉 서구 문명의 상부구조가 성립 · 유지되어 왔다. 요컨대 서구 근대 문명의 번영은 '거대한 프런티어'라는 '외부'가 존재하지 않았다면 성립 불가능한 프로젝트였던 것이다.

그런데 한때 미국역사학회 회장을 지낸 이 고명한 역사학자는 그런 유럽의 근대 문명이 누려 온 번영의 시기가 이제는 끝났다고, 1950년의 시점에서 단언하고 있다. 그 이전 450년 동안 자본주의 문명을 뒷받침해 왔던 성장과 확대의 근본 조건, 즉 '거대한 프런티어'가 더 이상 존재하지 않기 때문이라는 것이다. 1950년 무렵은 세계의 열강들이 식민지를 대부분 포기하고 이른바 제3세계가 세계사의 무대에 등장하던 시기였다. 그런 점에서 '프런티어'가 말했을 때 그는 주로 그 식민지들을 염두에 두고 있었던 것으로 보인다. 비록 식민지는 과거지사가 되었으나 이른바 신식민주의적 지배와 약탈이 계속되어 온 20세기 후반 이후의 세계적 현실을 생각하면, 월터 프레스콧 웹의 관점은 상당히 나이브하게 보일 수도 있다. 그리고 지금에 와서 보면 1950년 시점에서 자본주의경제의 성장 조건들이 사라졌다는 판단이 성급했다는 것도 분명하다.

그럼에도 불구하고 그의 메시지는 매우 중요하다고 할 수 있다. 구식 근대 자본주의 문명이란 기본적으로 비서구 세계에 대한 침략과 약탈의 소산이라는 것, 그리고 침략과 약탈이 더 이상 가능하지 않은 날이 반드시 오게 마련이고, 그때는 그 문명은 당연히 종식될 수밖에 없다는 이 책의 중심적 메시지는 어김없는 진실이기 때문이다. 더구나 그것을 지금보다 반세기도 더 전에 얘기한 그 혜안과 용기는 놀랍다고 하지 않을 수 없다.

그런데 지금 생각하면 『거대한 프런티어』는 확실히 석유의 중요성을 간과했다. 프레스콧 웹이 석유라는 '마법의 물질'이 20세기 이후의 자본주의경제에 끼치는 막대한 역할을 알았다면 자본주의 문명의 종식 시점을 1950년대로 성급하게 잡지는 않았을 것이다. 그러나 어쨌든 시기를 좀 앞당겨 예견했으나 자본주의 문명의 필연적 종식을 언급한 것은 기본적으로 정당했다고 할 수 있다.

III. 에너지와 경제성장

자본주의 문명의 종식과 성장시대의 종언이 꼭 같은 것이라고 할 수 없겠지만, '성장'이 멈추면 자본주의가 지속 불가능하다는 것은 분명하다. 그 점에서 프레스콧 웹이 예견한 '프런티어'의 소멸은 그대로 성장시대의 종언을 설명하는 데도 유효하다고 할 수 있다.

사실, '프런티어'의 소멸은 에너지·기후변화·금융 위기 등 지금 지구 사회 전체가 직면한 가장 긴급한 문제들과 결부하여 설명할 수 있다. 첫째, 에너지 문제. 여기서 에너지는 주로 산업혁명 이후 자본주의 문명을 뒷받침해온 화석연료를 의미한다. 근대 자본주의 문명은 철두철미 화석연료에 의존해서 전개되어 왔다. 특히 2차대전 이후의 세계경제의 '풍요'는 일차적으로 값싸고 풍부한 석유 공급 때문이었음은 더 말할 필요가 없다.

그런데 1970년대로 접어들면서 발생한 오일쇼크는 석유가 재생 불가능한, 유한한 자원임을 알려 주는 결정적인 계기가 되었다. 그것은 머지않아 석유가 고갈까지는 되지 않더라도 심각한 공급 부족 상황이 올 것이라는 것을 예고해 주었다.

그 후 원유 가격은 상승을 계속하고, 드디어 수십 년 동안 배럴당 5-10달러에 머물던 석유 가격은 2010년경에는 배럴당 100달러가 넘는 상황이 되었다. 석유업자들의 이익을 대변하는 국제에너지기구(IEA)조차도 2011년의 보고서에서 이미 2006년에 '피크오일(peak oil, 석유 생산이 최고점에 이르는 시점)'이 지나갔음을 공식적으로 인정하지 않을 수 없게 된 것이다. 그러다가 이상하게도 최근 국제 원유 가격이 갑자기 폭락하는 사태가 발생하여 몇 년째 저유가 상황이 계속되고 있다. 하지만 이것은 어디까지나 국제정치상의 알력·대립·책략에 기인한 일시적 이상 현상에 불과하다는 것을 우리는 알 필요가 있다(기술 개발에 의해 셰일오일, 타르샌드, 석탄액화연료 등 비전통적인 석유의 풍부한 채굴이 가능해졌으므로 앞으로 몇백 년 동안 석유는 '걱정 없다'고 말하는 사람들도 있지만, 국제에너지기구마저도 그것은 매우 비현실적인 '희망 사항'이라고 말했다).

어쨌든 석유가 값싸게 풍부히 공급되던 시대가 지나갔다는 건 확실하다. 그러면 거의 전적으로 석유에 의존하여 움직여온 시스템은 어떻게 될까? 종래와 같은 상황이 계속되지 않을 것임은 자명하다. 그런데 문제는, 석유가 단지 주요 에너지원일 뿐만 아니라 거의 모든 산업·수송·농사를 포함한 현대적 의식주 생활에 불가결한 제품들의 기초 원료라는 점이다. 이토록 중요한 석유의 공급에 차질이 생긴다면, 현대적 생활 방식에 필요한 거의 모든 인프라는 물론, 그 인프라 위에 구축된 상부구조(정치·군사·법률·교육·문화·학문·예술까지 포함한)도 근원적인 변화를 겪지 않을 수 없다. 따라서 앞으로의 세상은 질적으로 차원이 전혀 다른 세상일 것임을 우리는 충분히 예견할 수 있다. 그런데도 지금까지 그래 왔던 것처럼 낯익은 방식대로 우리의 삶이 연장되거나 혹은 확대된 형태로 계속될 것이라고 막연히 믿고, 타성적인 사고와 행동을 반복할 수 있을까?

지금 우리 사회에도 '경제민주화'를 말하는 사람들이 많아졌다. 이것은 경제적 불평등이 날로 극심해지는 시대 현실을 고려하면 매우 자연스러운 현상이다. 하지만 문제는, 경제민주화를 논하면서도 이제 더 이상의 경제성장이 불가능하다는 것을 주목하는 사람들이 거의 없다는 점이다. 생각하면 이것은 조금 이해하기 어려운 현상이다. 왜냐하면 오늘의 세계가 직면한 총체적인 위기 상황에 대하여 의식이라도 있다면, 경제성장이 끝났거나 끝나 가고 있다는 것은 별로 큰 지식이 없어도 쉽게 알아차릴 수 있기 때문이다.

석유도 석유지만, 무엇보다 경제성장이 중단될 수밖에 없는 것은 기후변화로 대변되는 환경 위기 때문이다. 사실 기후변화 자체를 막는다는 것은 벌써 불가능한 단계로 들어섰다. 그런데도 지금 기후변화에 대응해야 한다는 것은 앞으로 예상되는 상황에서 가장 나쁜 시나리오를 회피하기 위해서이다. 지구 평균기온이 18세기 산업혁명 초기 무렵보다 2℃ 이상 상승하지 않도록 이산화탄소 등 온실가스의 방출을 억제하자는 것이다.

그런데 관련 과학자들의 견해로는, 이런 목표나마 성취하려면 현재 지하에 매장되어 있는 모든 석탄·석유는 지금부터 아예 손을 대지 말고 그대로 내버려 둬야 한다는 것이다. 이것은 공식적인 국제회의 테이블에서 흔히 논의되는 것과는 비교할 수도 없이 급진적인 제안이다. 대체로 국제회의에서 제시되는 목표는 세계의 산업국들이 1990년을 기준으로 매년 5% 내지 10%씩 순차적으로 온실가스 방출량을 줄여 나가는 것이다. 사실 이 정도의 축소조차도 (글로벌 경제의 경쟁 압력 속에서 승자가 되거나 적어도 살아남아야 한다는 고정관념에 붙들려 있는) 거의 모든 산업국가의 정책 결정자들은 받아들이기를 꺼려하고 있는 게 오늘의 현실이다. 이 현실을 감안하면 화석연료를 땅속에 그냥 내버려 둬야 한다는 견해는 얼핏 보면 황당하다 싶을 만큼 비현실적인 것으로 보인다.

그러나 기후변화라는 엄중한 사태를 우리가 정말로 진지하게 받아들인다면, 화석연료 사용을 극단적으로 축소해야 한다는 견해는 결코 비현실적인 몽상으로 무시될 수 없다. 오히려 훨씬 비현실적인 것은, 이 모든 이성적인 경고에도 불구하고 화석연료 사용을 계속 증가시킬 수밖에 없는 활동, 즉 경제성장을 어떠한 상황에서도 계속 추진해야 한다는 강박적 관념에서 헤어나지 못하는 시대착오적인 생각이다.

IV. 정상상태로의 회귀

경제성장이 정지된다고 가정하는 것만으로 대부분의 사람은 두려움을 느낀다. 성장이 멈추면 고용 문제는 어떻게 하고 연금제도 같은 사회복지 시스템은 어떻게 유지할 수 있을 것인가에 대한 걱정 때문일 것이다. 그러나 장구한 인간 역사의 흐름 속에서 보면, 경제성장이라는 것은 매우 짧은 시간의 예외적인 경험이었다. 『거대한 프런티어』에서 프레스콧 웹은 지난 수백 년간 유럽인들이 주도해 온 '번영의 시대'는 어디까지나 '비정상적인' 시대였다고 말한다. 그렇다면 성장시대의 종언은 우리가 정상적인 시대로 회귀한다는 뜻이 된다.

하지만 익숙한 방식에서 벗어나 새로운 삶을 전망한다는 것은 쉬운 일이 아니다. 아마도 상당 기간 동안은 많은 혼란과 좌절을 각오해야 할지 모른다. 예를 들어, 그동안 우리 사회는 온갖 사회적 불의와 경제적 불평등, 그리고 거기서 비롯된 대립과 갈등을 경제성장을 통해서 호도하거나 완화해 온 측면이 크다. '파이'를 크게 만들면 가난한 사람들도 미약하나마 혜택을 받고, 그 결과로 어느 정도 불만을 잠재우는 게 가능했기 때문이다. 지배 세력의 의도였든 아니든, 그런 전략이 상당 기간에 걸쳐 비교적 효험을 발휘했음이 사실이다.

물론 한국사회에 한정된 이야기가 아니다. 거의 모든 나라 모든 산업국가가 기본적으로 그런 방식으로 국가 체제와 사회질서를 유지해 왔다. 껍데기

뿐인 민주주의지만 자본주의국가에서 그동안 대의제 민주주의가 어느 정도 기능할 수 있었던 것도 결국은 경제성장 덕분이라고 할 수 있다. 그렇다면 이제 중요한 것은, 경제성장이 끝난 상황에서 사회를 유지할 수 있는 원리는 무엇이 될 것인가 하는 것이다.

V. 공유재의 재인식

결론부터 말하면, 사회 속에 존재하는 '공유재'를 공평하게 나누고 상호 협력과 상호 부조를 통해서 공생의 삶을 추구하는 길 이외에는 없다. 우선 고용 문제를 생각해 보자. 종래에 대부분의 사람들에게 주어졌던 일자리는 화석연료에 기반을 둔 대규모 생산·유통·소비·폐기의 과정들에서 필요한 일을 수행하기 위한 것이었다. 이제 이 과정이 대폭 축소된다고 한다면 사람들은 어디에서 일자리를 구하고 어떻게 생활을 꾸려 나갈 것인가? 성장시대의 기본적인 룰과 논리로는 도저히 해답을 찾을 수 없다.

최근 인공지능 기술의 급속한 발전으로 조만간 인간 노동이 '필요 없는' 세상이 될 것이라는 전망이 쏟아지고 있다. 사람들이 당연히 걱정하는 것은 일자리 문제이다. 그 결과, 여러 해 동안 일부 서클 속에서 논의되어 온 '기본소득'이라는 아이디어가 급속히 확산되고 있다. 이와 함께 모든 국가 구성원들에게 정기적으로 일정 금액을 일률적으로 지급하는 생활보조금(기본소득)에 필요한 재원은 어떻게 마련할지, 과연 가능할지를 궁금하게 생각하는 사람들이 많다.

사람들이 쉽게 기대는 것은 과세 제도 개혁이라는 아이디어이다. 이것은 물론 틀린 생각이 아니다. 하지만 우리는 국가나 지방자치단체가 돈을 마련하는 데 꼭 세금에만 의존해야 할 이유가 없다는 사실을 음미할 필요가 있다. 이 점을 조금 자세히 생각해 보려면, 우리는 국가라는 게 과연 무엇인지

다시 한 번 근본적으로 묻지 않으면 안 된다. 근대 국민국가는 대등한 권리를 가진 시민들이 사회계약을 맺고 공동의 이익을 위해 구축한 공동체, 즉 공화국이다. 그러니까 공화국(republic)이란 한마디로 그 공동체가 개인이나 소수 그룹의 사유재가 아니라 구성원 전체에 귀속된 공공재(commonwealth)라는 뜻이다.

그런데 자본주의의 역사란 이 공공재를 특권적인 소수의 강자들이 배타적으로 점유, 사유화해 온 과정이라고 할 수 있다. 그 과정에서 농민이나 하층민들이 삶터와 생계 수단을 빼앗기고 도시의 빈민으로 전락하거나 임금노예의 삶을 강요당해 온 것은 잘 알려진 역사적 사실이다. 이른바 자본의 원시적 축적 단계에서 벌어진 이러한 폭력적 사태는, 실은 역사적으로 어떤 시기에 국한된 게 아니라 지금까지 그 본질은 조금도 변함없이 다양한 형태로 계속되어 왔다. 즉 '강탈에 의한 자본축적'(『신자유주의 약사(略史)』, 데이비드 하비, 2005)은 자본주의의 일관된 작동 기제라 할 수 있다.

사람들은 흔히 공유재(commons)라고 하면 토지나 목초지 등을 떠올리지만, 실제로 허다한 형태로 존재하는 게 공유재이다. 재작년에 작고한 경제학자 우자와 히로후미(宇澤弘文)가 '사회적 공통자본'이라고 명명한 것도 결국 공유재이다. 예를 들어 철도·도로·항만·공항·가스·전기·통신 등 인프라는 물론, 문화·예술·의료 및 교육 시설 나아가서 국가의 정치·행정·사법체계·군대·경찰·미디어도 모두 공유재라고 할 수 있다. 그러니까 이러한 다종다양한 시설·제도·서비스를 운영한 결과 생기는 이익이 있다면, 그 이익은 공유재를 활용한 소득인 만큼 마땅히 공익을 위해서 사용해야 한다는 논리가 매우 정당하게 성립한다.

VI. 공유재로서의 금융화폐제도

공유재 중에서도 가장 중요한 것은 금융화폐제도이다. 화폐라는 것은 본시 공동체의 원활한 경제생활을 위한 교환 수단이다. 그런데 이것이 자본주의의 전개 과정에서 이상하게 발전하여 오늘날 화폐제도는 사적 이윤 취득 수단이 되어 버렸다.

주목할 것은 오늘날 우리가 쓰는 대부분의 돈(약 90% 이상)은 국가나 중앙은행이 발행한 지폐나 동전이 아니라 단지 숫자상으로만 표시되는 가상의 화폐라는 점이다. 이 화폐는 민간 상업은행이 고객에게 대출을 해 주는 순간 생겨난다. 그러므로 지금 통화의 대부분은 은행에서 빌린 대출금, 즉 '부채'로 구성되어 있는 셈이다. 그것도 기한이 되면 원금과 함께 이자를 붙여서 상환하지 않으면 안 되는 부채 말이다.

여기서 잠깐 '부분지급준비제도'라는 것에 대해 생각해 볼 필요가 있다. 우선 우리는 지금 은행이 대출을 어떻게 하는지 제대로 알아야 한다. 사람들이 흔히 믿고 있는 것처럼, 은행은 고객이 맡긴 예금 중의 일부를 다른 고객에게 대출해 주는 게 아니다. '부분지급준비제도'란 은행이 자신의 금고에 들어 있는 돈보다 훨씬 더 많은 돈을 대출이라는 형식으로 발행할 수 있도록 허용하는 제도이다. 그리하여 은행은 금고에 100만 원이 있다면 1,000만 원 혹은 그보다 훨씬 많은 돈을 대출할 수 있다. 그리고 그렇게 대출된 돈은 지금까지 세상에 존재하지 않다가 갑자기 생겨난 새로운 화폐가 된다. 이것이 이른바 '신용창조'라는 것이다. 그리고 오늘날 신용창조에 의해 탄생한 화폐는 대개는 고객의 통장에 숫자로만 기재되어 경제의 순환 과정 속으로 투입된다. 어쨌든 우리가 분명히 알아야 할 것은 오늘날 실질적인 화폐 발행 주체는 국가도 중앙은행도 아니고 일반 시중은행이라는 사실이다.

이처럼 '신용창조'라는 과정을 통해서 사실상 대부분의 돈이 국가나 공공

기관이 아니라 사립 민간은행에 의해 발행된다는 것은 따져 보면 실로 중대한 문제이다. 민간은행인 이상, 은행의 근본 관심이 공익이 아니라 사기업으로서의 자신과 주주들의 (단기적인) 이익 극대화에 쏠리는 것은 불가피하다. 그리하여 은행은 가급적 많은 대출금을 발생시켜—즉, 새로운 화폐를 가급적 많이 발행하여—공익성이 큰 사업을 지원하기보다는 손쉽게 큰돈을 벌 수 있는 증권이나 부동산 등에 투기적 투자를 하거나, 법적 규제가 느슨한 틈을 타서 사행성이 농후한 온갖 종류의 금융파생상품 개발을 통해서 떼돈을 벌 궁리를 자연히 하게 마련이다. 그러나 이 탐욕의 메커니즘은 결국 경제와 사회를 파탄에 빠트리고 만다. 그러면 피해는 고스란히 일반 시민에게 돌아가고, 특히 가난한 사람들은 치명적인 타격을 입는다. 실제로 그것은 2008년 월스트리트 금융파산 사태에서 명확히 입증되었다(『100% 돈이 세상을 살린다』, 빌 토튼, 녹색평론사, 2013).

만약에 지금처럼 화폐를 민간은행이 영리 목적으로 발행하도록 허용하는 것을 중지하고, 정부나 공공 기관이 직접 발행하는 구조를 만든다면 어떻게 될까? 그리되면 우선 이자수입을 비롯해서 화폐 발행에 의한 이득('시뇨리지')이 전부 공공의 부가 되고, 따라서 공익을 위해서 쓸 수 있게 된다. 그리고 국채라는 형식으로 국가가 시중은행들의 돈을 빌려 써서 이자를 물어야 하는—따져 보면 괴이한—관행이 사라지고, 국가는 필요하면 언제든 스스로 화폐를 발행하여 복지 · 교육 · 의료 등 경비로 지출할 수 있다. 그뿐만 아니라 지금처럼 수많은 개인이나 단체가 부채에 짓눌려 원금에 이자를 붙여 상환하기 위해서 미친 듯이 돈을 벌려고 버둥거리는 처참한 상황이 종식될 수 있다(실제로 기본소득의 재원도 이런 방식으로 간단히 마련할 수 있다는 것을 클리포드 더글러스는 '사회신용론(social credit)'이라는 개념으로 이미 1920년대에 매우 논리적으로 설명했다).

민간은행에 의한 '신용창조' 메커니즘을 중지시켜야 할 또 하나의 매우 중대한 이유가 있다. 그것은 이 때문에 '경제성장'이 강박적으로 강요되고 있다는 점이다. 현재의 금융화폐 시스템의 내재적 논리로 보면, 시스템이 지속되려면 끊임없이 은행이 대출을 해야 하고, 이에 이자를 붙여서 원금을 상환하는 과정이 반복·확대되지 않으면 안 된다. 이 과정이 매끄럽게 돌아가지 않으면 곧 시스템은 정지되거나 작동 불능 상태로 된다. 오늘날 대부분의 돈이 은행 대출금으로 구성되어 있기 때문에 사회에 필요한 돈이 말라버리고, 그 결과 전면적인 경제 파탄이 불가피해진다. 이런 사태를 방지하자면 어떻게든 경제성장이 계속되지 않으면 안 되는 것이다. 그러니까 계속적인 경제성장 없이는 필연적으로 무너질 수밖에 없게 되어 있는 이러한 금융화폐제도 야말로 우리가 경제성장 논리를 극복하는 데 가장 큰 장해 요인이 된다고 할 수 있다.

해결책은 결국 현행의 '부분지급준비제도'를 혁파하거나, 아니면 사유화되어 있는 금융기관을 공유화하는 방법 밖에는 없다. 원래 금융 제도와 화폐라는 것은 가장 기초적인 공공재이니만큼, 은행을 공적 기관으로 만든다거나 은행이 '부분지급준비제도'를 이용하여 사적인 이득을 취하려고 사회적 약자들을 희생양으로 만드는 관행을 근절시켜야 한다는 것은 너무나 정당한 논리라고 할 수 있다.

VII. 나가는 말: 활로는 민주주의의 강화

그러나 문제는, 이 불의한 혹은 부조리한 금융 시스템으로 부당하게 이익을 챙겨 온 기득권 세력이 완강히 버티고 있는 현실이다. 그러나 우리는 어떻게든 돌파구를 열어야 한다. 이 대목에서 참고로 할 만한 것은, 2008년 가을 월스트리트 금융회사들의 사기 행각이 백일하에 드러난 뒤에 미국과 세계 여러 곳에서 공립은행 설립운동이 시민운동의 일환으로 활발히 전개되기 시작했다는 사실이다. 실제로 미국에서도 예전에는 공공은행이 많았고, 지금도 노스다코타 주립은행은 공공 기관이다. 그 때문에 노스다코타 주는 현재 미국에서 재정이 가장 견실하고 실업률도 가장 낮다고 알려져 있다(Ellen Brown, *Public Bank Solution*, 2013).

금융 제도와 화폐라는 공공재를 다시 민중의 것으로 돌리는 일은 성장이 중단된 시대의 인간다운 삶을 위해서 풀어야 할 가장 시급한 현안일지도 모른다. 그러나 이 과업의 성취 여부는 말할 것도 없이 합리적인 정치에 달려 있다. 그리고 합리적인 정치란 다른 게 아니라 사사로운 이해관계를 초월하여 사회 구성원 다수의 이익(공공선)을 비폭력적으로 확보할 수 있는 정치, 즉 민주주의 말고는 없다.

민주주의란 단지 선거를 한다고 되는 게 아니다. 선거는 오히려 과두 지배 체제를 정당화해 주는 기만적인 책략이기 쉽다. 그 때문에 오늘날 선거에 의한 대의제 민주주의는 허다한 경우 금권 과두 세력에 봉사하는 메커니즘으로 기능하고 있는 것이다. 이런 사이비 민주주의로는 공정하고 평화로운 세상을 향해서 한 걸음도 나아갈 수 없다. 더욱이 지금 우리가 풀어야 할 것들은 일찍이 경험해 본 적이 없는 난제 중의 난제들이다. 이 위기 상황을 돌파하여 지속 가능한 새로운 인간적 삶의 방식을 어떻게 찾아낼 것인가? 탁월한 지도자 혹은 난세의 영웅을 기다려야 할 것인가? 그러나 우리는 결국 모든 것은 우리 자신에게 달려 있다는 것을 잊어서는 안 된다. 지금 우리에게 필요한 것은 사회 속에 잠재되어 있는 최량(最良)의 지혜를 발굴하는 방식, 즉 대화와 토론을 거쳐 최선의 합의에 도달할 수 있는 틀을 구축하는 일이다. 사회 속의 최량의 지혜라는 것은 결국 진정으로 민주적인 방식으로 결집한 '집단적 지성' 이외에 무엇이겠는가!

동아시아 평화의 위기, 무엇이 문제인가?

서 승*

* 리츠메이칸대학교

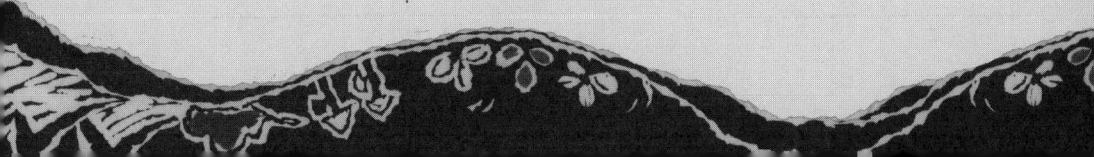

북한은 2016년 1월 6일 4차 핵실험을 하고, 2월 7일 인공위성을 발사했다. 미·일은 이를 유엔 결의 위반으로 비난하면서 종전보다 엄격한 유엔 제재 결의를 채택했다. 한국 정부는 대북 제재에 앞장서서 개성공단 폐쇄를 단행하고 사드(THAAD) 배치까지 표명했다. 3월에는 사상 최대의 한미 군사훈련 '키리졸브'를 실시하여 북한 상륙 훈련까지 했다. 이에 대항하여 북한에서도 해안 방어 훈련과 상륙 훈련을 시행하고 핵 소형화를 과시하여, 제5차 핵실험을 시사하면서 연일 미사일 발사를 실시하는 등 한반도의 대립과 긴장은 어느 때보다 고조되어 있다.

그러나 이번 북핵 위기로 말미암아 첨예한 대립이 드러난 동아시아 위기의 근저에 냉전이 잔존해 있다는 주장도 있다. 미소가 블록을 형성하면서 극단적으로 대립하는 국제정치 질서인 냉전은 일반적으로 1989년에 종결된 것으로 이해되고 있는데, 한반도·동아시아에는 냉전이 잔존하고 있다는 것이다. 키미야 교수는 "지구적인 냉전의 종언은 동아시아에서 '한반도 냉전의 종언'이라는 배당을 낳지 않았을 뿐만 아니라 역으로 북한이 체제 생존을 내건 핵·미사일 개발을 본격화하여 긴장이 고조되었기에 냉전의 종언을 넘어 한미일의 협력이 지속적으로 필요하게 되었다."[1]고 설명하고 있다. 즉 북한이 생존을 위해서 핵·미사일 개발을 했기에 한미일동맹이 불가피해지고, 냉전이 한반도·동아시아 지역에 잔존하고 있다는 주장이다. 그렇다면 북핵·미사일 문제가 없어지기만 하면 한반도·동아시아 냉전은 사라지고 평화가 이루어진다는 이야기가 된다.

한반도 비핵화 문제는 매우 중요한 문제이기는 하지만 핵문제가 사라지기만 하면 동아시아·한반도 평화가 이루어질 수가 있을까? 북핵으로 인하여 이 지역에 냉전이 잔존하고 있다는 논법은 전도되어 있다. 세계 냉전이 종결되었다고 하지만 한반도 냉전이 해제되지 않고 적대적인 정책이 오히려 강화되었기에 북한은 독자 생존의 길을 모색할 수 밖에 없었으며, '빈자의 무기'인 핵에 의존하게 된 것이 아닌지? 북핵 문제의 근저에는 한반도 분단 상황이 있으며, 그 원인을 제공한 것이 일제의 식민지 지배이다. 문제는 그 분단 상황이 왜 해소되지 않고 오늘날까지 계속되어 왔는가다. 그 원인을 6·25전쟁에서 찾는 사람들이 있을 것이다. 6·25전쟁이 우리나라의 분단을 고착시키고 통일을 더욱더 어렵게 만든 것은 사실이나, 정전협정에는 정전협정 발효 후 3개월 이내에 한반도에서 모든 외국군이 철수하여, 정전협정을 평화협정으로 개정하기 위한 관계국의 정치 회담을 개최할 것을 규정하고 있다. 그러나 이듬해 제네바에서 개최된 정치 회담도 성과 없이 끝나 버렸다. 그 이후 잠정적인 정전선은 반 영구적인 분단선이 되어 버렸다.

세계 '냉전'이라고 하지만, 사실은 냉전의 주 무대는 유럽이었으며, 유럽 외에서는 아시아에서 1950년 6·25전쟁과 1960년 월남전쟁이 이어지고, 1948년 이스라엘 건국을 계기로 단속적으로 벌어지는 중동전쟁에서 볼 수 있듯이 열전이 벌어졌다. 게다가 냉전의 종언이 동서 양 진영, 즉 미소 간의 화해나 합의에 의해서 이루어졌다기보다, 베를린장벽이 붕괴되고, 일방적으로 소련이라는 국가가 스스로 해체하는 전대미문의 '국가의 자살'이 일어남으로써 소련·사회주의권의 붕괴가 일어난 것이다. 소련과 사회주의권의 붕괴는 미국의 자본주의 시장경제의 일방적인 승리로 받아들여지고 역사의 최고 단계로서의 자유민주주의의 승리, 즉 '역사의 종언'이 선언되었다.

동아시아 지역에서 1972년에 미국과 중국 간에 대 소련 준군사동맹이 맺어졌으며, 문화대혁명의 종식과 더불어 중국의 개혁 · 개방정책 속에서 자본주의 시장경제의 도입을 결행하였기에, 중미 간의 냉전을 의미하는 '죽의 장막'은 일찍이 거두어졌다. 따라서 동아시아 지역에서 냉전의 종언이 합의된 바도 표명된 바도 없고 월남전쟁에서의 미국의 패퇴에도 불구하고 오히려 사회주의의 전반적인 후퇴가 나타나고 한반도와 동아시아의 평화를 위협하는 역사적인 원인인 미국의 동아시아 전략의 기본적인 성격이 거의 제거되지 않았다. 중소 대립에 편승하고 도저히 불가능하게 생각되던 중국과의 극적 화해와 대소련 준군사동맹 관계에까지 이름으로써 미국은 한반도와 동아시아를 '분할 통치(divide and rule)'하는 정책적으로 유리한 고지를 계속 점하였기에 한반도 위기는 지속될 수 밖에 없는 것이다.

이 글에서는 한반도와 동아시아의 평화를 구조적으로 재검토하여 한반도와 동아시아 평화의 조건을 생각해 보기로 한다.

Ⅰ. 동아시아 평화와 역사 문제

동아시아의 평화[2]를 실현하기 위해서 1차적으로 이 지역에서 전쟁과 폭력이 없어야 할 것은 말할 나위도 없다. 아편전쟁 이후 동아시아 평화에 가장 큰 위협은 제국주의의 침략과 전쟁 · 노예화 · 식민지화에 기인되는 것이었다.

2015년 9월 3일 항일전쟁 승리 70년에 즈음하여 시진핑 주석은 그 가장 중요한 의의를 '근대 이후, 외세의 침략에 반대하여, 처음으로 완전히 승리한 민족해방전쟁'이라고 표명하고 있다. 그렇다면 가해자인 일본은 그에 걸맞은 과거 청산을 해야 동아시아에서의 협동이나 화해가 가능할 것인데, 일본은 그러지 못하고 이웃 나라와 갈등과 대립을 재생산해 왔다.

하타노 교수는 일본 외교 현안인 '역사 문제'는 역사 인식 문제와 전쟁과 식

민지 통치의 청산, 즉 전후 처리–법적으로는 '청구권'에 수렴되는 문제군이라고 말한다.[3]

역사 인식 문제에는 야스쿠니 신사 문제나 교과서 문제(난징대학살사건과 위안부 문제)가 있으며, 전후 처리 문제는 강제 연행·강제 노동, 일본군위안부 문제가 포함된다고 한다. 여기에 영토 문제가 관련되는 것이다.

역사 인식이란 역사적인 사건들에 관한 집단적인 기억과 정체성의 문제이자, 역사적인 사건들에 대한 평가이기도 하다. 따라서 어떤 정체성과 관련되는 통합성(integrity)만의 문제가 아니고 역사 인식은 집단이 어떤 행동을 취할 때 그 동기를 부여하고 행동하게 할 수 있다. 게다가 어떤 역사적인 사건에 대한 긍정·부정의 평가는 사건의 재발 또는 재발 방지를 위해서 지극히 중요한 판단의 기준을 제공한다. 전쟁을 추진하기 위해 병사와 국민들의 사기를 앙양하는 것은 심리전의 중요한 부분이고, 바로 역사 인식과 관련된다. 국민의 호전성을 부추기는 역사 인식 문제는 보통 내정의 문제로 간주되어 국제적인 외교문제로 간주되지 않지만, 국가 간의 갈등해소를 논할 때 독일-프랑스, 독일-폴란드 역사교과서 대화처럼 반드시 다루어져야 하는 문제다.

위와 같은 '역사 문제'를 일본은 얼마나 제대로 대처해 왔을까? 2015년 12월 28일 '일본군위안부'에 대한 한일합의는 '역사 문제' 해결을 위한 양 정부의 노력의 일환이라고 주장되지만, '역사 문제'의 해결이 아니라 오히려 문제를 드러나게 했다고 할 수 있다.

II. 12 · 28 한일 '합의'[4]

박근혜 정부와 일본 정부는 12월 28일 한·일 외교 장관 회담을 열고 일본군 위안부 문제의 해결 방안에 합의하고, 공동 기자회견을 통해 합의 사항을 발표하였다.

이 '합의'의 핵심은 일본측 입장에서는,

　　1) 위안부 문제는 당시 군의 관여하에 다수의 여성의 명예와 존엄에 깊은 상
처를 입힌 문제이며, 일본 정부는 책임을 통감하고. 아베 총리는 '전(前) 위안
부'에게 마음으로부터 사죄와 반성의 뜻을 표명함.

　　2) 일본 정부의 정부 예산으로 한국 정부가 만든 전(前) 위안부 지원을 목적으
로 하는 재단의 자금을 일괄 거출하고, 전(前) 위안부 분들의 명예와 존엄의
회복 및 마음의 상처 치유를 위한 사업을 추진.

　　3) 상기 2)의 조치를 착실히 실시하는 것을 전제로, 문제가 최종적 및 불가역
적으로 해결될 것임을 확인하고 양국 정부는 상호 비난·비판을 자제함.

이에 대해 한국 측은

　　1)일본 정부의 조치를 평가하고, 일본 정부와 함께 이 문제가 최종적 및 불가
역적으로 해결될 것임을 확인.

　　2) 한국 정부는 소녀상에 대한 일본의 우려를 인지하고, 적절히 해결되도록
노력함.

　　3) 한국 정부는 향후 국제사회에서 상호 비난·비판을 자제함.

이 합의에 대해서 박근혜 대통령은 '지난 어떤 정부도…제대로 다루지 못
한 어려운 문제에 대한 최상의 것을 받아낸 것'이라고 자평했다. 일본의 주요
미디어와 공산당을 포함한 각 정당과 국민 여론은 현안을 해결하고 한일관
계의 걸림돌이 제거되었다고 환영하는 분위기가 압도적이다. 이번 '합의'에
서 일본 정부가 군의 관련을 인정하고 총리가 책임을 인정했으니, 중요 현안
이 해결되었으며 앞으로 한일 관계 개선의 기점으로 삼을 수 있다는 것이다.

그러나 우리나라에서는 '합의'에 대한 비난 여론이 압도적이다. '합의' 직후
에 위안부 할머니 당사자와 각 정당, 사회단체에서 비난이 쏟아졌다.

먼저 당사자와의 의논도 양해도 없었다는 것이다. 다음으로 '합의'가 한일 외상들의 합의문서 없이 기자회견에서 구두 표명되고 뒤에 양국 수뇌가 전화로 확인하는 이례적인 방법으로 이루어졌다는 것이다. 외교통상부는 박근혜 대통령과 아베 총리의 통화 내용의 공개를 거부했다. 그러면서 '합의'에서 이 문제가 '최종적 및 불가역적으로 해결되었음'을 표명했다. '합의'에 조약과 같은 법적 구속력을 부여하려면 '합의'가 문서화되고, 국회의 비준을 얻어야 하는데, 전혀 국회와 의논도 없었다.

그리고 '합의'에서 유엔의 공식 명칭인 '성노예'라는 용어를 사용하지 아니하고, 군의 관여 부분에 대해서는 '당시 군의 관여하에 다수 여성의 명예와 존엄에 깊은 상처를 입힌 문제'라고 고노 담화를 계승하였으나, 조직적인 일본군의 관여를 애매모호하게 하고 있다. 군의 관여와 관련하여, '일본 정부는 책임을 통감한다'고 했으며, 이번 합의에서 종전과 같은 '도의적 책임'이라는 말을 쓰지 않은 것을 긍정적으로 평가하는 목소리도 있으나, 그렇다고 법적인 책임을 인정하지도 않은 애매한 표명에 머물고, 일본 국내에서는 일관되게 법적인 책임을 인정하지 않았다고 주장하고 있다. 법적인 책임을 인정하지 않기에 일본 정부가 거출하는 10억 엔은 법적 배상금의 성격을 띨 수가 없고, 일본 정부도 일본에서 "10억은 배상금이 아니다"고 거듭 표명해 왔다.

또한 아베 총리대신은 다시 한 번 '위안부로서 많은 고통을 겪고 심신에 치유하기 어려운 상처를 입은 모든 분들에 대해 마음으로부터 사죄와 반성'을 표명했으나, 아베 신조는 일본 각료를 포함하는 국회의원 등이 2007년 6월 〈워싱턴 포스트〉지에, 이어서 2012년 11월 뉴저지의 〈스타레져〉지에 '위안부는 돈벌이하기 위해 스스로 종사한 매춘부'라는 의견광고 게재를 주도하는 등 지금까지 '위안부'는 개개의 동기에서 민간업자에게 '자발적'으로 종사한 매춘부이며, 강제성이 있다 할지라도 개개의 매춘업자나 인신매매꾼들이 한 짓이라고 하여 일본군 및 일본 국가의 관여는 부정해 왔다. 1월 31일 확인된 바에 의하면 유엔 여성차별철폐위원회(이하 위원회)의 질문서에 대해, 제63차 회의에 제출한 답변서에서 "(일본 정부가 조사한)서류 어디에도 군과 관헌에 의한 위안부 '강제 연행(forceful taking away)'은 확인되지 않았다."고 했다.[5]

또한 이번 '합의'에는 교과서에 반영하고 교육하는 문제는 전혀 언급되어 있지 않고, 일본 역사 교과서에서 '위안부'를 기재하는 책은 이제는 마나비샤의 교과서 하나로 줄어들었다. 일본은 유네스코 기록유산 등재를 정면에서 반대하고, 평화의 기념비(소녀상)의 철거를 압박하고, 한국 정부도 이에 동의했다는 이야기도 있다. 기억-기념에 대하여 역행하는 일본 정부는 제국주의적 역사 인식을 버리려고 하지 않고, 인류에 대한 범죄를 기억한다는 인류사적인 책무를 전면에서 거역하고 있다.

일본 정부가 그나마 이번 '합의'를 한국에 대한 예외적이고 특별한 조치로 생각하고 있다는 것은, 아베 정부가 '위안부' 문제를 보편적인 인권 문제로 인식하고 있지 않다는 방증이기도 하다.

III. 정치에 종속되는 중대한 인권 문제

이번 '합의'의 배경에 미국의 강력한 개입이 있었다는 것은 이미 잘 알려져 있다. 미국은 우선 동아시아 안보 위기를 부추기고, '한미일동맹'을 기정사실화하여, '한미일동맹'을 구축하기 위해 한일 협력·화해가 필요하다면서 한일관계의 장애물로 되어 있는 위안부 문제의 '해결'을 촉구하며 압력을 행사해 왔다. 그래서 이른바 '동아시아의 안전과 평화'를 위한 보장 장치인 한미일동맹을 막고 있는 것이 과거 청산을 외면해 온 일본이 아니라, 오히려 위안부 문제를 고집하는 한국인 것 같이 본말이 전도된 논리를 만들어 한국을 압박했다고 김준영 교수는 지적한다.[6] 결국 한국은 치욕적으로 굴복하여 명분

없이 일본에 양보했을 뿐만 아니라, 한중 관계를 훼손하면서까지 중국 포위에 앞장서게 되어 사드(THAAD) 구입까지 약속했다고 한다. 영국의 〈가디언(The Guardian)〉지는 '이번 합의가 오바마 정부의 지속적이고 때로는 직설적인 압력의 결과라고 진단하면서, 승리자는 일본과 함께 미국'이라고 했다.[7]

미국은 시대착오적인 냉전 논리를 불러내어 한미일동맹의 당위성을 강조하기 위해 북한을 표적으로 삼으면서 중국 견제에 정조준하고 동북아의 군사 긴장을 유지하고 미국의 군산복합체의 이익을 도모함[8]과 동시에 한국을 '한미일동맹'(사실상 미일동맹)에 종속시켜 미국의 세계적 경찰 행동과 패권 관철을 위한 도구로 구사하려 하고 있다. 아베 정권은 그러한 미국의 의도에 영합하면서 군사화의 욕망을 채우고 헌법 개정=일본 군사대국화의 행보에 탄력을 받으려 하고 있다. 결과적으로 위안부 문제가 미일의 동아시아 군사화의 종속변수처럼 되었다.

또한 이번 '합의'가 한일조약의 본뜨기라는 말이 무성하다. 인간의 존엄이나 권리를 정치적 거래의 도구로 삼은 것이 새삼스러운 일은 아니다. 이번과 마찬가지로 50년 전 한일회담에서도 미국은 인권 문제를 '국익 추구' 내지 정치적 야합의 거래 수단으로 삼으려고 미국은 강제적으로 개입하였다. 일본은 그에 영합하여, 식민지 지배 책임 청산을 소임으로 하는 한일회담을 전적으로 왜곡했다. 군사 쿠데타로 정권을 찬탈한 박정희 독재정권이 미국으로부터 정통성을 인정받고 정치자금을 거머쥐기 위해 정작 해야 할 식민지 청산은 하지 않았기에, 한일 갈등의 화근이 남았다. 즉, 미국은 곤경에 빠진 월남전쟁에 한국과 일본을 동원하여 동아시아 냉전의 강력한 일익을 형성하고자 했으며, 일본은 그것을 빌미로 '한국병합은 적법하게 이루어졌다', '식민지 통치 시기에 일본은 적자를 내면서까지 투자를 하여 한국을 근대화시키기위해 애썼다'는 제국 지배의 정당화론을 관철시켰다.

전쟁범죄와 여성 인권의 유린이라는 '인도에 반한 범죄(Crime against

Humanity)' 또는 '중대한 인권침해(Violation of Gross Human Rights)'를 정치 외교나 군사 안전보장의 이해득실과 바꿔치기 해 온 것 자체가 한일 관계, 나아가서 일본과 동아시아 여러 민족 및 국가 간의 갈등 대립을 해결 불가능하게 만들어 온 것이다. 심지어 한일 관계 악화를 우려한다는 일본의 이른바 '양심적 지식인'마저도 이번 '합의'를 환영하거나 새로운 한일 관계의 출발점이라고 평가한 것은 참으로 놀라운 일이다.[9]

인간의 존엄이나 인권, 역사의 부정을 회복하는 것은 정치나 외교로 타협되거나 타결될 수 있는 문제가 아니고, 정치가 인간의 맨 얼굴로 엄청난 폭력의 희생자에게 마주 대함으로써 비로소 용서를 받을 수 있는 것이다. 그것이 아베나 박근혜로서는 생각지도 못한 빌리 브란트(Willy Brandt, 1913-1992)나 바이츠제커(Richard von Weizsäcker, 1920-2015)가 몸소 실천한 '큰 정치'인 것이다.

이번 '합의'는 한일조약처럼 '국가 간의 약속'으로 자리매김되면서 문제의 본질적인 해결은 더욱더 어려워지고 위안부 문제를 포함한 과거 청산운동은 반국가적이고 안전보장의 저해자라는 낙인이 찍혀 막강한 국가 폭력의 표적이 될 것이다. 그러나 본래 과거 청산운동, 인권운동은 강대한 국가권력에 저항하면서 추진되어 온 것이며, 역사의 정의는 어떠한 권력으로도 지울 수 있는 것이 아니다.

IV. 아시아 · 태평양전쟁의 역사적인 의미

2015년은 제2차 세계대전(1938-1945) 종결 70주년이기도 했다. 제2차 세계대전은 크게 나누어서 유럽과 동아시아 · 대서양과 태평양을 주 무대로 하면서 양 대륙에 걸치는 여러 지역 · 여러 성격의 전쟁을 엮은 일련의 전쟁의 총칭이다. 제2차 세계대전은 유럽을 주 무대로 하는 전쟁이었으나, 일본과 치른 전쟁을 미국을 중심으로 한 연합국이 태평양전쟁이라고 한다. 중국에서 본 대일전쟁은 1937년 루거우챠오(蘆溝橋)사변을 계기로 일어난 중일전쟁(일본 측에서는 지나사변)이라고 하고, 1931년 류탸오후(柳條湖)사변(9·18사변)을 기점으로 한 일본과의 전쟁은 (중일)15년 전쟁[10]이라고 한다.

일본은 1941년 12월 8일 영미와의 개전에 임하여 중일전쟁을 포함해서 '대동아성전'이라고 불렀다. 즉 '선전의 조서(詔書, 천황의 명령서)'에서 일본이 동양과 세계의 평화를 위해 노력했으나, 장개석정부가 공연히 풍파를 일으키고, 영미는 그 중국을 도와 '동아의 화란을 조장하여 평화의 미명 아래 동양 제패의 야망'을 채우려고 했기에 '속히 화근을 끊어 동아 영원의 평화를 확립'하기 위해 '자존 자립'의 전쟁을 한다고 했다.[11] 즉 대동아성전이란 백인제국의 지배에 신음하는 아시아의 여러 민족을 해방시키고 아시아 사람들끼리 잘 사는 지역 번영(대동아공영권)을 이루는 거룩한 전쟁이라는 뜻이다. 물론 이 말은 천황의 세계 지배(八紘一宇)를 구호로 세계 제패를 지향함에 있어서 일본의 동아시아 지배를 정당화시키는 말에 지나지 않다. 전후 '대동아성전' 론에 비판적인 일본 사학자들은 중국과 미국이라는 두 나라와 정면으로 전쟁을 벌였기에 '아시아·태평양 전쟁' 또는 15년 전쟁으로 부르고 있다.

제2차 세계대전의 기본적인 성격은 반파시즘 전쟁이다. 제1차 세계대전 이후 이탈리아에 파쇼(fascio)당이 등장하고, 1932년 독일에서 나치가 집권하면서 유럽에서 파시즘이 큰 힘으로 성장하였다. 천황제 일본군국주의의 핵심 세력인 조슈(長州)와 사쓰마(薩摩)의 군벌들이 천황을 업고 명치유신을 일으켜 일본 정치를 농단해 왔다. 통치의 방식은 하향식으로 모든 국민을 통제·동원하는 것이라서, 아래서부터 군중의 열광주의에 의해 대중운동으로 이루어진 유럽 파시즘과 근본적인 차이가 있다.

그러나 이들은 군사주의·개인주의와 자유주의를 부정하는 전체주의와 반공주의·우생학적인 인종주의라는 가치를 공유하고 있으며 일제는 유럽에서의 나치의 성공에 편승하려고 1938년의 일독이 방공협정에 이어 1940년 일독이 삼국동맹에 가담하고 연합국과 대립하였다. 1941년 12월 8일 일제는 선전포고도 없이 미국 진주만과 영국령인 말레이 반도의 코타발에 선제 기습을 감행했다.

제2차 세계대전의 성격은 선발 자본주의국가와 후발 자본주의국가 사이의 시장·영토·자원의 쟁탈이라는 제국주의 전쟁이기도 했으나, 그에 못지 않게 중요한 성격이 반제 민족해방전쟁이라는 측면이다. 파시즘 국가들은 모두 군사적 침략과 영토 팽창을 일삼아 왔으나, 그중에서도 일제는 명치유신·청일전쟁·노일전쟁 이래 동아시아 이웃 나라들을 침략하여 식민지 지배를 해 왔다는 점에서 이미 제1차 세계대전에서 패배하여 식민지를 빼앗긴 독일과 다르다. 따라서 제2차 세계대전에서 일제에 항거하여 일어선 아시아 여러 민족의 전쟁에서 제국주의의 지배로부터 벗어나 민족의 해방·독립을 지향하는 반제 민족해방전쟁의 성격이 가장 중요했다고 할 수 있다.

V. 일제의 패전과 동아시아의 정의 회복의 과제

1945년 일제가 국체(國體)의 보존, 즉 천황제의 존속이라는 조건부로 포츠담선언을 받아들이고 제2차 세계대전은 끝났다. 포츠담선언 제8항에서는 "카이로선언의 모든 조항은 이행되어야 하며, 일본의 주권은 혼슈·홋카이도·규슈·시코쿠와 연합국이 결정하는 작은 섬들에 국한된다."고 명시하고, 1914년 제1차 세계대전 이후에 일제가 탈취한 영토의 박탈, 중국에서 절취한 대만·평후 섬 등의 원상회복, 조선의 독립이 확인되었다.

일제의 기습을 받은 연합국, 특히 미국의 가장 큰 관심사는 진주만 공격을 감행하고 미국의 안전을 위협한 일본 군국주의의 해체와 일본에게 일련의 패전 처리를 책임 지우는 것이었다. 이에 따라 미국은 일본에 대한 7년간의 군사점령, 일본군의 해체, 군비와 전쟁의 발동을 금하는 '평화헌법'의 제정, 극동군사재판의 실시와 7명의 A급 전범의 처형, 카이로선언 및 포츠담선언의 효력을 확인하는 샌프란시스코조약의 체결, 미국의 반영구적 일본 주둔을 보장하는 '미일안보조약'의 체결로 이어지는 일련의 조치를 취했다.

그러나 미국 및 연합국은 카이로선언·포츠담선언에서 일제의 전쟁 책임을 묻고, 무력이나 강압으로 탈취한 영토의 반환을 명하기는 했어도, 무력에 의한 식민지의 강탈과 피지배 민족의 노예화, 물적 인적 자원의 착취에 대한 책임에 대해서는 거의 언급하지 않는다. 그 이유는 첫째, 연합국의 시급한 최대의 과제는 파시스트들과의 전쟁에서 이기는 일이었으며, 둘째, 식민지 해방에 대한 명확한 정책과 방침을 애당초 가지지 못하였으며, 셋째, 무엇보다도 연합국은 거의 모두 식민지를 가진 나라들이고, 전쟁 후에 구 식민지를 회복하려는 의도가 있었기 때문이다. 그래서 제2차 세계대전 후에 인도·인도네시아·베트남 등에서 민족해방 투쟁이 거세게 벌어졌다,

제2차 세계대전 종언 후의 전후 처리의 과제로서 전쟁 책임과 식민지 지배 책임이 있는데, 전후 처리는 전범 국가들에 대한 군사점령과 전범재판소의 개설 등으로 가닥을 잡았으나, 식민지 지배 책임은 다루어지지 않았다. 그것이 일제와 동아시아 여러 나라 사이의 역사 인식 투쟁의 원인이 되어 평화 실현에 대한 장애가 되어 왔다.

VI. 강요받은 독일의 과거 청산과 일본의 평화[12]

제2차 세계대전 후 전범 국가 독일과 일본에 대한 미국의 점령 정책의 근본은 미국 국익의 실현, 즉 냉전 시대에서 정치·군사적 패권의 추구였으나, 독일과 일본에 대한 구체적인 점령 정책은 각각 달랐다. 일본에 대해서는 천황의 전쟁 책임을 면책하여 구 체제에 대해서 관용한 반면에, 독일에 대해서

는 과거 청산을 최우선 과제로 하고 나치의 전쟁 책임을 엄중하게 추궁하였다.

그 이유는 유럽에서 냉전이 시작하여 소련·사회주의 진영과 대치하기 위해 서독의 군사력이 필요하였기에 독일의 침략으로 처참한 피해를 입은 프랑스·영국을 비롯한 서방 국가와 화해시켜서 서독에 군비를 하게 할 동의를 얻기 위해서였다. 그래서 전쟁 후의 서독을 나치와 철저히 단절시킬 필요가 있었으며, 신속하게 서독을 재무장시켜서 1949년에 NATO(북대서양조약기구)가 발족하자 1955년에는 가입케 하고, 독일 육군을 엘베 강 '철의 장막'에 배치하여 NATO군의 중핵을 담당하게 했다. 작년에 일본에서 한창 문제가 된 집단적 자위권(군사동맹 가입)을 독일은 제2차 세계대전 직후에 벌써 행사하게 된 것이다. 그 이후 독일은 NATO의 핵심적인 군대로 유럽에서 자리 잡았을 뿐만 아니라, 1995년에 NATO군의 일익으로 유고슬라비아 폭격에 참전하였고, NATO 지역 밖으로 해외파병을 했다. 또한 아프가니스탄·소말리아 등지에는 유엔 결의를 근거로 독일군을 파견하여 지금까지 300명가량의 사상자를 내고 있다.

전후 국가적 차원에서 독일의 양대 원칙은 부헨발트 서약에서 표명된 "두 번 다시 전쟁을 하지 않는다."와 '제노사이드의 재발 방지'였는데, 2002년에 사회민주당과 녹색당의 개혁연합정권하에서 "탈레반의 제노사이드를 저지한다."는 명분 아래 파병을 정당화하였다.[13] 아베의 평화의 확보 내지는 유지를 내건 선제적인 무력 공격을 정당화하는 '적극적 평화주의'와 상통하는 궤변이다.

한편 상술한 바와 같이 미국의 일본에 대한 정책의 우선 과제는 '일본군의 해체·비군사화'였다. 일본에게는 무장력을 가질 수도 없고, 국권의 발동인 무력행사(전쟁)를 금지하는 헌법 9조를 안겨 주었으며, 미군의 점령·주둔 보장을 일본의 '주권 회복' 이후에도 확보했으며, 과거 청산은 2차적인 과제로 밀려났다.

그 이유는 일본이 과거 청산을 해야 하는 주된 침략의 피해자인 중국과 동아시아 국가들은 대부분 공산국가 영역으로 들어가서 적대 세력이 되었기에 미국은 독일처럼 일본에게 이웃 나라들과 화해를 강요할 필요가 없었기 때문이며, 일본은 자발적으로 과거 청산을 할 리가 없었으니 오늘까지 미제로 남게 되었다. 게다가 미국과 일본의 쌍방에 인종주의적 편견에 기초한 아시아 멸시 의식이 있었고, 일본의 패전의 성격을 규정하고 책임을 확인하는 샌프란시스코 평화회의에 한국의 참석을 반대하는 일본 요시다 수상의 말이 수용되고, 국공내전에서 장개석이 패배하여 중화민국의 국제적인 지위가 동요하고 있었기에 중국도 초청되지 않았다. 따라서 일본의 동아시아에 대한 침략 · 지배의 책임을 추궁할 주 · 객관적인 조건이 없었던 것이다.

독일이 민주화되었다고 하지만 그 민주주의도 미국의 이익에 충실한 편향된 반공주의적인 '싸우는 민주주의'의 성격을 가지게 되었으며, 그런 면에서 사상의 자유가 향유되는 '관용'이 독일의 공식적인 입장이 되는 것은 1990년 이후의 이야기다.

강요받은 '과거 청산'이기는 했어도 독일은 과거 청산을 위해 주어진 상황 속에서 노력해 왔다고 할 수 있고, 이는 오랜 세월을 통해 일상화되었다. 2015년 3월에 방일한 메르켈 수상은 강연에서 다음과 같이 말하였다.

바이츠제커 전 대통령의 말을 빌리면 유럽에서 전쟁이 끝난 1945년 5월 8일은 해방의 날입니다. 그것은 나치의 만행으로부터의 해방이며, 독일이 일으킨 제2차 세계대전의 공포로부터의 해방이고, 그리고 홀로코스트라는 문명의 파괴로부터의 해방이었습니다.

나치의 패망을 독일 패망의 치욕과 동일시하지 않으려는 이러한 공식화된 태도는 독일에서 교육을 통해 공유되고 일반화되었다고 볼 수 있지만, '영원한 속죄'에 지치거나, 불공평함을 느끼는 자들도 적지 않다. 과거 청산과 '죄의식'마저 미국의 국익과 유태인들의 이기주의적인 이용물이 되어 있는 구석도 있다.

문제는 유태인만이 다른 소수자보다 특권화되어 있으며, 독일 사람들 속에 겉으로는 유태인에게 정중한 척하면서 속으로는 반감을 느끼는 이중적인 태도가 형성되어 있다는 점이다. 이는 많은 독일 사람들이 유태인에 대한 속죄의식을 자발적으로 내면화한 것이라기보다 미국 국익의 관점에 의해 강요받은 데 기인하며, 독일 극우파의 정신적인 온상으로 되어 있다.

시오니즘(Zionism)으로 유태인들은 선주민인 팔레스타인 사람들의 땅을 빼앗아 이스라엘을 건국했는데, 그것은 제1차 세계대전 후 영토의 병합이나 국경의 변경을 원칙적으로 허용하지 않는 국제법의 원칙에 위배되어 강행된 것이다. 전쟁 후 미국은 미국 의회와 정부를 좌지우지하는 막강한 유태인 로비를 배경으로 친 이스라엘·반 팔레스타인·반 아랍·반 이슬람 정책을 세계 규모로 추진해 왔다. 미국에서의 유태인 미디어 자본을 축으로 세계 미디어를 지배해 온 유태인들은 미디어 지배를 향유하면서 과거 제노사이드 수난의 역사를 망각하고 오늘날에 가자지구·레바논 피난민구 등에서 제노사이드의 만행을 저지르고 있다. 즉, 미국에 의한 과거 청산의 강요가 독일 내의 과거 청산을 비뚤어지게 만들고 있는 구조가 있는 것이다.

VII. 인권에서부터 제노사이드로

인권이란 개인의 독립과 평등을 전제해서 비로소 존재할 수 있으며, 국가의 주권자인 국민이 필요악인 국가 폭력을 구사하는 공권력을 통제할 수 있으며, 항상 공권력의 변덕과 강제로부터 자유로울 수 있는 보장 장치이기도 하다. 근대 헌법은 주권자인 인간을 사회조직의 최고의 존재임을 선언하고, 인권이 공권력을 통제하는 모든 규범의 기초에 있음을 정교하고 구체적인 장치로 규정한 매뉴얼이다.

인권은 애당초 자유와 평등을 무기로 중세 신분 사회를 뚫고 출현했기에 보편주의를 속성으로 삼을 수밖에 없었으나, 현실적으로는 매우 특수주의적인 성격을 띠고 나타났다. 18세기 파리에서 주권자임을 주장한 시민은 남성 쁘띠 부르주아지(petit bourgeoisie)였으며, 매우 특수한 존재였다. 무산자·여성·외국인 등은 주권자로부터 배제되어 인권의 보편성이 완전히 결여 되었다. 그러나 인권은 자유와 평등을 조직 원리로 하고 있었기에, 저항권을 마지막 담보로 삼아 끝없는 지평을 향해 스스로 만든 장벽을 차례차례로 깨고 나갈 수밖에 없었다. 이것이 인권의 '해방적 속성'이다.

인권은 그 자리를 서구 시민사회 속에서 다져 갔지만, 국가권력에 의지하면서 국가권력을 통제·구속하는 일국 안에서 완결되고 소비되는 폐쇄회로였기에 신분·계급·계층·성으로 이루어진 간벽을 깨고 나가기가 쉽지 않았다. 그중에서도 가장 어려운 문제는 국경의 벽을 넘는 일이었다. 종전에는 그리고 지금도 인권은 법적으로 주권국가의 공권력에 의해 보장받고 있을 뿐만 아니라, 현실 정치 속에서 구동되는 자원의 선점이라는 인간의 정치적·경제적 욕망이 자기만의 벽을 쌓아 올려서 깨려고 하지 않는다.

역사적으로 개인의 자유와 평등을 주장한 서구 사회가 일단 서구 사회 밖으로 벗어나자 그 원리를 잊어버려 부정하고 말았다. 그리하여 지배받는 측의 제국주의와 지배 받는 측에 과해지는 노예제도와 식민지주의가 대치되고 있다. 서구 산업자본주의가 제국주의의 탈을 쓰고 비유럽 세계로 지배자·착취자로서 팽창해 나갈 때, 보편주의는 사라지고 '문명과 야만'의 이중 잣대로 지배하는 자의 권리와 지위를 정당화하였다.

독립되고 평등하고 아무에게도 간섭받지 않는 주권국가론으로 치장한 서구 열강이 동아시아에 나타났을 때, 동아시아는 서구의 '문명'과 같은 기준을 적용할 수 없는 '야만'의 지역이기에 '불평등이 평등'이라는 논법으로 '불평등 조약'을 강요받았다. 조선총독부가 방대한 조사 사업을 통해서 조선인의 열등성·후진성·형질적인 결함을 증명하려 했듯이, 식민지주의는 식민지 지배의 정당성을 변증하기 위해 피지배자들의 온갖 미개함과 야만성을 발견하고 실증하려고 든다. 우생학·신다위니즘이라는 '사이비 과학'에 근거를 둔 선택된 민족론·우수한 인종론은 필연적으로 '가치 없는 생명' '이등 국민'이라는 담론을 만들어 제노사이드라는 참화를 결과했다. '지배는 차별이고, 차별은 지배'이기에 명치 이후 동아시아 지역에서의 일본의 패권 확대의 과정이 바로 인종주의와 민족우월론 유포의 과정이었으며, 그 결과 난징학살에 상징되는 3,500만 명에 다다르는 중국인 제노사이드 범죄가 저질러지게 된 것이다. 일제는 동아시아의 이름으로 동아시아를 침략하고 지배해 온 역사를 다시 상기할 필요가 있다. '동아시아'라는 지역 개념은 이 지역 사람이 스스로 만들어 낸 개념이 아니고, 외부에서 침략자 또는 정복자로서 등장한 외세에 의해 규정된 타자 개념이고, 그 자체가 지배와 피지배의 이중 구조를 내포하는 개념이다.

Ⅷ. 동아시아 평화를 위협하는 제국주의 세계 질서의 파괴
: 보편성이라는 허위의식을 넘어서

제2차 세계대전 중에 저질러졌던 '반인도적인 범죄'가 비극적인 결과를 초래했다는 인식을 전제로 다시는 파시즘의 대두와 그들의 폭력과 파괴를 허용하지 않는다는 결의 아래 유엔이 조직되었다. 유엔의 목적인 평화는 추상적인 비폭력이나 인도주의적인 개념이 아니라, 파시스트들에 대한 감시와 억압이라는 구체적인 개념을 가지고 있다. 따라서 인권이 국가 폭력에 대한 통제력으로서의 대항력을 가지지 않는 곳에서는 파시즘의 대두를 허용한다는 의미에서 주목되는 것이다.

그러나 유엔은 파시즘의 감시와 통제, 그리고 전쟁의 불법화라는 소임도 다하지 못했다. 이 지상에서 인간에 대한 차별과 지배를 낳게 하는 노예제와 식민지 지배를 원리적으로 척결하는 작업도 해 내지 못했다. 그 이유는 유엔을 주도한 미국 등이 세계의 패권 장악에 뜻을 두는 제국주의 국가이고, 그 체내에 파시즘을 온존·내화하고 있을 뿐만 아니라, 미국의 세계 패권을 옹호하고 확장하기 위한 냉전 상황에서 '반공'의 이름으로 광범위한 내적인 정치연합이 형성되었으며, 대외적으로는 파시즘 세력을 관용·이용·육성·등용하였기 때문이다.

그 결과 동아시아에서 일본의 천황제 군국주의의 뿌리가 끊기지 않고 보존되어 육성되었다. 미국과 일찍부터 '문명'의 편에 선 일본이 가지고 있는 제국 지배 정당화론과 우리 민족을 열등시하는 인종주의가 우리 문제의 해결을 어렵게 하고 있다. 즉, 일본은 제2차 세계대전의 패배를 계기로 명치유신 이래 저질러 온 동아시아의 평화에 대한 가해를 청산하고 동아시아 민중들로부터 빼앗은 생명·재산·권리의 원상회복이라는 역사적인 과거 청산의 요구를 받아 왔다. 그럼에도 불구하고 미국과 세계의 기득권자들의 옹호에 힘입어 그 요구를 철저히 외면해 왔다. 이 구조는 12월 28일 '합의'에서 극명하게 드러났다.

6·25전쟁을 종결짓고 한반도에 평화를 확립하기 위한 평화협정의 체결이 불가피할 것인데, 이 문제에 대한 미국의 자세에는 초강대국의 오만이 드러나 보인다. 이 오만의 근저에는 근대 이후 서구 제국주의 국가의 '문명과 야만'이라는 인식의 이중 구조와 패권주의적인 미국의 국익론이 있다고 하겠다. 우리가 식민지가 되어 분단되고, 핵문제가 불거져 나오는 동아시아 평화 위기의 한가운데에 있는 것은 바로 세계와 동아시아의 역사적인 구조에

기인한다고 할 수 있다.

그러나 문제는 서구 중심·제국주의 중심의 역사를 어떻게 극복하느냐이다. '문명국'들이 노예제와 식민지 지배에 대한 책임을 인정하고 역사적인 청산을 통해 인권과 평화의 보편성에 다가설 필요가 있다. 힘에 의한 평화론·보편성을 주장하면서 보편적이지 못한 인권론을 어떻게 극복하는가도 문제다. 나치와의 결별과 단죄만이 아니고 히틀러 출현 이전의 독일의 국가 범죄를 청산하고 미국의 핵우산과 막강한 무력 아래서 평화를 구가해 온 일본이 그 포장 아래서 했던 헤이트 스피치나 조선·오키나와·중국 등 동아시아에 대한 편견과 차별·증오 의식을 극복하고, 한반도 식민지화와 분단, 전쟁에 대한 엄중한 책임을 인정할 때 미국이 입혀 준 평화의 겉옷을 벗고 진실된 평화에 다가설 수 있는 것이다.

전환 시대의 한국 정치

- 한반도의 강자와 약자, 상극에서 상생으로

김성곤*

* 원광대학교 석좌교수, 전 국회의원

Ⅰ. 들어가는 말

세상에는 강자와 약자의 구분이 있다. 자고로 이기는 것은 강자요, 지는 것은 약자다. 이는 동물의 세계에서도 그렇고 인간 세계에서도 그렇다. 승패의 관계로만 보면 강자와 약자는 상극의 관계인 것만 같으나, 실은 '강자는 약자로 인하여 강의 목적을 달성하고 약자는 강자로 인하여 강을 얻는 고로, 서로 의지하고 바탕이 되고 있어 친·불친의 관계'[1]를 형성하고 있다.

필자는 본고에서 강자와 약자의 관계를 한국사회의 정치적 갈등 관계에서 풀어 보려 한다. 즉 한국사회 내의 지배 계층과 피지배 계층·진보와 보수·남과 북·한반도와 주변 4강의 관계에서 강약 관계의 갈등의 원인과 과제가 무엇인지 살펴보겠다. 이 양극의 관계가 상극에 머무는 한 한국은 엄청난 갈등의 비용을 치르고 앞으로 나아갈 수 없을 것이다. 그러나 이 상극의 관계가 상생의 관계가 될 때 한국사회는 진정 건강하게 발전할 수 있으며 동북아 평화뿐만 아니라 세계 평화의 모범 국가로 다시 태어날 것이다.

Ⅱ. 사회적 강약 관계의 대전환

사람은 누구나 강자가 되려 한다. 개인도 그렇고 나라도 그렇다. 사람들은 보다 좋은 스펙을 갖고 싶어 하고, 보다 큰 명예를 얻으려 하며, 보다 큰 부자가 되려고 애쓴다. 명예·권력·부 등이 행복을 보장하는 것으로 생각하기 때문이다. 나라도 마찬가지다. 역사를 통하여 약소국은 강대국의 억압을 받아 왔기에 대부분의 나라가 경제적으로 부유하고 군사적으로 강한 나라가 되려 한다. 특히 우리나라는 지정학적으로 강대국 사이에 위치해 역사적으로 이들의 간섭 혹은 침략을 받으며 약소국으로서 많은 고통을 겪어 왔기에 어떻게 해서든 국력을 키워 강한 나라가 되려고 노력했다.

그러나 대체로 사람들은 어찌하여 강자가 되고 어찌하여 약자가 되는지 깊이 생각 하지 않고 무조건 강자가 되려고만 힘을 쓰고, 이 과정에서 약자를 누르고 일어서려 하여 약자와 원수가 된다. 또한 약자 역시 강자를 선도자로 삼기보다 강자에게 대항하기로만 하여 강자를 미워하고 사회를 투쟁적으로 만든다. 이에 대해 원불교를 개창한 소태산 박중빈 대종사(少太山 朴重彬 大宗師, 1891-1949)는 '최초 법어'에서 "강자는 약자에게 강을 베풀 때에 '자리이타' 법을 써서 약자를 강자로 진화시키는 것이 영원한 강자가 되는 길이요, 약자는 강자를 선도자로 삼고 어떠한 천신만고가 있다 하여도 약자의 자리에서 강자의 자리에 이르기까지 진보하여 가는 것이 다시없는 강자가 되는 길이니라. 강자가 강자 노릇을 할 때에 어찌하여 이 강이 영원한 강이 되고 어찌하면 이 강이 변하여 약이 되는지 생각 없이 '자리타해'에만 그치고 보면 아무리 강자라도 약자가 되고 마는 것이요, 약자는 강자가 되기 전에 어찌하면 약자가 변하여 강자가 되고 어찌하면 강자가 변하여 약자가 되는 것인지 생각 없이 강자에게 대항하기로만 하고 약자가 강자로 진화되는 이치를 찾지 못한다면 또한 영원한 약자가 되고 말 것이니라."[2]라고 충고한다.

이하의 논문에서는 소태산 대종사의 '강자 약자 진화상의 요법'의 정신에 따라 한국의 근대사에서 어떻게 정치적 강자와 약자가 투쟁을 해 왔고, 이것이 남북 분단으로 이어지면서 어떻게 남북관계가 어렵게 되었으며 주변 강국과의 관계는 어떻게 유지되어 왔는지를 살펴보면서, 한국이 전환 시대에 갖추어야 할 철학은 모든 존재의 은적(恩的) 관계를 깨닫고 모든 사회적 강약 관계를 상극에서 상생으로 돌림으로써 진정한 강국이 되는 것임을 살펴보기로 하겠다.

1. 지배, 피지배의 관계

여느 사회와 마찬가지로 한국에도 정치적·경제적·사회적으로 강자와 약자의 구분이 있다. 대통령·국회의원·고급 공무원 등은 정치적 강자요 일반 국민은 정치적 약자다. 대기업 오너나 경영자는 강자요 중소 자영업자나 일반 근로자는 경제적 약자다. 전자는 지배자요 갑의 위치요 후자는 피지배자며 을의 위치다. 전자가 후자를 억압하며 후자는 전자에게 저항하기로만 하면 이는 상극적 관계요, 전자가 후자의 성장을 지원하며 후자가 전자에게 감사의 마음을 가지면 이는 상생적 관계다. 한국에서 지배 계층과 피지배 계층 간의 관계는 지금 상극에서 상생으로 가는 그 중간 혹은 전환 단계에 와 있다고 본다.

먼저 정치적 강약의 관계부터 살펴보자. 전통적으로 봉건사회에서는 백성을 사랑하는 세종대왕 같은 성군도 있었지만 대체로 왕과 양반 계급은 상인(常人)과 노비 등의 희생 위에 살면서도 이들 위에 군림하며 억압하고 착취하였던 것 같다. 지배계급의 가렴주구에 견디다 못해 일어난 동학농민혁명(1984)이 계층 간 갈등의 대표적인 경우이다. 그러나 피지배계급도 자신들의 삶 또한 지배계급에 의해 (비록 억압은 받을지언정) 존재할 수밖에 없는 은적(恩的)인 관계를 깨닫지 못하고 오직 억압받는 현상에만 집착하여 지배계급을 원망하고 미워하며 지배계급과 상극적 관계를 유지한다. 이러한 것을 서구에서는 칼 마르크스가 계급투쟁 사관으로 정리하였고, 피지배계급이 공산주의 혁명을 통하여 지배계급을 무력화하고 평등 사회를 이루어야 한다는 공산주의 이론을 전개하였다.

1910년 조선이 일제에 의해 합병되자 일제와 친일 세력들은 다시 이 사회의 지배계급으로 등장하여 일반 신민들을 억압·착취한다. 대부분의 봉건사회 지배계급들이 일제에 저항하기보다는 일제에 협력하여 이 땅의 일반 서민들을 억압하고 착취하게 된 것이다. 그러나 억압과 착취만 있었던 것은 아니다. 일제에 의해 서구 문명이 소개되고 일본의 정책 중에는 물론 자신들을 이롭게 하려는 동기에서 시작되었지만 결과적으로 한국의 근대화로 이어지는 일들도 있었다(철도·의료·교육·법률 등).

해방 이후에는 남과 북에 각기 미군과 소련군이 들어와 지배하면서 결국 이들에게 우호적인 세력들이 남과 북에 각기 정권을 세운다. 그리고 남과 북 모두 독재 혹은 군사정권이 오랫동안 인민들을 지배한다. 북은 지금까지도 사실상 군사독재 국가이지만 형식상으로는 인민을 위한다는 민주주의 인민공화국이고, 다수의 인민들은 그렇게 믿고 적응하며 산다. 남한에는 이승만·박정희·전두환 등을 이어 가며 독재 군사정부가 이어지다가 1987년 6.10 항쟁을 변곡점으로 민주화가 진전되면서 국민에 의해 권력이 교체되는 대의민주주의가 자리를 잡게 된다.

선거라는 제도 때문에 한국의 대통령 혹은 국회의원들은 유권자들을 두려워한다(적어도 국민 여론을 무시하지 못한다). 이런 의미에서 권력을 가진 사람과 일반 국민들의 관계는 과거 봉건시대처럼 일방적인 지배와 피지배의 관계는 아니다. 그러나 적어도 정치적 강자가 정치적 약자로부터 존경받는 상황은 아니다. 때로 권력을 가졌다는 것 때문에 부러움의 대상이 되기는 하지만 한국에서 대통령이나 국회의원은 국민들로부터 비판과 조롱에 시달린다.

한국의 정치인들이 존경받지 못하는 것은 왜일까? 필자가 16년을 국회에 있었지만 300명 국회의원들을 보면 대부분 각 분야에서 남다른 경력을 갖고 성공한 사람들이다. 범죄 경력자는 공천과정에서 걸러지며 인간관계가 좋지 않은 사람은 선거에서 당선되기 어렵다. 그런데 왜 이런 과정을 거쳐 선출된 사람들이 국회의원만 되면 욕을 먹는 것일까?

사람이 누구를 욕하는 것은 자기 기대치에 미치지 못하기 때문이다. 그런데 한국의 짧은 민주주의 역사 탓인지 대통령이나 국회의원은 국민들이 대통령이나 국회의원에게 쉽게 기대하고 쉽게 실망한다. 국민들은 큰 기대를 하고 대통령과 국회의원을 선출하지만 4년 혹은 5년 만에 국민들이 원하는 것을 이룩 한다는 것은 거의 불가능한 일이다. 더구나 선거할 때 당선되기 위해 과도한 공약을 내걸어 대개의 경우 모두 지키기가 어렵다. 그러니 시간이 지날수록 정치인은 거짓말쟁이가 되고 국민들은 실망을 하며 다시 다른 사람을 선택하지만 같은 결과가 되풀이된다. 특히 언론에 의한 과도한 정치 폄하는 국민들이 한국 정치를 더욱 불신하게 만드는 요인 중의 하나이기도 하다.

여하튼 한국에서 정치적 강자와 약자의 관계는 봉건시대의 억압과 착취의 관계에서 강자가 잘못하면 약자에 의해 교체되는 민주적 관계로 바뀌고 있다. 물론 아직도 정치적 강자가 약자로부터 신뢰와 존경을 받는 단계로까지는 아니지만 이는 과거 100년 안에 이루어진 큰 변화였다.

그럼 어떻게 하면 정치가 강자 약자 간에 상생과 상호 존경의 단계로까지 갈 수 있을까? 이는 강자가 약자를 사랑하고 약자도 강자를 존경하고 사랑하는 인식의 변화로 가능하다. 대통령이나 국회의원 혹은 지방의원을 한다는 것이 자신의 입신양명을 위해서가 아니고 진정 국민들을 위해 희생 봉사한다는 자세로 해야 하며, 선거에 의해 이들을 선택하는 국민들도 정치인들을 비난하고 조롱할 것이 아니고 진정으로 정치인을 존경하고 사랑할 때에만 정치적 강자와 약자 간에 상생과 신뢰가 생길 수 있을 것이다. 그리고 이를 위해서는 우선 정치에 나서는 사람들부터 도덕적 수행을 통하여 철저한 공익 정신으로 무장되어야 하고, 이러한 사람들이 정당에서 공천되고 또 선거에서 당선될 수 있도록 정교한 제도적 정비도 필요할 것이다. 그리고 무엇보다 정치인을 감시 감독하는 언론이 정치의 부정적인 모습보다 긍정적인 모습을 부각시켜 정치에 대한 우리 사회의 부정적 시각을 고쳐 줄 필요가 있다.

경제적 강자와 약자의 관계도 마찬가지다. 지금처럼 대기업이 발전하지 않았던 봉건시대에는 정치적 지배계급(양반)이 경제적 지배계급이기도 했다. 그리고 그 정치적 강자는 약자를 정치적으로뿐만 아니라 경제적으로도 억압하고 수탈하였다. 그런 면에서 동학농민혁명은 정치적 사건일 뿐만 아니라 경제적 사건이기도 하다. 그러던 것이 일제에 의해 서구식 자본주의가 들어서면서 우리나라에도 대기업이 생겼고 소위 재벌이라는 이름의 경제적 강자는 일반 국민들을 경제적으로 지배할 뿐만 아니라 심지어 정치인들까지 지배하는 막강한 우리 사회의 지배자로 자리 잡았다.

물론 대기업도 소비자들에게 잘못하면 법적으로 제재를 받고 정치권력에 의해 견제를 받기도 한다. 또한 막강한 노조에 의해 일정 부분 기업주가 노조 혹은 법의 제재를 받기도 한다. 이러한 면에서 과거 소위 경제개발 시대의 대기업의 횡포는 상당 부분 줄어들기는 했지만 아직도 우리 사회에서 재벌은 최강자의 위치에 있으며 부를 가졌다는 면에서는 일반 국민들이 부러움을 사기는 하지만 대통령이나 국회의원과 마찬가지로 존경의 대상은 아니다.

그렇다면 어떻게 해야 경제적 강자인 기업들이 경제적 약자인 근로자나 일반 소비자들로부터 존경받고 사랑받을 수 있을까? 이를 위해서는 정치에서와 마찬가지로 대기업이 소수의 오너에 의해 지배받는 구조가 아니고 기업 윤리로 무장한 전문 경영인이 주주와 소비자의 뜻을 받들어 정도(正道) 경영을 할 수 있도록 제도를 정비하고 또한 그런 풍토를 마련해야 한다. 이런 면에서 정치의 민주화뿐만 아니라 경제의 민주화 · 기업의 민주화가 필요하며, 이것은 제도적 보완뿐만 아니라 진정 경제적 강자인 경영인이 약자인 소비자를 감사하고 사랑하는 마음으로 전환할 때 가능하다. 또한 일반 시민들도 기업가를 나쁜 사람으로 치부하지 말고 좋은 물건과 직장을 창출하는 주체로서 감사의 마음을 갖고 기업을 사랑하는 자세를 가져야 한다. 이는 기업주와 노조 혹은 대기업과 중소업자들 간의 관계에서도 마찬가지다.

2. 진보와 보수의 관계

우리 사회에서 진보와 보수 진영 간의 갈등은 우리 사회 거의 모든 면에서 등장한다. 심지어 전혀 정치적 사건이 아닌 2014년 세월호 사건에서도 그 사건을 보는 시각, 그리고 그 처리 과정에서 진보와 보수는 확연히 입장 차를 드러낸다. 남북관계·한미관계와 관련된 각종 안보 이슈, 또 대기업과 노동에 관한 각종 경제적 이슈, 무상 급식과 영유아 보육 등과 같은 복지 이슈, 성소수자 등에 관한 사회적 이슈 등 거의 모든 분야에서 보수와 진보는 서로 다른 주장을 하면서 충돌한다.

물론 보수와 진보의 관계를 강자와 약자의 관계로만 말하기는 어렵다. 미국의 공화당이 강자요 민주당이 약자라고 말하기 어려운 것처럼 이는 정치철학의 문제이고 자기 선택의 문제이지 어느 한쪽이 일방적으로 강자라고 말하기 어렵다. 그러나 우리 사회에서는 대체로 보수가 강자요 진보가 약자인 입장에 있는 것이 현실이다. 이 보수 진보의 관계가 강약의 관계가 아니고 진정 평등한 상대적 관계로 갈 때 우리 사회가 건강해질 수 있다.

그렇다면 왜 우리 사회에서 보수는 강자이고 진보는 약자인가? 여기에는 역사적 이유가 있다. 쉽게 말해 우리 사회의 보수는 공산주의·좌파·사회주의에 반대하는 자유민주주의 혹은 자본주의 세력을 대변하고 있다. 이들은 미국·일본과 가까우며 주로 산업화 세력 즉 대기업의 편에 서 있으며 지역적으로는 대체로 영남에 기반을 두고 있다. 즉 반공을 국시로 하는 이승만·박정희로 이어지는 새누리당 영남 정권이 보수요, 한반도 평화를 주장하는 김대중·노무현으로 이어지는 민주당 호남 정권이 진보를 대표하고 있다. 지금도 보수 즉 새누리당은 다수 집권당이며 더불어민주당은 소수 야당으로 머물러 있다(물론 이 관계가 지난 4.13 총선에서 변화가 생기기는 했지만).

우리 사회 진보 보수의 뿌리를 좀 더 파고 올라가면 조선 시대의 봉건 계급으로 올라간다. 즉 양반으로 대표되는 당시의 지배계급은 강자요 상인(常人)으로 대표되는 당시의 피지배계급은 약자로서 후일 이 땅의 보수 진보로 나누어진다. 즉 지배계급의 착취에 견디다 못해 반란을 일으킨 동학농민혁명 세력은 일제시대를 거치며 이 땅의 좌파·사회주의운동으로 이어지고, 북한을 지배하는 노동당은 이 땅의 노동자 농민을 위해 건립되었다고 주장한다. 또한 일제의 힘을 빌려 동학농민혁명을 제압한 이 땅의 봉건 세력들은 그 이후 일제시대에도 친일을 하며 이 땅의 민중 세력들을 억압하고 해방 이후 잠시 반민족 세력으로 몰리기는 하지만, 다시 이승만과 미군의 통치하에서 이 땅의 지배계급으로 등장하여 친미 보수 정권이 된다. 이후 보수 세력은 소위 정치적 경제적 강자의 이익을 대변해 왔고, 이 땅의 진보는 정치적 경제적 약자의 이익을 대변해 왔다고 할 수 있다. 이런 의미에서 진보와 보수는 비록 상대적 개념이지만 평등한 상대적 관계가 아니고, 적어도 우리 사회에서는 강약의 관계를 형성하고 있는 것이다.

경제적 측면으로도 이 땅의 보수는 대기업의 편을 들고, 진보는 노조의 편을 든다. 또한 무상 급식과 같은 복지 이슈에서 보수는 국가 재정을 이유로 반대하며, 진보는 인간적 교육을 주장하며 찬성한다. 안보에서도 보수는 한미일 공조를 찬성하고 사드 배치를 찬성하지만, 진보는 군사 주권과 평화를 이유로 한미일 공조와 사드 배치를 반대한다.

지역적으로도 보수 정권은 대체로 산업화를 먼저 이룬 영남 세력을 대변하고, 진보 정권은 산업화하지 못한 호남 세력을 대변해 왔다. 이 양 세력을 상징적으로 대변하는 인물이 박정희와 김대중인데, 이러한 이유로 영남 정권은 광주 5·18민주화운동에 대해 상당히 불편하게 생각하여 '님을 위한 행진곡'이라는 노래를 부르지 못하게 했고, 호남 정권은 5·18을 민주화의 역사적 사건으로 보고 '님을 위한 행진곡'을 열창했다.

그런데 우리 사회에서 보수와 진보가 상생적이지 못하고 아직도 적대적·상극적인 가장 큰 이유는 이 두 세력 간에 6·25전쟁이라는 뼈아픈 전쟁을 치렀기 때문이다. 해방 이후 오스트리아처럼 보수 정권과 진보 정권이 손잡고 단일 정부를 만들지 못하고 남북이 각각의 정권을 세운 후 소위 민족 통일이라는 명분하에 동족상잔의 전쟁을 치른 것이다. 그래서 이 땅의 진보는 오랫동안 보수로부터 '빨갱이'라는 소리를 들어 왔으며, 진보 세력이 집권하기 어려운 이유도 남한의 다수 유권자가 전쟁의 상처 때문에 진보는 빨갱이요 나쁜 사람이요 위험한 사람이라고 여기고 있기 때문이다.

더구나 남북관계가 개선되어 남북이 서로의 체제를 인정하고 자유로이 왕래하며 서로를 신뢰하는 사이가 되었다면 남한의 보수 진보도 지금처럼 이렇게 적대적 상극적으로 가지 않았을 것이다. 그러나 김대중·노무현 정부를 제외하고는 남북은 보수 정권하에 정치 군사적으로 대립하였으며 최근에는 북핵 실험으로 인하여 남북관계가 최악의 상황으로 치닫고 있다.

우리 사회의 강과 약의 상극적 관계가 상생의 관계로 진화하기 위해서는 우리 사회의 진보와 보수·좌파와 우파가 진정 화해해야 하고, 이는 남북관계의 개선과도 필연적으로 연계되어 있다. 그리고 이것이 우리 사회의 '정치적 전환'의 가장 큰 내용이기도 하다. 이는 거슬러 올라가면 조선 봉건시대의 양반과 상인·지배계급과 피지배계급의 화해요, 친일 세력과 반일 세력의 화해이며, 해방 이후 친미 세력과 반미 세력의 화해이며, 산업화 세력과 민주화 세력의 화해요, 기업과 노조의 화해이며, 영남과 호남의 화해이며, 새누리당 세력과 더불어민주당 세력의 화해이기도 하다.

3. 남과 북의 관계

우리 사회 정치적 전환의 가장 큰 주제는 남북관계의 개선이다. 말이 한민족이지 지구 상에서 가장 먼 민족이다. 서신도 전화도 왕래도 못 할 뿐 아니라 상호 엄청난 화기(火器)로 서로의 목숨을 노리는 것도 부족해 이제는 핵무기로 민족의 생존을 위협하고 있다. 우리 사회의 모든 진영 간의 갈등의 밑바닥에는 바로 남북 분단이 뿌리 깊이 박혀 있다. 따라서 남북 간의 관계를 상극에서 상생의 관계로 전환시키지 못하고는 우리 사회의 모든 갈등을 근본적으로 해소할 수가 없다.

남과 북은 왜 분단되었을까? 삼국 통일 이후 고려·조선을 거치며 천 년이상을 하나의 정치적 공동체로 살아왔던 한민족이 분단하게 된 가장 직접적인 원인은 일제 식민 지배를 연합군의 힘으로 벗어나면서 미·소가 남북을 분리 통치하면서이다. 물론 해방 이후 김구를 비롯하여 남북의 단독 정부를 반대하면서 하나의 단일 정부를 세우려는 노력들이 있었지만 이는 이승만·김일성으로 대표되는 소위 친미·친소 정권의 원심력에 의해 성공할 수 없었다. 이는 미국과 소련이라는 외세의 원심력이 강한 이유도 있었고 그 외세의 영향력을 극복할 수 있는 우리 내부이 구심력이 약했기 때문이기도 했다.

그러나 각기의 독립 정부가 상호의 체제를 인정하고 평화롭게 교류하며 공존해 왔다면 우리 사회의 진보와 보수, 좌우 진영 간 갈등의 골은 이렇게 깊지 않았을 것이다. 문제는 남북이 자기 체제의 우월성을 주장하며 자기 체제로 한민족을 통일하려는 과욕이 문제였다. 6·25는 그 과욕의 산물이며, 전쟁 자체는 북이 먼저 시작하였지만 이승만 정권도 북진통일을 주장하며 자유민주주의 체제로 북한을 무너뜨리려고 했고, 지금도 남한의 보수 정권은 그 기조를 유지하고 있다.

게다가 한반도를 둘러싼 4강의 관계는 한반도의 통일을 더욱 어렵게 한다. 남북이 온전한 하나의 나라 혹은 상호 화해하여 4강과 모두 좋은 관계를 유지한다면 모르지만 지금처럼 남북이 적대적인 관계를 유지하면서 군사·외교적으로 남한은 미·일과, 북한은 중·러와 우호 관계를 유지하는 한 4강은 남과 북 어느 한편이 상대편의 진영에 포함되는 것을 원하지 않을 것이다.

해방 이후 남과 북에 세워진 이승만과 김일성 정권은 각기 미국과 가까운 자본주의·자유주의 체제 그리고 소련과 가까운 공산주의·사회주의 체제를 유지했다. 이렇게 된 데에는 두 정권이 친미·친소라는 이유 외에 일제하 독립운동 당시부터 각자가 갖고 있는 역사관과 국가관이 달랐고 이는 다시 조선 봉건시대의 지배계급과 피지배계급의 갈등관계로 그 원인이 올라간다. 즉 조선시대 양반계급은 유산자 계급이요 상인계급은 무산자 계급이다. 유산자는 무산자를 억압 탈취하였으며, 무산자는 유산자를 증오하고 그에 저항하였다. 이렇게 조선 시대의 양반과 상인·유산자와 무산자 사이의 상극적 관계는 일제시대에 소련과 가까운 사회주의적 독립운동과 미국과 가까운 자유주의적 독립운동으로 이어지고, 이것이 해방 이후 양 진영 간의 주도권 싸움으로 이어지며, 이것이 결국은 분리된 정권을 세우게 되고, 결국은 6·25라는 우리 역사상 가장 수치스런 전쟁을 치르게 된 것이다.

소태산 대종사의 말씀대로 어차피 "강자는 약자로 인하여 강의 목적을 달성하고 약자는 강자로 인하여 강을 얻는 고로 서로 의지하고 바탕을 하고 있다."면 결국 강자와 약자가 상호 은(恩)적 관계에 있음을 깨달아 서로 존경하고 상생해야 하는데 당장 눈앞의 이해관계에만 집착하여 서로를 미워하고 원수처럼 여기게 된 것이 지금까지 우리 사회의 강약·진보 보수·남북 간의 갈등과 대립으로 이어 오고 있는 것이다.

이러한 면에서 우리는 봉건시대의 유산자와 무산자로 올라가서 그리고 이
그 이후 우리 사회의 좌파 우파로 이어지는 일련의 진영 간 대립적 관계를 해
원(解寃)해야 한다. 서로를 계속 원수로 알고 있어서는 영원히 상생할 수가
없다.

4. 한반도와 주변 4강과의 관계

우리 사회의 강자와 약자의 갈등 관계는 한반도 내의 진영 간 갈등과도 연
계되어 있지만, 국제적으로는 한반도를 둘러싼 4강과도 연계되어 있다. 이 4
강 간의 관계가 해원되어야 남북관계도 함께 풀리고 진정 한반도에 상생의
기운이 생길 수 있다.

한반도를 둘러싼 미 · 일 · 러 · 중의 관계가 오랜 과거부터 상극의 관계는
아니었다. 중국과 일본은 청일전쟁, 러시아와 일본은 러일전쟁을 거치면서
상극적 관계였지만, 태평양전쟁과 제2차 세계대전에서는 러시아 · 중국 · 미
국이 연합군을 형성하여 일본과 싸웠고, 냉전 시대에는 중국과 러시아가 한
편이 되고 일본과 미국이 한편이 되었다. 즉 나라 간에는 영원한 적도 없고
친구도 없다는 말처럼, 지난 100년 동안 한반도를 둘러싼 4강 간의 관계는 때
로는 상호 우호적이고 때로는 상호 적대적인 관계로 변해 왔다.

전술한 바와 같이 일본과 전쟁을 할 때는 소련과 미국이 한편이었지만, 종
전 이후 한반도에 소련과 미국이 각기 군대를 주둔시키면서 적어도 한반도
에서 미소 양국은 대립 관계를 형성하였고, 6 · 25전쟁을 치르면서 소련 · 중
국과 일본 · 미국은 상호 적대적 관계가 되었다. 그리고 한반도에서 냉전이
종식되는 1990년대까지 40여 년간을 북한 · 중 · 소와 남한 · 미 · 일이 각기
한편이 되어 공산주의를 매개로 북방 3각 그리고 자유주의를 매개로 남방 3
각이 대립하고 있었다. 그러나 냉전 체제가 무너지고 소련과 중국이 남한과

수교를 하게 되고 한반도의 4강 관계는 과거와 같은 냉전적 대립 구도에서 벗어나게 되었다.

지금 북한과 미국은 북핵문제로 그리고 일본과 북한은 납치사건으로 양국의 관계가 극도로 좋지 않다. 그러나 그 이유가 전적으로 북한에게만 있는 것일까? 냉전 시대 북방 3각과 남방 3각의 대립적 구도는 냉전 체제가 종식되고 중국과 러시아가 남한과 수교하면서 큰 변화를 맞았다. 그리고 지금 중국은 한국의 최대 교역국이 되었다. 그럼에도 불구하고 미국과 일본은 여전히 북한과 수교하지 않고 있다. 그 원인이 어디 있느냐는 논란의 여지가 있지만 현상적으로 한반도를 둘러싼 4강 간의 국제적 역학 관계는 힘의 불균형을 나타내고 있다. 즉 러시아와 중국은 남한과 수교하면서 북한과의 군사적 동맹 관계를 끊거나 소극적이 되었는데, 남한은 여전히 미국·일본과 군사적 동맹 관계를 유지하고 매년 군사훈련을 실시하고 있다. 군사적 힘의 관계로만 보면 북한에게 상대적으로 불리한 형국이다. 북에 우호적인 러시아와 중국의 입장에서도 북핵을 찬성하지는 않지만 북핵은 이러한 힘의 불균형에서 생긴 부산물이라고 보는 시각이 강하다. 즉 북한이 미국으로부터 안보의 위협을 느끼면서 생존하기 위한 수단으로써 핵을 개발했다는 것이 중·러 학자들 다수의 입장이다.

어느 나라건 외적의 침입으로부터 자신을 보호할 권리가 있고 자기 나라를 지키기 위해 핵무기를 개발했다면 이는 다른 나라에서 문제 삼을 수가 없다. 핵무기 자체를 비난한다면, 북한보다 수백 수천 배 더 많은 핵무기를 보유한 미국·소련·중국을 비난해야 할 것이다. 남한도 미국의 반대로 핵무기를 보유하고 있지 못할 뿐이지 미국이 동의만 한다면 핵무기를 보유하려는 의사가 있고, 1990년 이전에는 남한에 다량의 미국 핵무기가 배치되어 있었던 것도 사실이다.

따라서 북핵문제를 해결하기 위해서는 한반도를 둘러싼 4강 간의 힘의 균형이 필요한데, 특히 미국과 일본이 북한과 수교하여 힘의 균형을 맞추어 주어야 한다. 소위 정전 체제에서 평화 체제로의 이전이 필수 불가결하다. 미국·일본·한국은 북한이 핵을 먼저 내려놓아야 북미 수교를 할 수 있다는 입장이고, 중국·러시아·북한은 북미 수교를 통하여 북한의 안전을 보장해야 북핵문제도 해결된다는 입장이다. 이 양자를 동시에 진행하자는 것이 2007년 마지막 6자 회담의 주 내용인데 안타깝게도 진행이 더 이상 되지 않고 중단된 채로 현재에 이르고 있다.

강국이 영원한 강국이 아니요, 약소국이 영원한 약소국이 아니다. 한반도를 둘러싼 4강도 영원한 강자로 남을 수 없고 남북한도 영원한 약자로 남지 않는다. 해방 이후 한반도를 국제사회가 신탁통치 하려고 했을 때 이를 반대만 할 것이 아니었다. 오스트리아처럼 자력으로 독립을 하지 못했으니 국제사회의 도움으로 어느 정도 자력을 키운 이후 독립을 하겠다는 자세로 신탁을 받아들이고 각자의 정부를 세우는 일을 뒤로 미루었다면, 한반도는 분단되지도 않고 동족상잔의 전쟁을 치르지도 않고 남북이 하나의 정부를 세워 지난 수십 년 동안 남북이 서로 대립 갈등하는 불필요한 낭비를 하지 않았을 수도 있다.

또한 4강도 한반도 분단의 역사적 책임을 지고 있는 만큼 남북 어느 한편을 들어 대립을 조성하지 말고 진정 한민족이 하나의 나라로 통일할 수 있도록 도와주어야 한다. 특히 북한과 미국과의 관계에서도 북한은 미국을 미워하고 저항하려고만 하지 말고 미국이 왜 세계적 강국이 되었나를 잘 살펴서 미국을 선도자로 삼아 스스로를 강하게 만드는 계기로 삼아야 할 것이다. 또한 미국은 북한을 무시하고 이기려고만 하지 말고 왜 북한이 미국에 적대적이 되었는가를 잘 살펴서 북한이 미국을 신뢰하고 따라올 수 있도록 북한을 도와야 한다.

한일 간의 관계도 마찬가지다. 남한과 북한은 역사적 이유로 일본에 대항하려고만 하지 말고 강자인 일본이 왜 강자가 되었나를 잘 살펴보아 일본을 선도자로 삼아서 자강을 꾀하는 것이 남북한이 할 일이다. 또한 일본은 과거와 같이 약자인 한국을 무시하고 강압 탈취하려고만 하지 말고 한국이 일본과 같은 강국이 되도록 돕는 것이 일본의 강을 영원히 유지하는 방법이란 사실을 알아야 한다.

Ⅲ. 나가는 말

앞서 한국에서의 정치적 지배자와 피지배자의 관계, 진보와 보수의 관계, 남과 북의 관계, 그리고 주변 4강과 한반도의 관계를 강자와 약자 간의 관계로 살펴보았다. 강자 약자 진화상의 요법에 따라 강자는 약자를 돕고 약자는 강자를 선도자로 삼아야 서로가 상생의 관계를 이루고, 약자는 강자가 되며 또한 강자도 영원히 강자의 위치를 유지할 수 있다. 그러나 근대사에서 이 양자의 관계는 상극의 관계에서 상생의 관계로 일부 전환이 있기는 했지만 아직 완전한 상생적 관계를 이루지 못하고 있다.

강자 약자 진화상의 요법은 개인 간의 관계 및 집단 간의 관계에 모두 적용이 된다. 개인도 철이 들어야 강자가 약자를 돕고 약자가 강자를 선도자로 삼을 수 있듯이, 집단도 성숙해야만 강자가 약자를 돕고 약자가 강자를 선도자로 삼을 수 있다. 한국에서는 정치적 지배자와 피지배자, 진보와 보수, 남과 북, 그리고 주변 4강과 한반도가 시행착오를 거쳐 가며 차츰 진화하고 있지만 아직 충분히 성숙하지 못했다. 그래서 지금도 이 양자의 관계가 대립하고 충돌하지만 시간이 흐르면 결국 인지가 발달하면서 성숙한 방향으로 나가게 될 것이다.

특히 근대사에서 좌파는 오랫동안 피지배계급은 피해를 보는 계급, 지배계급은 피지배계급을 억압 탈취하는 악의 세력으로만 여겼고, 특히 북한에서는 계급투쟁을 통해 노동자와 인민이 지배하는 사회를 만들려고 했다. 그래서 자본주의 세력인 일본과 미국을 미워하고 투쟁적으로만 나왔다. 또한 우파는 이러한 계급투쟁을 하는 좌파를 위험한 세력으로 몰고 반공법으로 억압하려고 하며 친북 빨갱이라는 라벨을 붙여 탄압해야 할 세력으로만 여겼다. 더구나 남북 간에 전쟁까지 치르다보니 좌파와 우파는 서로 공존하지 못할 세력으로 증오하고 지금껏 상극의 관계를 유지하고 있는 것이다.

이 강자와 약자의 상극적 관계를 상생적 관계로 돌리기 위해서는 강자와 약자가 사실은 은적(恩的) 관계에 있다는 은(恩)의 원리에 눈을 떠야 한다. 그런데 우리는 그러한 은적관계를 보지 못하고 현상적 갈등 관계만 보기 때문에 상호 원망만 하며 적대시하는 것이다. 따라서 한국 근대사에서 강약의 관계가 상생적 관계로 전환하기 위해서는 강자와 약자 모두가 이 존재의 은적 관계에 눈을 돌려 원망을 감사로 돌릴 줄 알아야 한다.

결론적으로 전환 시대의 정치 윤리로 강자와 약자가 함께 모든 존재의 은적 관계를 깨달아 원망을 감사로 돌리는 태도를 가질 때, 이 세상은 상극의 삭막한 관계에서 상생의 훈훈한 관계로, 그리고 갈등과 쟁투의 관계에서 화해와 평화의 관계로 변화할 수 있다.

한반도 평화통일 구축과
원불교 통일 방안

윤창원*

* 서울디지털대학교 교수

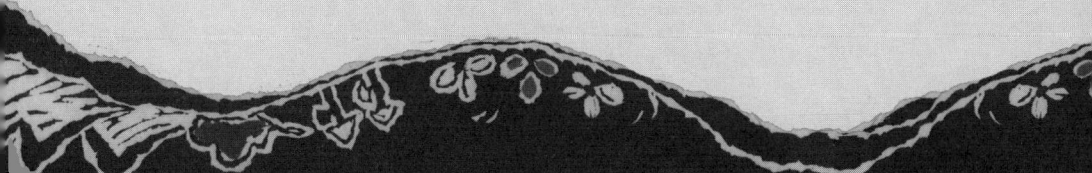

I. 한반도 평화통일 구축

1. 한반도 평화통일 환경변화

21세기 동북아 국제 정세는 1990년대 초의 냉전 종식을 넘어서는 근본적인 변화를 겪고 있다. 이러한 변화는 19세기 말 동북아 정세 변화에 견줄 수 있다. 당시 수세기 동안 중국을 중심으로 전개된 동북아 전통 질서가 서구 열강의 등장과 일본의 부상으로 역전되었다. 100년 전 세력 전이의 지정학적 중심에 한반도가 놓여 있었다. 이러한 사정은 지금도 변함이 없다.

변화의 양상을 간추리면 다음과 같다. 첫째, 중국의 부상으로 동북아 역내 국가 간 힘의 균형이 변화하고 있다. 많은 이들이 급속한 상승세를 보이는 중국의 경제력이 언제 미국을 추월할지에 관심을 쏟는다. 중국의 경제력은 2010년에 이미 일본을 추월하였다. 이는 19세기 말 일본이 청일전쟁을 계기로 동북아의 새로운 1인자로 부상한 이래 100여 년 만에 중국이 다시 지역의 패권국으로 복귀할 수 있는 발판을 마련한 실로 역사적 사건이다. 사실 중국의 국방비는 2005년에 이미 일본을 추월하였고, 2013년 현재 508억 달러인 일본 국방비의 두 배가 넘는 1,143억 달러를 국방비로 책정했다. 매년 10% 이상의 급격한 증가율을 감안할 때 2015년에는 2,382억 달러로 일본 국방비의 4배 수준에 달할 것으로 예상된다. 이는 아시아 12개국의 국방비를 모두

합친 것보다 많은 것이다.

두 번째, 이러한 중국의 부상과 힘의 전이에도 불구하고 오늘날 동북아에서 19세기 말에 벌어진 패권 전쟁이 일어나기는 쉽지 않을 것이다. 후진타오 체제에 이어 2012년 새로 출범한 시진핑 지도부는 여전히 중국의 평화로운 부상과 조화로운 외교 관계를 강조한다. 그러나 최근 중국이 남중국해에서 동남아 국가들 및 일본과 벌이고 있는 영토 분쟁은 중국의 부상에 대한 우려와 비관론에 힘을 실어 주고 있다. 혹자는 현재 나타나는 중·일 간의 갈등이 양국 간 힘의 균형이 역전되는 상황에서 민족주의 강화와 영토 갈등이라는 형태로 나타나고 있다는 점에 주의한다. 이는 제1·2차 세계대전이 촉발될 당시 유럽의 상황과 유사하다는 것이다. 중국을 위시한 동아시아의 각국은 그 무엇보다 경제 발전에 가장 큰 비중을 두고 있으며, 이를 위해 가장 중요한 것은 평화라는 것을 누구보다 잘 알고 있다. 게다가 핵무기라는 변수는 동아시아 주요국 간에 전쟁을 억제하는 가장 강력한 요소로 작용한다. 20세기 핵무기의 등장과 21세기 세계화로 인해 강대국 간 패권 경쟁 형태가 변한 것이다. 현실주의자들이 우려하는 힘의 전이가 동북아를 중심으로 전개됨에도 불구하고 이 지역에서 전면적인 패권 전쟁이 쉽지 않다는 것이다. 더욱이 중요한 것은 미국이 적극적인 역외 균형자로서의 역할을 지속하고 있다는 것이다. 오바마 행정부는 아시아 중시 외교 정책을 천명하고 있다. 미국이 경제난으로 인해 이 지역에서의 직접적인 군사적 역할을 축소하면서도 중국과 같은 특정 국가가 패권국으로 부상하는 것을 견제하겠다는 강한 의지를 표현하는 것이다.

2. 북한의 변화

2015년은 김정은이 집권한 지 4년째 되는 해였다. 2009년 후계자 지명으로

부터 따져 보면 7년째이다. 2012년 이후 현재까지 북한의 정치 과정은 김정은의 1인절대독재 체제를 확립하는 과정이라고 요약할 수 있을 것이다. 북한의 대내외 정책은 김정은 1인절대독재체제의 수립에 필요한 여러 요구에 의해 상당 부분 영향을 받았던 것으로 해석할 수 있다.

김정은의 집권은 북한의 대내외 정책에서 새로운 시대를 연 것으로 볼 수 있다. 2012년 김정은이 집권하고 나서 북한의 대내외 정책에 많은 변화가 발생했기 때문이다. 물론 대내외 정책 변화는 이미 김정일 시대부터, 특히 권력 세습이 시작되었던 2009년부터 본격적으로 시작된 것도 있었다. 비핵화 거부·핵능력 증강·공격적 대남정책이 그러하다. 그러나 김정일 시기에 북한은 비핵화 협상을 수용했고, 그 결실로 2012년 북·미 간에 2·29 합의가 체결되었다. 그런데 김정은 집권 이후에는 비핵화 협상이 완전히 중단되면서 북한과 주변국 사이에 대결과 갈등이 현저히 증가한다. 내부적으로 볼 때도, 경제 분야에서의 여러 개혁적이고 전향적인 조치는 김정일이 사망한 직후에 결정되고 2012년부터 본격적으로 추진되는 것으로 볼 수 있다. 정치적 측면에서도 김정은은 김정일이 만들어 준 후견 체제를 해체했을 뿐 아니라, 상층 권력기관 간의 역할과 위상을 재편했다.

이런 북한의 변화에서 우리가 유의해서 살펴볼 사항은 무엇인가? 정치적 측면의 변화를 보면, 김정은 친정독재 체제의 수립·공안 관련 인물과 기관의 득세·중앙당과 내각의 역할 강화·국방위원회와 군부의 약화 등을 지적할 수 있다. 정치 관련해서 핵심 질문은 김정은이 할아버지와 아버지에 버금가는 1인독재 체제를 재수립했느냐이다. 만약 이미 성공했다면 일반적으로 1인절대독재자가 그러했듯이 안정적으로 종신 집권할 가능성이 높아진다.

경제적 측면에서는 중국의 1980년대 중반의 개혁 단계에 해당하는 경제 조치의 실시와 사회주의적 모자를 쓴 민간기업의 번성을 주요 측면으로 지적할 수 있다. 경제 조치는 중국의 1980년대 후반과 유사하지만, 국제적 고립 등의 여건 때문에 중국식 장기 경제성장이 발생할 개연성은 낮다. 북한에서는 내부적 필요와 동학 때문에 시장 확대가 지속될 것이며, 아마도 5-10년 내에 사유재산과 사적 기업가를 인정하게 될 것이다.

다음으로 대남정책의 측면을 보자. 북한은 김정은의 권력 세습이 시작된 2009년부터 비핵화 거부를 공식 선언했다. 다른 이유도 있지만, 남북관계가 갈등과 대결의 국면에 진입하게 된 가장 주요한 원인은 북한의 비핵과 거부에 있다. 2012년 북·미 사이의 2·29 합의 파기와 2013년 2월 3차 핵실험 이후 사태는 더욱 악화되었다. 북한이 핵무기를 보유하게 되었다는 것은 북한의 대남정책이 앞으로 계속적으로 공격적인 성향을 띨 것임을 예고한다.

3. 남북관계의 변화

2000년 남북정상회담 이후 지금까지 남북관계는 순탄치 않았다. 남북관계가 진전될 경우에도 우여곡절을 겪어야 했고, 남북관계가 정체되거나 퇴행할 경우에도 지루한 신경전과 적대적 기싸움을 벌여야 했다. 어렵게 합의를 해놓고도 남북관계는 가다 서다를 반복했고 화해 협력이 증진되는가 하면 어느새 불신과 대립이 커지기도 했다. 그야말로 남북관계는 하루도 편안한 날 없이 진전과 퇴행·정체와 교착·화해와 불신의 롤러코스터를 되풀이했다고 해도 과언이 아니다. 대북 포용정책 시기에도 경향적으로는 화해 협력이 증진되었지만 남북관계 개선이 결코 순탄하지 않았다. 대북 강경정책 시기에는 남북관계 파탄 속에 한반도 긴장은 고조되고 적대와 대립이 증대되었다.

가다 서다의 단속적 남북관계 대신 지속적이고 선순환적인 관계 개선을 위해 이른바 남북관계의 '제도화'라는 과제가 제기되고 있다. 경제 분야뿐 아니라 법제도적 차원에서도 남북관계를 제도화하면 중단과 재개의 불필요한 우여곡절을 피할 수 있다는 기대가 가능하다. 남북관계의 제도화가 필요한 이유는 합의와 불이행·대화와 결렬 등 남북관계가 가다 서다를 반복하기 때문이다. 따라서 남북관계의 제도화는 남북관계가 중단되거나 퇴행하거나 합의사항이 이행되지 못하는 상황을 막고 장기적으로 지속되는 동시에 합의가 제대로 이행되도록 하기 위한 제도적 장치를 의미한다. 즉, 남북관계의 지속성과 불가역성 그리고 실천 담보성을 보장하기 위한 법제도적 장치인 것이다.

그러나 남북관계의 지난 역사를 돌이켜보면 법제도적 장치로도 남북관계의 지속적 발전을 자동적으로 보장할 수 없었다. 남북 간 합의는 언제든 휴지 조각이 되었고 심지어 정상회담의 합의 사항마저도 쉽사리 폐기 처분되었다. 수많은 합의서에도 불구하고 남북관계는 제도화되지 못했다. 합의문을 넘어 공장과 근로자 등 실물로 존재하는 개성공단마저도 너무도 간단히 폐쇄되고 말았다. 필요성에도 불구하고 도대체 왜 남북관계의 제도화는 진전이 어려운 것일까? 모두가 원하는 되돌이킬 수 없는 화해 협력과 평화 정착의 남북관계 개선은 왜 안 되는 것일까? 남북관계의 문제점을 지적하는 많은 논의가 있지만 대부분은 남북관계 진전을 가로막는 근본적 구조적 원인을 분석하기보다는 남북관계 개선을 위해 해결해야 할 각론의 과제를 나열하는 데 그친 경향이 크다. 합의 불이행·대화의 상시화와 정례화 미흡·정경분리 미진 등 남북관계 개선을 저해하는 현상들을 형식적으로 진단하는 데 그치고 있다.

그러나 이들 문제점은 남북관계 진전을 가로막는 현상적 원인이지 그러한 현상이 발생하는 본질적 구조적 문제점은 아니다. 왜 합의해 놓고 불이행되는지, 당국 간 대화의 지속성이 왜 미흡한지, 정경분리 원칙이 왜 안 지켜지는지를 정확히 짚어 내야 남북관계의 근본적 문제점을 알 수 있을 것이다. 가다 서다를 반복하고 합의·불이행·재협상의 패턴을 반복하며 화해 협력과 갈등 불신의 사이클을 반복하고 소모적이고 지루한 힘겨루기를 지속하는 우리 남북관계의 근본적 문제점이 무엇인지 이제 차분하게 성찰적으로 들여다 볼 때가 되었다.

실제 남북관계의 제도화는 경제협력의 물질적 가시화만으로 그리고 남북의 법제도적 합의서만으로는 가능하지 않다. 남북관계를 중단시키고 퇴보시키며 합의를 이행 못 하게 하는 근본 원인은 제도화의 미비가 아니라 남북관계 자체가 안고 있는 근본적 문제점에 있다.

4. 박근혜 정부 통일 정책

2014년 1월 6일 신년기자회견에서 박근혜 대통령이 밝힌 "통일은 대박이다."라는 화두가 현재 가장 강한 정치적 구호가 되었다. 평화적 통일이 되면 대박이 될 수도 있다. 그러나 준비된 통일이라면 대박이 될 테지만, 준비되지 않은 통일은 재앙이 될 수도 있다.

결국 남북한이 관계 개선과 협력의 길로 나아갈 것은 자명한 사실이고 박근혜 정부도 향후 통일을 위해 실질적인 노력을 해야 할 것이다. 박근혜 정부 집권기에 남북관계 개선이 이루어지지 않는다면, 집권 기간 내내 남북관계에 어려움이 가중될지도 모른다. 그런 맥락에서 남북정상회담이 유의미한데 국내 정치 일정을 고려하면 2017년 2년 안에 남북정상회담 추진이 현실적으로 가능하다.

2017년 대선을 고려해 보면 향후 1년 내에 남북관계의 정상화를 모색할 수 있는 기회가 있을 것이라고 생각된다. 박근혜 정부에게 단 한 번 정상회담의 기회가 오면 놓쳐서는 안 될 것이다. 남북정상회담에서는 북핵문제, 천안함사건에 대한 사과 문제, 5 · 24 대북 제재 조치 해제, 금강산관광 재개, 개성공단 재개 등이 핵심 의제가 될 것이다. 그중에서도 북핵문제와 천안함사건을 풀어 잘 나가야 한다. 한반도 문제를 풀어 나가는 주축은 남한과 북한이어야 한다. 그리고 남과 북이 양보하고 타협하려는 의지가 전제되어야 한다. 현 시점에서 남과 북이 해야 할 일들이 무엇인지 생각해 볼 필요가 있다.

남과 북은 향후 지속적으로 남북 간 화해 협력 정책의 원칙을 지키면서 강온 전략을 유연성 있게 구사하여 소탐대실하지 말고 상호 양보와 타협으로 남북관계의 정상화를 위해 공동 노력하여 한반도 평화통일의 대업을 이어가야 것이다. 이미 과거 경험을 통해 대화와 타협 외에는 달리 방도가 없다는 것을 잘 알지 않는가! 다시 한 번 어리석은 과정을 되풀이해서는 안 될 것이다.

5. 한반도 평화를 위한 길

남북 화해 협력의 본질은 평화여야 한다. 한반도에 평화를 실현하기 위한 가장 큰 전제 조건은 남북 간에 신뢰를 형성하는 것이다. 평화는 남북이 함께 만들어 가야 할 핵심 과제이며 이는 남북관계의 발전, 즉 화해 협력이 뒷받침되어야 가능한 것이다. 한반도에 평화 정착이 이루어지면 이는 통일 기반 구축에 기여하게 될 것이며 참으로 긴 60년의 전쟁을 끝내는 일이 될 것이다.

평화 없는 통일은 소망스럽지도, 가능하지도 않다.

과거 '평화를 지키는(peace-keeping)' 소극적 평화에서 한 단계 더 나아가 남북이 함께해 나가지 않으면 안 되는 '평화를 만드는(peace-making)' 과정이 되어야 한다.

한국전쟁이 끝난 후 지난 60년 동안 한반도는 정전 체제를 유지해 왔다. 비록 전쟁은 잠정적으로 중단되었지만, 적대와 대립의 관계가 한반도 안보 질서를 규정해 왔다.

1970년대 이후 대한민국 정부의 대북정책에는 △한반도 문제는 당사자인 남북이 주도하여 평화적으로 해결 △민족 공조와 국제 공조의 상호 보완적 활용 △북핵문제 해결과 남북관계 개선 병행 추진 △정전 상태를 공고한 평화 체제로의 전환 등 일관된 흐름이 존재해 왔다.

북핵문제가 진전되고 남북관계가 진전을 이루어 가면 한반도에서 새로운 평화 질서를 구축하고자 하는 움직임이 본격화될 것이다. 한반도는 위기 속에서도 '정전 체제의 평화 체제로의 전환'이라는 새로운 기회의 공간을 맞이하고 있다.

한반도에서 공고한 평화 체제를 구축하기 위해서는 단계적 접근이 필수적이다.

① 평화 유지(peace-keeping) → ② 평화 만들기(peace-making) → ③ 평화의 구조화(peace- building)가 그것이다.

'평화 유지(peace-keeping)'는 전형적인 소극적 평화 확보의 개념으로 군사력을 통한 도발의 억제를 의미한다. 군사적 억지(deterrence)와 동맹 강화가 이를 가능케 한다.

'평화 만들기(peace-making)'는 평화 유지보다는 한 단계 위 개념이다. 신뢰구축이 평화 만들기의 핵심 개념인데, 경제적 · 사회적 · 정치적 신뢰 구축의 단계를 거쳐 군사적 신뢰 구축이 이루어져야 평화 만들기가 가능할 것이다. 그러나 넓게 보면 평화 만들기 또한 불안정한 상황을 관리한다는 면에서 소극적 평화 유지책이라 할 수 있다.

평화의 구조화(peace- building)가 궁극적으로 지향해야 할 목표다. 이는 분쟁의 구조적 원인을 없애는 것이다. 적대적 쌍방이 하나의 국가로 통합되거나 선린 관계가 형성되어 추구하는 목표에 충돌 여지가 없어지면 분쟁은 구조적으로 해소될 수 있을 것이다.

남북관계의 발전을 위하여 우리는 '평화 만들기(peace-making)'를 지향해야 한다.

신뢰 구축을 통한 평화 만들기는 박근혜 대통령이 주창하고 있는 '새로운 남북관계' '새로운 한반도 시대' '동북아 평화 협력 구상'으로 이어지기 위해서도 필수불가결하다. 그러나 남북 간에 신뢰 구축이 어려운 이유는 북한의 마음이 안심되어야 신뢰 형성이 가능하다는 점 때문이다.

북한이 남북관계 개선을 북미관계 개선의 수단으로 삼으려는 것도 이에 기인한다고 할 수 있다. 중국의 개혁·개방과 베트남의 도이모이도 미국과의 관계 개선 이후에 진전되었음을 상기할 필요가 있다.

II. 종교계 통일 환경 변화

1. 종교계의 인식 전환을 통한 종교계 통일 환경 구축

1980년대 이후 꾸준히 직간접적인 접촉을 모색해 오던 종교계의 역할이 빛을 발하면서 남북 종교 교류는 다른 분야에 앞서 이미 민간 차원의 교류를 뒷받침하는 계기를 만들었고, 남북 화해와 협력의 분위기를 형성하는 중요한 역할을 하였다고 평가된다. 따라서, 한반도 평화 정착을 위한 점진적 과정으로 ① 북한의 종교 정책을 변화시키고 ② 남북한 종교 교류에 대해 성찰하고 ③ 남북한 화해를 위해 종교계가 남북한 종교 교류·인도적 대북 지원·학술 교류 등의 차원으로 진행될 필요가 있다.

인도주의적 대북 지원사업에만 치중해 왔던 종교계가 남남갈등의 조정과 중장기적인 통일 준비 과정에서 주요 역할자로 기능하기 위해서는 기존의 소극적이고 비체계적인 준비 자세에서 적극적이고 체계적인 준비 자세로 전환해야 한다.

선교만을 목적으로 삼는 종교 내부적 이해관계를 넘어 한반도가 '평화·경제 · 민족 공동체'로 진전해 나가는 데 종교계가 기여할 수 있도록 구체적인 준비가 요청된다.

2. 한국 종교계 통일 준비와 남북교류협력사업 현황 분석

각 종단의 특성에 비추어 각기 다른 형태로 전개되어 온 대북 인도적 지원사업과 남북교류사업의 추진 형태와 내용은 다음과 같이 변화하여 왔다.

단적인 예로 불교의 경우 『남북 불교 교류의 흐름 : 남북 불교 교류 60년사』(대한불교조계종 민족공동체추진본부, 2010)에서 남북한 불교 교류에 대해 고립 교류(1972-1987) ⇒ 간접 교류(1988-1994) ⇒ 직접 교류(1995-1997) ⇒ 협력 교류(1998-2001) ⇒ 문화 교류(2002-2006) ⇒ 통합 교류(2007-)의 형태로 발전해왔다고 말하고 있다.

단적인 예로 불교의 경우 위의 보고서에서는 남한 불교 내의 '종단적인 합의화', '교류 창구의 실질화', '교류 주체의 전문화', '지원 방법의 통일화'가 이루어질 때 남북 간 교류도 실질적으로 이루어진다고 진단하고 있다. 이는 그동안 불교의 경우에도 교류 주체가 '종단협의회(조계종 · 천태종 · 태고종 · 진각종 등)와 '불교 단체(민추본 · 평불협 · 한국 JTS · 좋은 벗들 등)' 등으로 나뉘어 효율성이 떨어졌음을 지적하는 것이다.

이러한 지적은 한국 개신교 최고의 선언문이라 할 만한 '민족의 통일과 평화에 대한 한국기독교회선언'(1988.2.29)에서 "평화와 통일의 선교적 소명을 감당하기 위해 한국 교회는 개(個)교회주의와 교권주의를 극복하고 교회 일치를 위한 선교적 협력을 더욱 강화해야 한다."고 강조했던 것과도 통하는 것이다.

III. 원불교 통일 방안

1. 원불교 북한 교화의 역사

1) 개성교당

소태산 박중빈 대종사(少太山 朴重彬 大宗師, 1891-1943)는 "금강산은 천하의 명산이라 멀지 않은 장래에 세계의 공원으로 지정되어 각국이 서로 찬란하게 장식할 날이 있을 것이며, 그런 뒤에는 세계 사람들이 서로 다투어 그 산의 주인을 찾을 것이니, 주인 될 사람이 미리 준비해 놓은 것이 없으면 무엇으로 오는 손님을 대접하리요."(「전망품 5장」)라고 하셨다.

통일로 가는 길목에 금강산이라는 인연지가 있으며, 그로 인해 통일이 될 것을 예지하신 것으로 이해되며, 정산 종사의 건국론과 대산 종사·좌산 상사·경산 종법사의 통일법문은 대종사의 금강산법문을 현실에 되새긴 것으로 받아들여진다.

북한 교화의 첫 인연으로는 교단 초기 대표적 교화자로 인정되는 장적조에서부터 비롯되었다고 본다. 장적조는 1936년(원기21) 해운 사업을 하는 아들이 청진으로 이사하자 아들 집에 있으면서 7명을 입교시키고, 1937년에는 만주로 진출하여 각지에 행상을 하며 용정·목단강시·장춘·심양 등 중국 동북 지방에서 선교 활동을 전개하였다. 1940년 12월에는 목단강시에 정착하여 1945년 5월 29일까지 중국인 일부를 포함한 북한 지역 출신 교도 218명을 확보하였다.

통일 후 최초로 교당을 세운다면 먼저 한국전쟁 전에 교당을 두고 교화 활동을 적극적으로 펼쳤던 개성을 생각하게 된다. 1937년(원기22) 12월, 개성교당 이천륜 교도의 원력과 경성지부 이동진화 순교무의 주선으로 김영신 교무가 개성교무로 부임하였다. 1938년부터 이천륜 교도의 집에서 법회를 보기 시작해서 동년 8월 덕암동에 교당을 마련하여 '개성출장소' 간판을 붙이게 되었다.

1946년(원기31) 4월 개성출장소가 발전하여 개성지부로 승격되었고, 1947년 덕암동교당을 매각하여 시내 중심지 북안동 312-2번지에 있는 한옥을 인수하고 동년 7월 3일 정산종법사를 모시고 800명의 대중이 모인 가운데 봉불식을 거행하였다. 당시 개성교당 법회출석 규모는 70여 명 전후였다고 한다. 한국전쟁 중인 1952년 1·4 후퇴 때 이순석 교무가 피난하고 이후 분단이 되면서 북한지역에서의 교화가 중단된 상태이다.

2) 북한 교화를 위한 조직 구성

원기 64년(1979) 4월 5일, 대산 김대거 종사(大山 金大擧, 1914-1998)의 하명으로 영산선원 대각전에서 〈북한교화위원회〉 발기인회를 발족하고 '통일 염원대'에서 평화 기원 및 발족 봉고식도 거행했으나, 구체적 실행은 하지 못했다. 이후 관련 모임을 지속적으로 가져 오다가 원기 71년 5월 9일 제218회 원의회에서 「원불교 북한교화위원회 규정」이 승인되었고, 원기 74년 4월 24일 〈북방 교화 연구위원회〉(위원장 김근수 서울사무소장) 발기인 모임을 서울회관에서 가졌다.

원기 79년 12월 14일, 강남교당 박청수 교무를 평양교구장으로, 황직평 교무를 원산교구장으로 사령함으로써 북한 교화를 위한 포석을 놓게 된다.

원기 80년(1995) 1월 15일, 원불교 청년회를 중심으로 한 〈남북한삶운동본부〉를 발족했다.

원기 80년 7월 31일, 원의회에서 〈원불교 북방 교화 연구위원회〉를 교령 제66호로 〈북한 교화 위원회 규칙〉으로 변경하여 제정했다. 주요 사업은 △남북한 통일정책 연구 및 교화전략 연구 △북한 교화를 위한 교육 및 홍보 △북한 교화를 위한 직간접교류 △북한 교화를 위한 기금 조성 등으로 정했다.

원기 81년 5월 31일, 통일을 대비하여 북한 교화 지원 교무를 모집한 결과 39명의 교역자가 지원을 했다. 아울러 북한교화기금은 각 교구별로 6·25 희생영령 합동위령제와 법인절 특별기도 등을 통해 마련해 왔다.

　원기 85년 9월 6일, 남북관계의 개선에 따른 환경 변화에 적응하기 위해 북한교화위원회의 명칭을 〈한민족 한삶운동본부〉로 변경하고 향후의 방향과 사업 전개를 위해 세미나를 개최했다.

3) 북한과의 직접적 교류 모색

　원기 85년(2000) 12월 14일, 김일상 교화훈련부장(한민족한삶운동본부장)과 정명중 공익복지부장(은혜심기운동본부장)이 교단 대표로서 북한 조선불교도연맹 중앙위원회 심상진 서기장 등과 만나 원불교의 교류 창구를 모색하게 되었다.

　이후 교단은 △원기 86년(2001) 3월 26-28일, 남북종교인 평화모임(금강산) △원기 86년 6월 14-16일, 6·15 공동선언 1돌 기념 민족통일 대토론회(금강산호텔) △원기 86년 8월 15-21일, 2001 민족통일 대축전(평양 고려호텔) △원기 87년 2월 26일-28일, 민족의 단합과 통일을 촉진하기 위한 2002 새해맞이 남북공동모임 참석(금강산 온정리) △원기 87년 6월 13일-16일, 6·15 남북공동선언 두돌기념 민족통일 대축전(금강산 일원) △ 원기 87년 8월 15일-17일, 8·15 민족축전(서울) 등까지 수차례 교단의 출가·재가 대표들이 참여함으로써 민간 차원에서 대북 교류의 길을 모색해 왔다.

　그 결과, 원기 86년 8월 15-21일 평양에서 있었던 2001 민족통일 대축전(평양 고려호텔)에서 장응철 교정원장과 조선불교도연맹의 위원장이 '조선 민주주의 인민공화국 지원을 위한 원불교 측 독립 창구 개설 의향서'에 서명을 하였고, 이를 근거로 통일부(인도지원국 인도지원기획과)가 '재단법인 원불교(대표 : 장유석)'를 대북지원사업자로 승인함으로써 원불교는 독자적인 대북 지원

활동을 하기에 이르렀다.

4) 인도적 지원 활동

북한에 대한 인도적 지원은 1995년 9월 15일 강남교당이 대한적십자사에 북한수재민 돕기 성금 1천만 원을 기탁하면서 시작되었다.

원불교의 대북 지원은 직접적인 대북 창구가 없었던 관계로, 2000년 이전까지는 대한적십자사·우리민족서로돕기 운동본부·국내외 NGOs 단체를 통하여 간접적으로 이루어졌었다.

원불교는 2000년 12월 북경에서 만난 북한 조선불교도련맹 중앙위원회로부터 지원 협조를 의뢰받고, 2001년 3월 금강산에서 원불교의 대북 지원 창구 개설을 협의한 데 이어 2001년 8월 평양에서 대북 지원 창구 개설 의향서에 서명함으로써 자체적인 대북 지원을 시작하였다. 2001년 9월 28일 대북 지원사업자 지정을 받은 이후에, 원불교여성회에서 북한 어린이를 위한 분유·담요·의류·아기 기저귀 등 건강 유지와 월동을 위한 물품 등을 꾸준히 지원하였으며, 조선불교도련맹과 양자 간의 직접 교류와 협력이 가능하도록 독립 창구 개설의향서를 협의하는 성과를 이루었다. 2002년 12월에 말레이시아 쿠알라룸푸르에서 열린 세계불교도우의회(WFB) 총회에서 원불교 대표와 조선불교도련맹 대표는 〈평양빵공장〉 설립합의서 조인식을 하여, 빵을 만들기 위한 밀가루를 매달 40톤씩 지속적으로 보내기로 하였다. 제조된 빵은 탁아소와 소학교에 우선하여 공급하며 조선불교도련맹에도 공급하도록 합의하였다. 원불교는 교단자체가 대북지원 사업자로 인도적 차원에서 지속적으로 대북 지원을 하여 남북한 종교인 간의 신뢰를 두텁게 형성하였다. 남북한 간의 긴장이 고조되던 시기에도, 2009년 3월에 원불교와 원광대학교 대표들이 북한을 정기 방문하여 빵공장을 답사하고 주민들에게 빵 배급이 제대로 이루어지고 있는지 모니터링할 수 있는 시스템을 구축하였다.

5) 학술 교류

1990년 4월 당시 미국에서 교화 활동을 하던 박성기 교무의 평양 방문이 학술 교류의 시작이었다.

1990년 8월 일본 오사카에서 열린 제3차 조선학국제학술회의에 참가하여 북한 학자와의 상면이 이루어져 『원불교전서』를 전하며 대화를 가졌던 것이 광복 후 북한 교화의 한 기초를 다졌다.

『원불교전서』 중 두 권을 북한의 주체사상연구소장인 박승덕 교수와 주체과학원 연구실장이던 한수길 교수에게 전달하였는데, 특히 박승덕 교수는 자신의 발표에 앞서 대중 앞에서 "이번 기회에 한국의 원불교를 알게 된 것은 충격적인 일이다. 돌아가면 원불교사상을 본격적으로 연구하겠다."고 말하고, 돌아간 후 북한의 사회과학원 및 김일성대학 등의 종교와 철학 관계 학자들에게 한국의 원불교를 연구하여 새로운 통일철학과 평화사상을 찾자며 권장하였다.

이후 북한 교수들은 크게 관심을 가지고 1994년 2월까지 1년에 1-2회씩 박승덕 교수 이외에도 정성철 박사와 김철식 박사 등 40여 명의 교수들을 만나 대화하기를 원하였다. 그 후 30여 권의 『원불교전서』를 통일원의 승인을 받아 북한의 사회과학원 · 주체과학원 · 김일성대학 · 인민대학습당 등에 송부하는 등 50여 권을 전달하였고, 그 성과로 사회과학원에서 원불교를 전문으로 연구하는 대학원생을 양성하게 되었고, 김일성대학 · 주체과학원 등에서 원불교사상을 통일과 평화의 이념으로 전문적으로 연구하며 원불교와 교류함에는 아무런 장애가 없다고 밝혔다.

2. 원불교 통일 방안

교단 창립 100주년을 지나고 있다. 앞의 글에서 한반도 통일 과정에서 종교계의 역할이 중요한 만큼 통일 이후를 준비하는 실질적인 준비가 필요하다는 제안을 했다. 교단의 통일 준비도 마찬가지이다. 통일 이후를 준비하는 구체적인 로드맵이 마련되어야 할 것이다.

평화란 일반적으로 전쟁이 없는 상태를 말하는 것이 아니다. 전쟁이 없는 상태는 갈등이 내재되어 언제든 전쟁이 가능한 휴전에 불과하다. 진정한 의미로서의 평화는 인류 상호 간의 살상의 가능성마저 사라진 상태, 즉, 서로 돕고 위하는 화(和)의 원리가 이상적으로 실현된 상태를 의미한다. 최근의 급변하는 정세와 더불어 남북 종교 교류가 진행되면서 북한의 통일전선 전략에 이용될 가능성이 불식되었을 뿐만 아니라, 남북 종교인의 교류가 거듭되면서 북한 체제의 속성과 종교인들의 위상을 보다 정확히 알게 되었다. 한반도를 중심으로 한 세계 평화를 이루기 위해서 교단이 먼저 남북 종교 교류의 기초를 다지고, 교육기관을 통해 전문적인 공동 연구 및 학술 교류를 실시하고, 아울러 평화통일 이후를 대비해 평화교육에 대한 제안과 프로그램을 개발해 원불교다움을 실천해야 할 것이다.

남북관계의 제도화를 위해서는 정전 체제의 군사적 대치 상황을 해소하고 분단 체제의 정치적 대결 관계를 개선하는 근본적 접근이 병행되어야 한다. 물론 경제협력을 통한 경제공동체 형성도 제도화에 기여하고, 각종 합의 사항의 법제화와 회담의 상설화 정례화 등도 제도화를 촉진하지만, 그것은 필요조건이지 충분조건은 못 된다. 정전 체제의 평화 체제로의 전환 그리고 그와 연동된 북핵문제의 평화적 해결이 남북의 군사적 대결을 완화시키고, 평화 체제와 선순환되는 남북관계의 개선과 상호 적대 의식의 약화 및 내부 남남갈등의 해소를 통해 정치적 남북 대결이 완화되어야 비로소 남북관계는 안정적으로 제도화되고 비가역적인 진전을 이룰 수 있을 것이다. 정치 군사적 대결 상황과 여기에서 파생된 북핵문제와 상호 적대 의식의 해소를 위해 이제 남북관계는 '포괄적 평화'를 이루는 과정으로 바라보아야 한다. 포괄적 평화에 기초할 때 비로소 남북관계 제도화의 가능성을 증대시킬 수 있을 것이다.

현재의 남북 종교 교류가 한편으로는 인도적 지원을 중심으로 이루어지고 있으므로 이에 대한 깊이 있는 고려가 필요하다. 북한의 현 실정에 비추어 볼 때 인도적 지원은 단기간에 종료될 수 있는 성격의 것이 아니므로 구호 · 재건 · 발전의 단계로 점차 진전시켜 나가는 연속성과 연관성을 고려해야 한다. 따라서 교단의 대북 인도적 지원사업이 보다 체계적이고 지속적인 계획에 의해 추진될 수 있도록 목표를 조정하고, 교단 내 제 단체들 간의 연대 협력을 통하여 효과를 극대화할 수 있는 방안을 모색하는 데에도 힘을 모아야 할 것이다. 교단이 지닌 속성에 비추어 볼 때 북한 교화나 새로운 진출 가능성을 확인하는 것이 추동력 발휘에 필수적 요소이기는 하지만, 기본적으로는 대북 인도적 지원을 통한 남북 화해의 도구 역할에 만족하는 자세를 견지하는 자제력이 요구된다.

동독의 마지막 수상이었던 드 메지에르 수상은 동독의 정치 변혁 과정에서 드러났던 서독 교회의 역할에 대해 "교회는 정치적 반대자들에게 보호처를 제공하고 법률의 보호를 받지 못하는 자들을 변호하는 데 기여하였다. 또한 교회는 폭력 사용 금지를 옹호함으로써 우리들로 하여금 정치적인 혁명을 평화롭게 완수케 하였다."고 말했다. 이 말은 서독이 동독을 지원할 때 서독 교회가 단순한 인도적 지원 이외에도 동독에 다각적으로 사회적인 영향력을 미칠 수 있는 역할을 할 수 있도록 서독 정부가 다양한 형태로 정책적 지원을 아끼지 않았다는 사실을 밝힌 것이다. 다시 말해서 서독 정부가 막대한 통일 기금을 투입하면서도 가능한 한 통일 기금의 사용을 정부가 직접 담당하기보다 서독 교회 즉 종교계에 위탁했었다는 점을 주목하지 않을 수 없다.

북한의 변화가 가속화될 경우 발생할 수 있는 과도기적 현상에 대한 준비와 대비책을 마련해 접근해야 할 것이다. 북한 체제는 60년 동안 자기만의 역사와 정당성에 기초하여 사회를 지탱해 왔다. 우선 가시적인 측면에서의 물적 변화가 선행하지만, 이에 따라 정신적 변화가 반드시 수반될 것이다. 북한은 자체 사상교육을 통해 가능한 한 변화의 속도를 늦추려 하겠지만 가치 변화는 막을 수 없다는 것이 역사적 교훈이다. 과도기 북한 사회는 사회 전체의 가치뿐만 아니라 개인의 정체성에도 혼란을 초래할 것이며, 신앙은 이러한 북한 주민들에게 새로운 선택으로 제시될 것이다. 이러한 것과 관련해서 통일교학 준비, 북한 교화 지원 교무 연수, 북한 교화 출·재가 모임, 북한 교화에 대한 프로그램 개발 등을 준비할 수 있을 것이다.

통일에 대비하여 북한에 대한 이해를 증진하기 위한 교육을 실시해 왔다. 원불교청년회 통일학교(11회까지 개최), 당시 남북관계가 단절되고 북한 사회의 변화가 불투명한 시점에서 민족의 화해를 위해 우리 내부 역량을 축적한다는 의미에서 시작한 교육 사업이었다. 그동안 이를 통해 비록 숫자는 많지 않으나 우리 내부에서 관심을 유발시키고 사명감을 고취하는 데 일조했다고 평가한다. 그러나 이제 변화하는 북한 사회를 상정한 보다 현실적이고 현장감 있는 우리 내부의 교육도 활성화할 필요가 있다. 과거보다 문호도 개방되고 자료도 많아졌다. 추상적이고 당위론적인 것이 아닌 현실적이고 구체적인 현안을 다룰 만큼 변화하였다. 화해를 넘어 변화로, 변화를 넘어 통일로 나아가는 준비 작업을 체계적으로 재정비해야 할 것 같다. 통일아카데미·갈등 해결 설교안·온라인 교육·동아시아 평화 프로그램 등을 할 수 있을 것이다.

북한을 객관적이고 정확하게 인식하고 그들을 어떻게 받아들여야 할 것인가 하는 가치에 입각한 문제들은 냉철한 시각 못지않게 따뜻한 가슴도 필요한 부분이다. 북한이 변화하고 남북관계가 변화하는 과도기에 우리 사회 내부에서 격화되기 시작한 소위 남남갈등은 이러한 변화의 속도와 내용에 대한 인식과 가치관의 혼란에 기인한 바 크다. 다양한 의견과 이해관계를 갖고 있는 다원화된 남한 사회를 차원 높게 결집시키는 역할은 정부나 언론, 정치인도 책임이 있지만 종교인도 담당해야 할 부분이 크다.

아울러 종교계는 통일 준비를 선도하는 역할을 통해 한반도 화해와 평화에 기여할 필요가 있다. 이를 위해서 다음과 같은 일을 해 볼 수 있을 것이다.

첫째, 종교계 통일 준비를 위해 선차적으로 요구되는 자체 역량, 즉 종교계가 가지고 있는 자원 동원 능력의 총체적 규모, 곧 실질적으로 각 종단에서 통일 준비에 투여할 수 있는 인적·물적·교리적 자원을 총체적으로 파악해 통일을 대비하여 종교계 역량을 결집시켜야 할 것이다.

둘째, 현 단계에 각 종단들이 선교적 의도와 시혜(施惠)적 관점에서 진행하고 있는 대북사업 또는 통일 준비 사업을, 보편적 인류애를 바탕으로 정부와 민간단체 등과 유기적으로 협력하며 실질적으로 효과를 낼 수 있도록 하는데 장애가 되는 요인들과 이를 극복할 수 있는 방안들을 분석 검토할 필요가 있다.

셋째, 상기 결과와 함께 특히 해외 사례 가운데 종교가 실질적으로 통일에 기여한 내용들을 분석 검토하여 이를 바탕으로 종교계의 통일 비전 합의·종교계 통일 준비 네트워크 형성에 이르는 로드맵·네트워크의 이념적 기초·조직의 구성과 활동 방향 등을 제시할 필요가 있다.

중미관계와 북핵문제

진징이(金景一)*

* 베이징대학 교수

I. 들어가는 말

2006년 10월 9일, 북한이 1차 핵실험을 강행하자 중국은 즉각 성명을 발표하여 북한이 "국제사회의 보편적 반대를 무시하고 제멋대로[悍然] 핵실험을 실시했다."고 하면서 중국은 이를 단호히 반대한다고 하였다. 여기서 사용한 '悍然'이라는 단어는 지난 시기 미국과 같은 적대국에나 사용하던 표현이다. 북핵에 대한 중국의 입장을 가늠해 볼 수 있는 말이다. 그 후 북한이 2차, 3차, 4차 핵실험을 했을 때는 중국이 이 표현을 쓰지 않았지만, 북한 핵실험을 규탄하고 유엔 제재에 동참하면서 북핵에 대한 중국의 기본 입장이 흔들림이 없음을 보여주었다.

그렇지만 아이러니하게도 북한의 핵실험이 도를 넘게 진행되면서 본래 북한과 미국에 의해 불거진 북핵문제가 점차 미국과 중국의 갈등으로 번졌다. 북한이 2차 핵실험을 강행하면서부터 한·미·일 일각에서는 북핵문제에 대한 중국의 역할을 강조하며 중국이 북한에 대해 강력한 영향력을 행사해야 한다고 하였다. 아울러 북핵문제 해결의 키는 중국이 쥐고 있다고 하였다. 북한의 3차 핵실험 후 중국은 북한과의 관계를 전례 없이 냉각시키면서까지 유엔 안보리 제재결의를 이행하였지만, 한·미·일은 여전히 중국이 북한에 대해 보다 더 강한 영향력을 행사할 것을 요구하였다. 북한이 4차 핵실험을 강행하자 미국은 본격적으로 북핵에 대한 중국책임론을 거론하면서 중국의 북핵정책이 실패하였다고 비난하였다. 양국은 책임론 공방을 하기에 까지 이르렀다.

결국 핵실험은 북한이 하고 타깃은 중국이 되고 있는 것이다. 왜 북핵문제 가 종당에는 중·미 간의 갈등으로 비화할 수밖에 없는 것일까? 중미관계는 북핵문제 해결에 어떠한 영향을 미치는 것일가? 근대사 이후의 동북아 역사 를 보면 한반도에는 지정학적 특성상 늘 당대 주요 강대국들의 갈등과 충돌 이 굴절되어 왔다. 이른바 G2로 불리는 중미갈등 역시 예외 없이 한반도 문 제에서 부딪치며 역사를 재현하고 있다 하겠다.

본론에서 중미관계의 역사와 현실에서 중미갈등의 근원을 밝히고 한반도 의 지정학적 특성에서 북핵문제의 근원을 찾으면서 북핵이 중미갈등의 매개 로 떠오르게 된 원인과 북핵문제 해결의 전망을 살펴보려 한다.

II. 중미관계의 역사와 현실

1940년대 중일전쟁이 막바지에 이를 때 중국공산당은 중국의 항일전쟁을 돕고 있는 미국과 연계를 맺기 시작하였다. 1944년 7월 미국 정부는 미군 관 찰조를 중국공산당의 근거지인 연안에 파견하였는데, 중국공산당은 이를 중 국공산당의 '외교 사업의 시작'이라고 평가하였다.[1] 1944년 11월에는 미국 대 통령 루즈벨트가 파견한 헐리 특사가 연안을 찾아 마오쩌둥과 회담을 하였 으며, 쌍방은 국민당 정부를 모든 항일 당파와 무소속 정치인 대표들이 참 여하는 연합 정부로 개편하며 중국공산당의 합법적 지위를 승인하는 등 '다 섯 개 조항 협의 초안'을 체결하였다. 이것은 항일전쟁 후기 중국공산당과 미국의 협력과 연계가 가장 좋았던 표징으로 평가되었다.[2] 마오쩌둥은 이에 "중·미 양대 민족이 세계의 영구적인 평화와 민주중국을 건립하는 사업에 서 영원히 손을 잡고 전진하자."[3]고 하였다. 그렇지만 이 '협의 초안'은 장개석의 반대로 빛을 보지 못했을 뿐만 아니라 미국에 의해 폐기되었다. 미국은 제2차 대전 막바지에 장개석 정부만 지지하고 다른 모든 당파는 승인하지 않았다. 중국공산당 제7차 당대표대회에서 마오쩌둥은 "미국 정부가 장개석을 부추기며 공산당을 반대하는 것으로 미국 반동파의 창궐함을 보여주었다." 고 하면서 미국이 중국의 내전 위기를 조장하고 있다고 비난하였다.[4]

1945년 일본이 투항한 후 중국공산당과 국민당이 내전으로 치닫자 미국은 최신식 무기로 국민당군을 무장시키며 장개석의 내전을 물심양면으로 전폭 지원하였다. 마오는 "모든 반동파들은 모두 종이범이다."라는 유명한 말을 남기며 장개석 정부를 지원하는 미국과 끝까지 싸울 결의를 다진다. 마오는 "중국의 반동파들을 깡그리 소멸시키고 미국 제국주의 침략 세력을 중국에서 내쫓아야 중국이 독립하고 민주를 할 수 있으며 평화를 누릴 수 있다." [5]고 주장했다. 중국공산당과 미국의 악연은 이때부터 시작되었다고 할 수 있다. 그렇지만 국민당과의 대결에서 승리를 거둔 마오는 새 정권을 수립하기에 앞서 한편으로는 사회주의 진영으로의 '일변도'정책을 선포하면서도 다른 한편으로는 미국 · 영국과 같은 나라들과의 수교 가능성을 타진하기 시작하였다. 1949년 5월과 6월에 중국공산당은 국민당 정부의 미국 대사인 존 레이턴 스튜어트(John Leighton Stuart)와 두 차례의 회담을 갖고 미국과의 수교 문제를 토의하였다. 중국공산당의 선제 조건은 미국 정부가 장개석 정부와의 관계를 끊는 것이었다. 그렇지만 미국은 결과적으로 국민당 정부와의 관계를 끊으려 하지 않았고 또한 중국공산당이 수립하는 정부를 즉각 승인하려고도 하지 않았다. 결국 중국공산당과 미국 정부의 수교 탐색전은 무위로 끝났다.

1949년 중화인민공화국이 성립된 후 장개석이 쫓겨 간 대만이 중국과 미국 관계에서 뜨거운 감자로 떠올랐다. 한국전쟁이 발발한 후 미국은 즉각 제7함대로 대만해협을 봉쇄하여 중국공산당의 대만 해방을 차단하였다. 그때로부터 오늘에 이르기까지 대만문제는 늘 중·미 간의 가장 민감한 이슈로 자리 잡게 되었다.

중국공산당과 미국의 악연은 한국전쟁에서의 대결로 이어져 양국이 관계 개선을 할 수 있는 모든 가능성이 차단되었다. 한국전쟁으로 양국 관계는 최악으로 치달았다. 미국 국회는 일련의 반중 결의를 통과시켰으며 중국에 대한 억제 정책을 도식화·영구화·절대화로 끊임없이 강화하였다. 미국은 공산당의 중국을 장기간 승인하지 않고 중국이 유엔의 합법적 지위를 회복하는 것을 저지하고 중국에 대한 봉쇄를 강화하면서 대만에 대한 대규모의 원조를 회복하였다. 한국전쟁 후 중국 역시 전민적인 반미 정치운동을 벌였다. 미국은 중국에게 가장 직접적이고 가장 불공대천의 원수로 등장하였다.[6]

한국전쟁이 끝난 후 중국은 소련 진영에 몸을 담고 미국과 적대적 관계를 이루었다. 그렇지만 양국은 1955년 8월 1일부터 1970년 2월 20일까지 15년에 걸쳐 무려 136차나 되는 대사급 회담을 진행하였다. 양국이 외교 관계가 없고 상호 이해가 부족한 상황에서 중·미 대사급 회담은 중국과 미국이 직접 접촉하며 상호 요해를 하고 각자의 입장을 표명하는 유일한 통로가 되었다. 비록 대사급 회담에서 중·미가 격렬하게 부딪치고 논쟁하였지만 양국은 점차 상대를 요해하고 이해를 하게 되었으며, 결과적으로 이 회담은 1972년 중·미 양국이 관계 개선을 이룰 수 있는 기반을 마련하였다.

1971년 미국과 중국이 관계 개선을 모색하게 된 것은 아이러니하게도 바로 중국과 미국이 소련이라는 강대한 전략적 적수를 두고 협력하여 함께 대결할 필요성을 느끼면서부터였다. 양국은 1972년 닉슨대통령의 방중으로 관계 개선을 이루지만, 대만문제에서 이견을 보이면서 수교 문제에서는 진전을 보지 못했다. 1978년 소련과 미국의 관계, 소련과 중국의 관계가 가일층 악화되자 중미관계는 다시 한 번 동력을 얻게 되어 수교에 이르게 된다.

그렇지만 1979년 1월 1일부터 수교를 한 양국은 여전히 대만문제에서 갈등을 빚어 왔다. 미국은 중국 정부의 거듭되는 반대에도 불구하고 대만과 실질적인 당국 관계를 가지면서 대만에 대량의 선진 무기들을 끊임없이 판매하였다. 중국은 이 문제를 해결하기 위해 미국과 수년간 담판을 벌였으며, 결국 1982년 8월에 중·미 〈8·17공보〉를 발표하여 양국관계를 상대적으로 안정시켰다.[7] 〈8·17공보〉가 발표된 1982년부터 1989년 천안문사건에 이르기까지 중미관계는 밀월을 누렸다는 평가를 받을 만큼 원만하였다. 양국 무역은 1971년에 1억 달러가 채 안 되던 것이 1982년에는 54억 달러, 1989년에는 187억 달러로 급증하였다.[8] 이 시기 중국은 개혁개방에 들어섰으며 미국은 그런 중국을 물심양면으로 지지하고 지원하였다. 미국은 미국이 희망하는 궤도에서 중국이 발전하기를 바랐다. 즉 중국이 경제적으로는 시장경제로 나아가고 정치적으로는 서방 민주제도에 접근하며 사회적으로는 끊임없이 개방을 하여 국제 사무에서 미국의 '리더 지위'에 지지를 하고 보조를 맞추기를 바랐다.[9] 한마디로 미국은 중국이 미국의 '리드'를 받아들이는 '민주국가'로 전변되기를 바랐던 것이다. 사실 중국이 현대화를 실현하는 과정에서 미국 요소의 영향은 미치지 않은 곳이 없을 정도로 강력한 '외부의 힘'이었다.[10]

중미관계는 1989년 천안문사태 후의 진통을 겪은 후 1992년 미국이 대만에 전투기 150대를 수출한 문제, 1995년 대만 총통 리덩후이의 미국 방문, 1996년 대만해협 위기, 1999년 미국이 유고 주재 중국대사관을 폭격한 문제 등등으로 계속 갈등을 빚어 왔다. 아들 부시는 집정하면서 중국과의 관계를 클린턴 시기의 '전략적 파트너 관계'에서 '전략적 경쟁 관계'로 되돌려 놓았다. 그럼에도 양국 관계는 줄곧 완만하게 발전해 왔다. 양국은 지역 안보, 아태 지역 안정 등 여러 가지 국제 안보 문제에서 광범위한 협력을 전개하였다. 경제 무역 영역에서는 큰 발전을 가져와 양국 무역액이 1991년의 252억 달러에서 2001년의 1,214억 달러로 증가하였다.[11]

중미관계가 새로운 밀월 관계로 들어선 것은 '9·11테러사건'이 일어나면서였다. 미국은 냉전 후 미국에 대한 주요 위협이 국제테러리즘과 각종 비전통안전 위협이라고 인식하면서 전략관을 조절하였다. 이 시기 미국은 대국들 속에서 전략적인 경쟁자와 대상자를 찾을 여유가 없었다. 그래서 미국은 미중관계를 새롭게 정립하게 된다. 중국을 미국의 반테러 파트너로 인정하고 중국의 지지를 바랐던 것이다. 미국은 중국에 대한 전략적 자리매김을 '전략 경쟁 대상자'에서 '전략적 파트너'로 되돌려 놓았다. 중국은 범세계적 반테러 전쟁이 가져다 준 전략적 기회를 잘 포착하여 미국의 반테러 전쟁을 지지하면서 미국과 전방위적인 관계 개선을 이루었다. 미국은 중국의 가장 큰 무역 파트너로 부상하였다. 이 시기는 닉슨의 방중 이후 가장 좋은 단계이자 가장 안정된 시기로 평가되고 있다.[12] 이 시기는 바로 북핵문제 해결을 위한 6자회담이 열리면서 중국이 의장국이 되어 북핵문제에서 미국과 협력하던 시기이기도 하다. 또한 중국이 개혁개방 후 가장 급속한 성장을 이룬 시기이기도 하다.

중국이 개혁개방을 시작한 20세기 말부터 21세기 초에 이르기까지 미국은 중국이 서방 가치 관념을 받아들이고 국제적 규범을 준수하며 미국 주도의 체계에 융합되도록 이끌어 가려 하였다. 미국의 엘리트들은 중국이 여러 국제조직에 융합되면 미국과 함께 세계를 다스리는 책임을 지게 될 것이며 그렇게 되면 현 국제 질서에 도전할 가능성도 낮아진다고 보았다. 그렇지만 중국이 예상을 깨고 급부상하여 미국과의 차이가 급격히 축소되면서 중국에 대한 미국의 시각은 바뀌기 시작하였다. 중국과 미국의 경제 규모 차이를 보면 미국은 1980년대에는 중국의 15배 이상, 1990년대에는 10배 이상, 2000년에도 8배가 되던 것이 2005년에는 5.8배, 2009년에는 2.9배, 2014년에는 1.8배로 급격히 축소되었다.

바로 2005년을 전환점으로 미국은 중국과의 '접촉' 전략을 끝내고, '경제 규모는 지속적으로 성장하지만 서방 민주와 인권 기준을 계속 거절하는 중국'을 배척하고 견제하는 방향으로 선회하기 시작하였다. 문제는 키신저가 말했듯이 "미국 공화당의 많은 사람들은 중국을 이미 무너진 소련처럼 생각하며, 줄곧 소련을 해체했던 방법으로 중국과 외교적으로 대결하고 경제적으로 배척하면서 의식형태 싸움을 하려 한다. 민주당의 많은 사람들은 마치 미국의 유일한 목표가 중국에 미국의 체제와 원칙을 이식하는 것처럼 생각한다."[13]

2008년 글로벌 금융 위기를 겪은 후 미국 경제가 내리막길을 걷기 시작하고, 중국의 전 세계적인 정치·경제적 지위가 두드러져 미국과의 실력 차이가 급격히 좁아지면서, 미국은 점차 중국을 배척하고 견제하는 방향으로 가닥을 잡기 시작하였다. 중국과의 관계를 상호 이익을 창출하는 관계에서 벗어나 제로섬 관계로 보기 시작했다고 할 수 있다. 결국 중국은 미국에 의해 서방 규범 체계를 수용하는 대상에서 점차 견제를 받는 대상으로 처지가 변화되기 시작한 것이다.[14] 미국이 '아태재균형' 정책을 펼치게 된 배경이기도 하다.

오바마 정부가 내놓은 '아태재균형' 정책은 아태 지역 각국 간의 군사 안전 요소를 두드러지게 강조하면서 중국을 포위하고 새로운 전략 충돌 태세를 조성하는 것으로 비쳐진다. 그렇게 됨으로써 냉전 후 상대적인 평화 발전을 이루어 왔던 아태 지역이 또다시 새로운 집단 대결 상황으로 갈 위험을 안게 된 것이다. 중국은 이에 대한 대응으로 미국과의 관계에 '신형대국론'을 내놓았고, 아시아를 상대로 '신안보관'을 내놓으면서 공동·협력·종합·지속 가능한 안전을 주장하고 있다. 또한 '신실크로드' 정신으로 '일대일로(一帶一路)'의 새로운 협력을 창도하면서 아시아 이익공동체와 운명공동체라는 기치를 내걸었다.[15] 시진핑은 "태평양은 넓고 넓어 중국과 미국을 용납할 수 있다."고 하였다. 이를 일각에서는 중국이 미국과 태평양을 절반씩 나누어 관리하자는 것이라고 해석하는데 그것은 원뜻을 제대로 이해하지 못한 것이다. 시진핑의 이 말은 '일산불용이호(一山不容二虎)' 즉 한 산에 호랑이 두 마리가 공존할 수 없다는 뜻의 중국 속담에서 비롯된 것으로서, 중국과 미국이 태평양에서 협력하며 공존할 수 있다는 의미를 표현한 것이다. 중국이 창도한 '신형대국론'은 신흥대국으로서의 중국이, 신흥대국이 필연적으로 수성대국에 도전하던 역사를 깨뜨리고 새로운 신흥대국과 수성대국의 관계를 창조하겠다는 것이다.

그렇지만 현실은 중국이 바라는 '신형대국론'이 무색하게 전개되고 있다. 미국과 중국은 이제 중국 주변의 남해 · 동해 · 대만해협 · 황해에서 전면적인 대결로 들어간 상태이다. 동북아 나아가서 아태 지역의 주요 모순으로 떠오른 중미관계는 역시 한반도에서 북핵을 매개로 힘겨루기를 하고 있다. 역사적 패턴의 재현이라고 할 수 있다. 한반도의 지정학적 특성상 역내 주요 모순으로 떠오른 중미관계는 이제 한반도에서의 힘겨루기로 새로운 자리매김을 도모하면서 동북아 나아가서 아태 지역의 새로운 질서 구축을 지향해 나갈 것이다.

III. 동북아 지각변동의 진원지

근대사 이후 한반도는 지정학적 특성은 '고래 싸움의 장'이 되어 왔다. 동아시아 국제정치를 주름잡은 강대국들의 갈등은 예외 없이 한반도를 무대로 전개되어 왔으며, 한반도에서 시작된 청일전쟁 · 러일전쟁 · 한국전쟁이 그 절정이었다. 이 전쟁들은 한반도에서 발생하였지만 모두가 대국 간의 전쟁이었다. 그것은 지정학적인 이유로 강대국들이 한반도를 자기들의 전략에 편입시키면서 갈등과 충돌을 빚은 결과였다.

19세기 말 해양 세력의 대륙 진출은 지정학적으로 한반도를 해양 세력과 대륙 세력의 각축장으로 변화시켰다. 일본은 대륙 진출을 꿈꾸어 '정한론'을 내걸고 한반도를 자기 전략에 편입시켰다. 태평양 진출을 목표로 남하정책을 펼치며 한반도를 자기 전략에 편입시켰다. 중국은 한반도에서의 전통 지위를 고수하기 위해 한반도를 자기 전략에 일찍부터 편입시켰다. 영국은 러시아의 남하를 한반도에서 저지하고자 하였다. 미국은 한반도의 문호 개방을 통해 동북아에서의 영향력을 확대하려고 했다. 이처럼 대국들이 추구하는 목표·이익·전략 관계가 한반도에서 교차되었던 것이다. 따라서 한반도에는 중일·중러·러일 나아가서 영러·미일 등의 이익 관계와 갈등이 굴절되기 시작하였고, 한반도는 점차 '동방의 발칸'으로 떠올랐다. 구라파에서의 러시아와 영국의 대립이 한반도에 굴절되어 일어난 '거문도(巨文島)사건'[16]이 대표적 사례라고 할 수 있다.

바로 이러한 열강들의 각축 속에서 한반도는 지정학적 전략으로 부득불 '제1의 적대국'과 '제1의 협력국'을 가르는 패러다임을 선택하지 않을 수 없었다.[17] 어찌 보면 근대에 들어서면서 이루어진 이 패러다임은 오늘까지 이어져 오고 있다. 이 패러다임은 격변기의 근대에 '이이제이(以夷制夷)·이화제이(以华制夷)·인아거일(引俄拒日)' 등 지정 전략으로 구현되어 왔다. 물론 유길준의 '중립론' 같은 것도 있었지만 약육강식의 시대 상황에서 중립의 길은 없었다. 러일전쟁 전 한국은 엄정 중립을 선언하였지만 그것은 희망 사항일 뿐이었다.[18] 결국 한반도를 무대로 한 '청일전쟁'과 '러일전쟁'으로 동북아시아는 승자인 일본이 패권을 추구하는 시대에 들어서게 된다. 일본이 실현하고자 한 질서는 바로 '대동아공영권'의 질서였다.

제2차 세계대전이 막을 내리면서 동북아시아는 새로운 국제 질서 구축기에 들어서게 되었다. 제2차 세계대전에서 세계 최강자로 떠오른 미국과 소련은 각기 자기가 주도하는 질서를 추구하였다. 그것은 미·소 대립을 불러왔고, 동북아시아에서는 즉각 한반도에서 그 갈등이 굴절되어 한반도 분할 점령이라는 결과를 가져왔다. 그리고 불과 3년 만에 한반도는 미·소 분할 점령으로부터 남북 분단이라는 비극을 맞이하게 되었다. 어찌 보면 그것은 세계 패권을 추구하는 미국과 소련에게는 당연한 결과인지 모른다. 미·소 양군은 비록 철수하였다. 하지만 그들이 한반도에 남긴 것은 방대한 군사고문단, 그리고 남북의 불신과 갈등이었다.

분열된 한반도가 통일을 강력히 지향하는 상황에서 한반도는 동북아시아 국제 질서의 최대 변수로 떠올랐다. 구라파에서 첨예하게 대립 양상을 빚은 미국과 소련은 구라파가 아닌 다른 변두리 지역에서 미소전쟁이 아닌 대리인의 전쟁을 치러야 했다. 결국 한국전쟁이라는 국제 전쟁의 대결로 미소의 대결은 일단락 되었으며 그리하여 동북아 국제 질서가 최종 확립되게 된다. 그것은 또한 세계적인 동서 냉전 질서를 최종 고착시켰다.[19] 한반도의 남과 북은 동서 냉전의 전초선으로 세계의 냉전 질서에 편입하게 된다.

상술한 두 차례의 동북아 질서 전환기에 한반도는 예외 없이 초점으로 부상하였고, 그것은 한반도를 무대로 하는 '청일전쟁', '러일전쟁', '한국전쟁'을 통해 구질서를 붕괴시키거나 새로운 질서를 구축하게 된다. 결국 한반도의 비극은 한반도가 강대국들의 전략에 편입되면서 강대국들의 각축장이 되어 간 데 있는 것이다. 이 강대국들은 예외 없이 당대 주요 강대국들이었다. 그런 시각에서 볼 때 작금의 주요 강대국인 중·미가 북핵문제에서 갈등을 빚고 있는 것은 '역사의 재현'이라고 할 수 있다.

IV. 북핵문제의 발단과 미국 요소

세계적인 동서 냉전이 종식되면서 미·소 세력 균형이 무너지고 나라 간의 실력 대비에도 변화가 생겨 동북아시아는 또 한차례의 새로운 질서 구축 상황을 맞이하게 된다. 그렇지만 세계적인 냉전의 종식이 한반도 냉전 구도를 함께 거두어 가지는 못했다. 한반도 냉전 구도는 균형이 깨지면서 그 축이 한쪽으로 기울기 시작하였다. 1960-1970년대 한반도 분단 구도에서 우위를 차지했던 북한은 열세에 처하기 시작하였다. 남북한 간의 균형을 되찾으려는 북한 앞에는 세 가지 선택이 가로놓여 있다.

그 하나는 미국과의 관계 개선을 앞세우고 일본과 서방 나라들과 관계를 개선하여 이루어 국제사회에 진출하는 것이고, 다른 하나는 한국보다 강한 군사력을 보유하여 힘의 공백을 메우는 것이다. 물론 핵무기를 보유하는 것이 가장 강력한 수단일 것이다. 마지막 하나는 개혁개방을 통한 국력의 신장이다. 이 중 북한이 선택한 전략은 첫 번째와 두 번째의 병진이라고 할 수 있다.

냉전의 종식에 앞서 북한은 이미 미국과의 관계 개선을 염두에 두어 '대치 상태에 있는 북미관계와 남북관계를 개선하며 미국과의 화해 공존'[20]을 제기하였다. 냉전이 종식되면서 북한은 미국·일본·한국과의 관계 개선에 발빠른 행보를 보여 왔다. 북미 고위급 회의·북일 국교 정상화 담판·남북의 '기본합의서'와 '한반도 비핵화 선언' 등이 잇따랐고 남과 북의 유엔 동시 가입이 이루어졌다. 북한의 전략은 북한 대 미·일·한의 냉전 구도를 탈피하려는 것이었다. 그것은 한마디로 한반도의 냉전 구도를 깨뜨리는 것이었다.

중국이 한국과의 국교 정상화를 북한에 통보할 때도 김일성 주석은 한반도가 미묘한 시기에 처해 있기에 중국이 중한관계와 북미관계를 조화하여 고려해 줄 것을 희망하였다.[21] 한마디로 북한은 미국과의 관계 개선을 희망하고 있었다. 그렇지만 북한의 이러한 지정 전략과 생존 전략은 미국의 대동북아 지정학적 전략과 상충되는 것이었다. 냉전이 종식되면서 세계 유일의 초대강국으로 부상한 미국은 "국제 권력 체계에서의 유일한 초대국의 실력과 지위로 미국 주도하의 헤게모니체계를 가일층 강화하여 이른바 미국주도 하의 평화를 실현하려 하였다."[22] 다시 말하면 '미국의 구상에 의한 세계 질서의 개편'[23]을 지향하면서 '세계를 지배하는 리더'로 자처하였던 것이다. 미국의 이러한 총체적인 구상은 동북아에서 미일동맹을 축으로 하고 한미동맹을 강화하면서 미국의 지위에 도전하는 나라를 견제하는 것이라고 할 수 있다. 물론 미국이 불확실한 변수에 대해 확실하고 명확한 구상을 세웠다고 보기는 어렵지만, 확실한 것은 미국이 한반도 냉전 구도를 필요로 했다는 것이다.

미국은 냉전 구도를 유지하려 하고 북한은 냉전 구도를 탈피하려 하였다. 결국 미국과 북한의 지정학적 전략은 충돌을 불러오게 되었다. 그 충돌의 매개역할을 한 것이 북핵이라고 할 수 있다. 미국은 북핵문제로 북한을 압박하는가 하면 북한과 관계 개선을 도모하려는 일본과 한국에 대해서도 압력을 가하기 시작하였다. 일본에 대한 미국의 압력은 대일 교섭에도 상당한 영향을 미쳤다. 1991년부터 시작된 북일수교 본회담에서 일본은 미국의 제의에 의해 수교 교섭 초기에는 전제로 제기하지 않았던 핵문제를 국교 수립의 실질적 전제로 제시하여 이 면에서 미국과 공동 보조를 취하였다.[24] 바로 이 핵사찰문제가 결국에는 북일 8차 회담이 중단된 원인이 된 것이다.[25] 이것이 북한이 대외 전략을 미국과의 단독 협상으로 바꾸게 된 하나의 계기라고 할 수 있다.

제2차 핵 위기 역시 제1차 핵 위기와 비슷한 상황에서 발생하였다. 북한과 한국, 북한과 일본이 역사적인 정상회담을 실현할 무렵에 불거진 것이다. 미국은 한 편으로는 김대중 정권에 TMD[Theater Missile Defence, 전역(戰域) 미사일 방위 체계] 구상으로 압력을 가했으며, 다른 한편으로는 북한을 '악의 축'으로 규정하였다. 일본이 북한과 정상회담을 한 후 케리가 평양으로 가면서 제2차 핵 위기가 터졌다. 한국의 정세현 전 통일부 장관의 말을 빌린다면 '미국은 남북관계가 호전될 때마다 북핵문제를 제기'하는 것이다, 즉 '핵문제와 관련해서 북한을 묶어' 두는 것이다.[26]

북한은 북한대로 핵을 미국과의 관계 개선을 이루는 카드로, 즉 냉전 구도를 탈피하는 카드로 활용하기 시작하였다. 북한에게 핵은 기울어진 균형의 공백을 메우는 역할을 할 뿐만 아니라 미국과 마주 앉는 카드로도 이용되는 것이다. 북핵 카드란 결국 북핵+지정학적 요소라고 할 수 있다. 또한 바로 그 지정학적 특성 때문에 북핵문제는 눈덩이처럼 커져 가면서 주변국의 안보에 심각한 우려를 야기시키고 있는 것이다. 어찌 보면 그것은 힘의 상호작용에 의해 '결국에는 아무도 원하지 않았던 무언가가 나타나는 것'[27]일 수도 있는 것이다. 결국 북핵문제는 이전의 동북아 역사를 재현하면서 냉전 종식 후 동북아 여러 나라들의 모순과 갈등을 집약적으로 반영해 나간다고 볼 수 있는 것이다.

V. 북핵을 둘러싼 중미관계

위에서 서술했다시피 중국의 개혁개방 초기 미국은 중국의 개혁개방을 물심양면으로 지지하여 왔다. 이 시기는 바로 제1차 북핵 위기와 겹치는 시기이기도 하다. 클린턴 정부 시기 중국과 미국은 '건설적 전략 파트너 관계'를 맺었고, 한반도 평화 체제 수립을 목표로 이루어진 '4자회담'에 함께 참여하면서 한반도문제를 둘러싼 협력과 대결을 시작하였다 할 수 있다.

북미갈등으로 시작된 제1차 북핵 위기 시 미국은 북핵문제에서 중국의 힘을 빌리려 하면서도 중국의 영향력을 제한하려 하였고, 중국은 북한문제에 한해서 전통적 관계를 유지하는 독자적 정책을 펼쳐 왔다. 미국은 중국이 북핵문제 해결을 위한 KEDO(Korean Peninsula Energy Development Organization, 한반도에너지개발기구), 세계식량기구의 대북 원조, 북한미사일문제 등에서 중국이 미국과 적극적으로 협력하지 않는다고 하면서 중국의 '독자적 행위'가 미국의 정책에 도전이 된다고 비난하기도 하였다.[28]

이 시기 중국과 미국은 1996년의 대만해협 위기, 1999년 유고 주재 중국 대사관 폭격사건을 겪으면서 심각한 갈등을 빚던 시기이기도 하다. 또한 미국은 인권 문제·파룬궁문제·티베트문제로 급부상하는 중국을 '악마화'하면서 '중국위협론'을 잔뜩 부각시켰다. 9·11사건이 나던 해에는 중·미 군용기 충돌사건까지 터졌다. 미국은 유아독존(唯我独尊)식 일방주의로 중국을 몰아부쳤다. 중·미 간의 이러한 갈등은 '4자회담'에 굴절되어 중·미 간의 협력은 기대하기 어려운 것이었으며 중국의 역할 역시 제한적일 수밖에 없었다. 특히 아들 부시 정권이 들어서면서 미중관계를 '파트너 관계'로부터 '경쟁자 관계'로 돌려세우면서, 또한 북한을 '악의 축'으로 규정함으로써 중미관계와 북미관계는 또다시 냉각기에 들어섰다. 아이러니하게도 이러한 상황을 돌려세운 것이 바로 미국에서 발생한 '9·11테러사건'이었다.[29] 위에서 언급하였다시피 중미관계는 새로운 밀월 관계가 되었고, 그 결실 중 하나가 바로 북핵문제 해결을 위한 6자회담이 중국 주도로 이루어지게 된 것이다. 그런 의미에서 볼 때 한반도문제의 전개는 이제 역내 주요 모순으로 떠오른 중미관계와 밀접한 관련을 가지게 된 것이다.

6자회담은 9·11테러사건 이후 미국의 세계 전략 수정을 배경으로 막을 열었다. 9·11사건 후 미국의 세계 전략 목표는 선차적으로 잠재적인 경쟁 대상을 견제하는 데로부터 세계범위에서 테러의 위협을 근절하는데로 옮겼다. 미국은 다른 대국들과의 합작을 모색하게 되었다.[30] 중국을 경쟁 관계로 정의를 내렸던 아들 부시는 클린턴 시기의 전략 파트너 관계로 되돌아와 중국과의 협력을 추구하였다. 미국은 북핵문제에서 적어도 단기 전략에 있어서 중국의 협력이 필요하였다고 할 수 있다.

다른 한편으로 볼 때 6자회담은 미국이 역내 질서를 일방적으로 주도할 수 없을 만큼 이 지역의 역학 관계가 크게 변화되었다는 것을 증명하는 것이기도 하다. 바로 중국의 부상에 따르는 변화인 것이다.

사실상 6자회담이 개최되면서부터 2008년까지는 중국의 급속한 부상이 역내 역학 관계에 깊은 영향을 미치던 시기였고, 그 후 오바마 정부는 '아시아 재균형' 정책을 펼치기 시작하였다. 6자회담이 이를 계기로 2008년부터 오늘에 이르기까지 문을 닫았다는 것에는 음미할 바가 있는 것이다.

위에서 서술하였듯이 근대사 이후 동북아의 역사를 보면 한반도는 지정학적 특성상 늘 역사 전환기의 소용돌이에 있으면서 동북아 질서 전환의 장의 역할을 하여 왔으며 한반도문제는 바로 그 전환을 위한 힘겨루기의 매개 역할을 하여 왔다.

냉전이 종식된 후 불거진 북핵문제 역시 이러한 힘겨루기의 매개 역할을 하게 된 것이다. 동북아 주요 모순으로 떠오른 중미관계 역시 북핵을 둘러싸고 줄다리기를 하게 되었다. 이 줄다리기는 중국의 부상과 함께 중·미 역학 관계가 변화를 보이면서 본격적인 태세를 보이기 시작하였다. 제1차 북핵 위기 시 북핵이 중미갈등의 매개로 떠오르지 않은 것은 중·미의 역학 관계가 큰 변화를 일으키지 않았고 미국이 중국에 대해 '억제'보다 '접촉'에 초점을 두었기 때문이다.

그렇지만 북핵의 프로세스는 중국의 부상과 중미갈등의 심화와 같은 맥락으로 흐름을 보여 오면서 북핵과 중미관계를 보다 긴밀히 얽어매기 시작하였다. 위에서 밝혔듯이 중미관계가 미국의 '9·11사건'으로 새로운 밀월 관계에 들어가면서 6자회담이라는 동북아 초유의 장이 이루어졌다. 중국은 6자회담 의장국을 맡았고 미국은 중국에 역내 질서 구축의 주도권을 맡기는 듯했다. 6자회담은 열린 지 불과 2년 만에 '9·19공동선언'을 도출해 새로운 동북아의 밑그림을 그렸다. '밀월'의 중미관계가 동북아에 훈풍을 몰아오는 듯했다. 그렇지만 국제적인 반테러전쟁이 막을 내리는 시점이 중국의 급속한 부상과 겹치면서 미국은 중국을 포위·견제하는 '아시아회귀전략'을 펼치고, 북핵문제에서는 이른바 '인내정책'을 실시하면서 미국은 뒤로 빠지고 중국을 앞에 떠미는 태세를 보여 왔다. 바로 이 시점부터 6자회담이 문을 닫게 된 데는 여러가지 원인이 있지만 중미관계의 변화와 무관하지 않을 것이다.

근대사 이후 동북아 주요 강대국들의 전략적 갈등이 한반도문제에서 집약적으로 표현되어 한반도에서의 충돌과 전쟁을 불러왔다면, 중국과 미국의 전략적 갈등 역시 북핵문제에서 집약적으로 표출된다고 해도 과언이 아닐 것이다. 북핵은 결과적으로 미국의 아태 전략에서 지탱점 역할을 하는 미일동맹과 한미동맹을 극대화하는 역할을 하였다고 할 수 있다. 미국이 '아태 회귀전략'을 펼칠 수 있었던 데는 북핵에 힘입은 바가 없지 않은 것이다. 사실 위에서 서술했다시피 북핵 해결의 키를 쥐고 있는 것은 미국이다. 미국은 북한이 요구하는 '북미관계 개선', '평화협정 체결', '안보 우려 해소'를 모두 줄 수 있는 유일한 국가이다. 미국은 이 문제들을 전략적 시각에서 접근하는 것이다. 미국이 북한의 세 가지 요구를 충족시킬 경우 동아시아에는 미국이 한미동맹 · 주한미군 · 미일동맹 · 주일미군 등 문제에서 절대적으로 필요한 '적대국'이 사라지게 되는 것이다. 미국 시각에서는 북한의 '붕괴'와 미국과의 '관계 개선'은 모두 북한이라는 '적대국'이 사라진다는 의미에서 같은 개념일 수 있는 것이다. 결국 북핵문제의 핵심은 미국이 북핵문제를 자기 전략에 편입시킨 것이라 할 수 있다. 그런 의미에서 중미관계가 북핵에 미치는 결정적 의미를 알 수 있는 것이다.

이 연장선에서 6자회담을 살펴보면 우리는 6자회담이 이룬 '9 · 19공동성명'에서 내놓은 한반도 영구평화 체제를 기반으로 하는 동북아 신질서의 밑그림이 현실로 되기까지는 상당한 시일의 과정이 필요함을 알 수 있을 것이다. 우리가 겪어 왔듯이 중국과 미국의 갈등은 봉합 단계가 아니라 시작 단계에 불과하다. 북한의 3차 · 4차 핵실험 후의 중미관계가 그것을 증명해 준다고 할 수 있다.

주지하다시피 북한의 3차 · 4차 핵실험은 중미 · 중한 관계에 계속 파장을 몰고 왔으며 중국은 계속 주요한 타깃이 되어 왔다. 북한의 3차 핵실험 후 비록 중국이 유엔 안보리의 제재를 찬성하고 엄격하게 이행하면서 북한과의 관계에서 냉전이 종식된 후 가장 엄중한 냉각기를 겪었지만, 한·미·일은 여전히 중국에 압력을 가해 중국이 북한에 더 큰 영향력을 행사할 것을 바랐다. 그 영향력이란 다름 아닌 북한에 더 강한 제재를 하고 압력을 가하는 것이다. 이렇듯 북핵 해결의 키는 중국이 쥐고 있다고 하면서 계속 중국을 앞으로 떠미는 형국이 되었다.

북한이 4차 핵실험을 강행한 이튿날 미 국무장관 커리는 중국 외교부장 왕이와의 전화 통화에서 "중국의 대북정책은 실패했으며 지금은 북한에 대해 더는 과거의 방식으로 할 수 없다."고 하였다. 이에 대해 중국 외교부는 "한반도 핵문제의 유래와 매듭은 중국에 있지 않으며 문제 해결의 관건도 중국에 있지 않다."고 하였다.[31] 중·미 양국은 3차 핵실험 때보다 더 격렬한 갈등을 겪고 있다. 중국은 북핵문제의 근원이 북한과 미국에 있다는 것을 공개적으로 명백히 밝히면서 미국의 책임론으로 반론을 펼쳤다. 중국 언론은 오바마 재임 7년 동안 미국이 북핵문제 해결에서 손을 놓고 있었다고 하면서, 미국의 이른바 '전략적 인내' 정책은 북핵문제를 이용하여 미일동맹과 한미동맹 이 두 전략적 지주를 강화하여 상호 지지하는 삼각 체계를 이루어 중국의 부상을 억제하는 전략적 지탱점을 이루려는 데 있다고 비난하였다. 중·미간의 책임론 공방은 한·미가 사드 배치라는 카드를 꺼내면서 사드정국으로 이어졌다. 북한의 4차 핵실험 후 박근혜 대통령이 사드 배치를 공론화하면서 중국은 즉각 민감한 반응을 보였다

중국의 시각에서 볼 때 사드는 미국이 중국을 겨냥한 전략의 일환으로 사드문제는 결국 중미문제인 것이다. 중국은 한국이 사드를 한반도에 배치함으로써 중미갈등을 한반도에 끌어들이는 것으로 보게 된 것이다. 결국 중국과 미국은 협력은 한반도 밖에서 이루고, 갈등과 충돌은 한반도를 매개로 이

루고 있는 것이다.

북한의 4차 핵실험 후 중국은 미국과 한 달이 넘는 협상과 조율을 거쳐 미국이 내놓은 유엔 안보리 제재안을 수정하였다. 중국은 역사상 가장 강력하다는 대북제재안에 찬성하면서 제재안을 참답게 이행할 것임을 거듭 밝혀왔다. 표면상 이것은 중·미가 북핵문제에서 협력을 한 것으로 보인다. 중국은 유엔 제재안에 찬성을 표하면서 다른 카드를 내놓았다. 바로 한반도 비핵화와 정전협정 체제의 평화협정 체제로의 전환을 병진하여 추진하자는 내용이다. 중국의 외교부장 왕이는 작금의 세계에서 어떠한 이슈도 압박과 제재를 가하는 것만으로는 근본적으로 해결할 수 없으며, 군사적 수단은 더욱 엄중한 후과를 초래하므로 더더욱 취할 바가 아니라고 하였다.[32] 중국이 내놓은 평화협정 체결 주장은 북핵문제의 근원이 바로 정전 체제를 바탕으로 하는 냉전 구도에 있다는 인식에 기인한 것이다. 중국의 주장은 표본겸치(標本兼治) 즉 표면적인 것과 근원적인 것을 함께 치유하자는 것이다. 중국의 시각에서 볼 때 북핵문제를 포함한 한반도문제의 뿌리는 바로 한반도가 정전 체제하의 냉전 구도를 유지하는 데 있는 것이다. 바로 이 체제와 구도가 있기에 강대국들의 이익 관계·갈등 관계·협력 관계·전략 관계가 한반도에 집약되어 상호 작용하고 상호 영향을 주면서 갈등과 충돌을 파생하고 있는 것이다.

핵 포기와 평화협정 체결에 대하여 북한은 지난 6자회담에서 '선 평화 체제 후 핵 포기'를 주장하여 왔고 미국은 '선 핵 포기 후 평화 체제'를 주장하여 왔다. 중국은 이 선후 관계를 동시적 병진 관계로 추진하자는 것이다. 북핵문제를 전쟁도 아니고 북한 붕괴도 아닌 평화적 방법으로 해결하자면 이 표본겸치의 목표를 참답게 모색하여야 할 것이다.

VI. 나오는 말

위에서 서술했듯이 중미관계는 사실상 1940년대 중반에 시작된 악연으로 부터 1970년대에 이르기까지 주로 갈등과 충돌을 빚었고 전쟁까지 치렀다. 1970년대 초반 관계 개선을 이룬 후 양국의 관계는 대결 일변도에서 대결과 협력이 교차된 관계로 변하였으며 한때 밀월 관계도 누렸다. 그렇지만 중국의 급부상과 역내 역학 관계의 변화는 중미관계를 또다시 대결 위에 세워 놓고 있다. 미국은 양국 관계를 수성대국에 대한 신흥대국의 도전으로 받아들여 '아태 재균형' 전략으로 중국의 부상을 견제하려 하고 있다. 중·미 간의 이 갈등은 한반도에 굴절되어 북핵문제를 둘러싼 갈등으로 비쳐지고 있다. 오늘도 한반도는 동북아 전환기마다 강대국들의 전략 갈등이 집약되는 역사를 예외 없이 재현하고 있는 것이다.

미국의 동아시아 전략과 북한의 생존 전략이 충돌하여 빚어진 북·미의 북핵게임은 이제 눈덩이처럼 부풀어 동북아의 안보를 위협하는 지경에 이르렀다. 결과적으로 북핵은 미국의 아태 전략에 힘을 실어 주고 일본의 군사대국화에 빌미를 제공하여 오면서 한·미·일 동맹 관계를 전례 없이 강화하여 중국에 직간접적인 큰 압력으로 다가왔다. 북핵문제를 둘러싼 북미갈등은 이제 중미갈등으로 비화되고 있으며 한·미와 중국의 갈등을 불러오는 사드정국까지 초래하고 있다. 결국 북핵문제를 둘러싸고 역내에는 냉전 시기로 회귀하는 듯한 합종연횡(合縱連橫)이 이루어지고 있다. 동방의 발칸으로 불리우는 한반도에 또다시 화약내가 풍기는 사태는 어느 누구도 바라지 않는 것이지만, 엥겔스의 '합력론(合力論)'대로 힘의 상호작용에 의해 결국에는 아무도 원하지 않는 무언가가 나타날 수도 있는 것이다.[33]

작금의 중미관계는 헨리 키신저의 말을 빌린다면 '불확실한' 관계라고 볼 수 있다.[34] 미국은 중국과의 관계에서 대립이냐 아니면 협력이냐 아니면 대립과 협력의 병존이냐에서 불확실성을 보여주고 있다. 이 자리매김이 확실하게 이루어지기까지는 상당한 기간 동안 모색이 이어질 것이다. 그것은 중미관계의 영향을 깊이 받고 있는 북핵문제 해결 역시 상당한 시일이 걸릴 수 있음을 시사하는 것이기도 하다. 중국이 내놓은 한반도 비핵화와 평화협정 체결 역시 상당한 기간 동안 진통을 겪으며 추진해야 할 것이다. 현실적으로 중국이 제기한 목표는 두 단계로 추진시킬 수 있을 것이다. 첫 단계는 북핵 동결과 한미합동군사훈련을 빅딜하는 것이고, 두 번째 단계는 북핵 폐기와 평화협정을 맞바꿈하는 것이다.

북한의 4차 핵실험 이후의 정국은 전쟁이나 폭동, 핵도미노 현상으로 동북아시아를 혼돈으로 몰아넣을 가능성도 없지 않음을 보여주고 있다.[35] 그것이 바로 중국이 현재 무엇보다 한반도에서의 전쟁 발생이나 혼란 발생을 막자고 하는 현실적인 이유일 것이다. 이제 중국과 미국은 한반도문제로 갈등을 빚는 예의 태세에서 벗어나 한반도문제에서부터 협력을 할 수 있는 여건을 조성해 나가야 할 것이다. 무엇보다 중요한 것은 중·미가 협력하여 작금의 긴장 국면을 통제 가능하게 관리하는 것이다. 그 기초 위에서 북핵문제의 근원적 해결을 위해 협력을 도모하기 시작해야 할 것이다.

정산 송규 종사의
치교사상

-정치사상을 중심으로

이성전*

* 원광대학교 원불교학과 교수. 원불교 최상위 결의기관 수위단(首位團)원.

Ⅰ. 서론

정산 송규 종사(鼎山 宋奎 宗師, 1900-1962, 이하 정산)의 사상에서 치교란 '다스리고 교화'함을 의미한다. '이끌고 함께함'을 뜻하는 교화의 다른 표현이라고 할 수 있다. 정산은 인도상(人道上) 요법(要法)을 주체[1]로 결함 없는 문명세계를 건설한다는 소태산 대종사(少太山 大宗師 朴重彬, 1891-1943, 이하 소태산)의 이상을 실현하기 위해 그의 대각에 의한 구세경륜(救世經綸)의 체계화와 실천에 진력하였다. 정산은 유년시절부터 성리학을 수학하였으나 성리학적 경세론(經世論)의 한계를 느끼고 스승을 찾아 유력(遊歷)하다가, 소태산과의 만남을 계기로 새로운 삶을 시작하였다. 1943년 스승의 열반과 함께 그 법통(法統)을 계승하고 개화기 이후의 역사적 과제뿐 아니라 해방 후의 격변을 풀어 갈 방향을 모색하였다. 정산의 치교사상은 소태산의 구세경륜을 계승하면서 시대적 과제에 대응하는 과정에서 형성되었다. 그 가운데에도 광복 2개월 후에 『건국론(建國論)』[2]을 저술하여 바람직한 건국의 방향을 제시한 점이 주목된다.

정산의 치교사상은 도치·덕치·정치로 요약되는데, 도치와 덕치에 관해서는 종교적 교화의 실현의 문제와 관련해서 고찰한 바 있다. 그리고 도치와 덕치의 함의와 실현에 대해서는 종교적 심성의 실현의 문제와 관련지어 고찰한 바 있다.[3] 이 글에서는 『건국론』을 중심으로 그의 치교사상 가운데 정치사상을 중심으로 살펴볼 것이다. 그는 정치를 치교(治教)의 입장에서 밝히고 있다. 치교는 종교적 교화에 국한되지 않고 정치 · 경제 · 사회 · 교육 · 문화적 활동 등을 포함한 넓은 의미로 사용된 개념[4]이기도 하다.

정산은 소태산의 사상을 이어 교리를 체계화하고 교단의 제도를 마련하였다. 정치에 관한 입장에서도 소태산의 입장을 충실히 계승하고 있다. 이글에서는 이를 감안하여 그가 소태산의 정치에 관한 입장을 어떻게 계승했는지를 살펴보고『건국론』을 중심으로 그의 정치관을 살펴볼 것이다.『건국론』의 집필 시기는 광복직후로서 희망과 욕망이 혼재된 상황이었다. 현대사회의 복잡한 문제들은 종교적 교화나 정치, 경제, 교육 등 어느 일방적 방법으로 해결하기 어려운 것이 사실이며, 제반의 노력이 조화롭게 이루어질 때 건전한 사회로 진입하는 것이 가능할 것이다. 이에『건국론』의 집필이 이루어진 시대적 상황의 한계를 인정하더라도 그의 건국의 이론은 현재의 사회적 정황에서도 지혜의 실마리를 얻을 수 있을 것으로 기대된다.

II. 소태산 대종사 정교론의 계승

1. 정교동심론

정치라는 용어가 원불교의 주체적 입장에서 직접적으로 사용된 예는 정산이 밝힌 치교의 도에서 처음으로 나타난다. 개인 가정 사회 국가 세계를 막론하고 사람을 다스리고 교화하는 세 가지 길로 도치 · 덕치 · 정치로 제시한 것이 그것이다.

> 첫째는 도로써 다스리고 교화함이니, 모든 사람으로 하여금 각각 자기의 본래 성품인 우주의 원리를 깨치게 하여 불생 불멸과 인과 보응의 대도로 무위

이화의 교화를 받게 하는 것이요, 둘째는 덕으로써 다스리고 교화함이니, 지도자가 앞서서 그 도를 행함으로써 덕화가 널리 나타나서 민중의 마음이 그 덕에 화하여 돌아오게 하는 것이요, 세째는 정(政)으로써 다스리고 교화함이니, 법의 위엄과 사체(事體)의 경위로 민중을 이끌어 나아가는 것이라 과거에는 시대를 따라 이 세 가지 가운데 하나만을 가지고도 능히 다스리고 교화할 수 있었으나 앞으로는 이 세 가지 도를 아울러 나아가야 원만한 정치와 교화가 베풀어지게 되느니라.[5]

도로써 다스리고 교화함은 도치, 덕으로 다스리고 교화함은 덕치, 정으로 다스리고 교화함은 정치이다. 도치와 덕치와 정치가 함께 아울러 조화 협력해 나가는 것이 원만한 길이다. 이 가운데 도치와 덕치는 종교가에서 맡았고, 정치는 법률가에서 맡았다고 한다. 따라서 정치 또한 세상을 다스리고 교화하는 데 없어서는 안 된다는 입장이다.

종교와 정치의 바람직한 관계가 무엇인지에 대하여 인류의 역사 속에서 다양한 시각에서 지속적으로 거론되었다. 예를 들면 한국의 근대사회에서도 한용운(韓龍雲, 1879-1944)은 당시 조선총독부의 불교에 대한 간섭에 맞서 정치가 종교에 간섭하는 것은 잘못된 것이라는 입장에서 정교분립[6]을 주장하였다. 오늘날의 대한민국의 헌법도 정교분리주의, 신교 자유의 원칙을 따르고 있다. 소태산은 암울한 시대 상황에서 시대의 어둠을 걷고 자각한 사람들이 이루어 내는 도덕문명이 물질문명을 선도하는 이상사회를 건설하기 위해 종교의 입장에서 정치와 조화될 수 있는 계기를 찾고자 하였다.[7]

당시의 시대적 상황과 민심의 정도를 제대로 파악하여 사회와 국가를 이끌어가기 위해서는 종교와 정치가 조화 협력해야 함을 주장한 것이라고 할 수 있다. 그의 입장에서 볼 때 종교와 정치는 때로 상보적 협력 관계로, 때로 각각의 분야에서 자신의 역할을 다하는 것으로 서로 조화를 이루어야 한다.

종교와 정치가 협력하여 세상을 이끌어야 한다는 입장은 '종교와 정치가 세상을 운전하는 것은 수레의 두 바퀴'와 같다고 한 표현에서 드러난다.

> 종교와 정치는 세상을 운전하는 수레의 두 바퀴[8]와 같으므로 어느 하나라도 기울어지면 완전한 세상이 될 수 없으며, 종교는 자능력(自能力)과 자각력(自覺力)을 얻도록 하여 모든 일을 저지르기 전에 미리 방지하는 것이요, 정치란 자능력(自能力)과 자각력(自覺力)을 가지고 모든 일을 행한 후에 시비(是非)를 밝혀서 상벌을 베푸는 법이다. 그러나 법도 현대에 와서 맞지 않을 수 있으며 비록 과거에 맞지 않던 법이라도 현대에 와서 적합할 수도 있을 것이며 또한 종교도 구도덕 관념에 그쳐서 새 시대의 새 정신에 순응치 못한다면 날로 부패에 돌아갈 것이며 인심은 결국 무방향으로 떨어질 것이다. 이 기미를 통찰하고 고금을 짐작하여 부패해진 저 종교와 정치를 새로운 방법을 써서 다시 그 시대의 활물로 만드는 자가 곧 새 세상의 구주이시다.[9]

종교와 정치는 세상을 다스리고 교화하는 데 각각의 역할이 있다. 동시에 이들이 함께 세상을 잘 운전해 나가기 위해서는 시대적 상황을 통찰하고 그 근본정신을 살려 나감과 함께 시대적 요청에 적절히 응하는 유연성이 중요하다. 현실의 법뿐만 아니라, 도덕적 관념에서도 새 시대 새 정신에 순응하여 그에 적합하게 응용되어야 함을 주장한 점은 종교적 관점에서 볼 때는 매우 주목되는 점이다. 그러기로 하면 사람들의 깨어 있는 정신이 중요하다. 특히 자각된 지도자가 새 시대의 새 정신을 이끌 수 있어야 하며 인심을 살펴서 인심의 정도에 맞게 법을 쓰고 정사를 해야 한다. 시대정신과 인심을 살피고 그에 적절한 방향을 찾아 나갈 때 종교와 정치는 함께 활력을 지니게 된다. 종교는 인도정의의 길을 제시하여 인심을 선도하고 실현해 가며, 정치는 그 구체적 실현의 법을 통해 인도정의의 법을 실천하고 권장하며 상벌로써 독려해 나가는 상호 협력과 조화의 관계로 세상을 이롭게 해야 한다는 입장이다.

또한 소태산은 도덕을 동남풍에, 법률을 서북풍[10]으로 비유하거나, 자모(慈母)와 엄부(嚴父)[11]에 견주었다. 서북풍은 상벌을 주재하는 법률가에서 담당한 정치를 의미하며, 동남풍은 교화를 주재하는 도가에서 직접 담당하였다고 한다. 동남풍은 자모와 같이 도덕에 근원하여 사람의 마음을 가르쳐 죄를 짓기 전에 미리 방지하고 복을 짓게 하는 법이다. 정치는 법률에 근원하여 일의 결과를 보아서 상과 벌을 베푸는 법이라는 입장에서 엄부에 비유한다. 이들이 각자의 역할을 다하나, 궁극의 목표는 도덕에 근본한 선정덕치(善政德治)를 베풀어 모든 생령과 한가지로 낙원의 생활을 하도록 하는 것이라는 점에서 다르지 않다.

종교와 정치는 본말의 관계로도 설명된다. 여기에는 종교의 입장에서 정치와 어떻게 협력할 것인가를 밝히는 견해가 반영되어 있다. 세상을 개선하는 데 종교의 역할을 중시하고 종교를 통해 인간의 근본적인 자각과 그 실현을 견인하고자 한다.

> 종교는 근본을 닦는 집이요, 정치는 끝을 다스리는 기관이라. 근본과 끝을 아울러 밝히면 원만하고 문명한 세상이 되리라. 종교와 정치는 인생에게 이와 같은 중요한 관계가 있으며 일시라도 여의고는 살 수 없는 것이다.[12]

종교와 정치가 함께하지만, 종교가 근본이며 정치는 말(末)이 된다는 입장에 있다. 이는 종교적 입장에서 적극적으로 인간의 자각을 이끌고 세상의 인심을 바르게 선도해야 한다는 종교의 사명감을 드러내는 대목으로 풀이할수 있다. 그러나 당시의 시대적 정황에서 파악된 기존의 종교가 아니라, 종교적 본질에 철저하면서 세상의 시대정신과 함께하며 인심을 읽고 더불어 변화를 이끄는 끊임없이 새로워지는 종교여야 함을 강조한다.

이러한 소태산의 정치에 대한 입장은 정산에게서 정교동심으로 정리된다. 정산은 종법사로서 교단을 이끌 4대 경륜[13]을 발표한다. 그 가운데 정교동심은 국가나 세계의 지도자들과 합심하여 정치와 교화 양면으로 평화 세계 건설에 함께 힘쓰자는 것[14]이라고 풀이된다. 종교의 중요한 영역인 정신적 각성에 충실하면서 현실 정치와도 협력하여 '모든 생령과 한가지로 낙원을 이루자'는 입장이라고 할 수 있다.

2. 사회상생발전론―강자약자 진화상 요법

소태산의 정치사상은 사회진화의 길을 밝힌 '강자약자 진화상 요법'[15]을 통해 그 일단을 찾아볼 수 있다. '강자약자 진화상 요법'은 1928년에 설파되었다. 월말통신에 처음으로 발표된 '약자로 강자 되난 법문' '약자로 강자 되난 법문'에는 갑동리와 을동리로 강과 약을 비유한다.

> ―전략― 한 예를 들어 말하면 갑동리(甲洞里)와 을동리(乙洞里) 두 곳이 잇난
> 대 갑동리난 모다 가난하고 무학(無學)하야 천견박식(淺見薄識)뿐이오 을동리
> 난 가세(家勢)도 넉넉하며 유식(有識)하야 견문이 넓고 인격도 똑똑하야 누구
> 의게든지 굴(屈)할 일이 없고….[16]

상대적 약자를 의미하는 갑동리는 '모다 가난하고 무학하야 천견박식뿐'인 집단이다. 이에 비해 상대적 강자를 대변하는 을동리는 '가세도 넉넉하며 유식하야 견문이 넓고 인격도 똑똑하야 누구에게든지 굴할 일이 없는' 집단이다. 이 상황 설정의 직접적인 배경은 당시 일본의 조선 점령 시기에 해당한다. 그러나 이러한 상대적 관계는 개인, 가정, 사회, 국가, 세계의 모든 경우

에 적용될 수 있다. 일본의 한국 지배 상황은 강자가 일방적으로 약자를 지배하고 착취하는 관계로서 투쟁과 갈등, 상극과 절망이 정점에 달한 시기였다. 소태산은 갈등과 혼란에 빠진 당시의 정황을 통해 새로운 삶의 희망과 질서를 재정립하고자 하였다.

이 시기에 한국사회에는 사회진화론이 유입되어 이를 사회 발전의 이론적 배경으로 삼고자 하는 움직임이 있었다. 사회진화론은 영국의 사회학자 허버트 스펜서(Herbert Spencer, 1820-1903)의 사회생물학적 이론과 다윈의 진화론에 직간접적으로 영향을 받은 다위니즘의 융합으로 생겨났다. 이 이론은 국가 사이의 분쟁과 사회 내의 갈등 관계를 설명하는 모델로, 사회의 불평등과 인종적 불평등을 자연의 법칙으로 정당화하는 역할을 하게 된다.

1870년 이후 과학적 지식과 기술의 급속한 발달과 함께 유럽을 중심으로 산업화가 진행되고 사회 경제적 조건 또한 급속히 변화되어 갔다. 사회진화론은 격렬한 시장 경쟁에 따른 사회적 불평등을 자연법칙으로 변호하는 한편 성공과 부를 진보로 받아들이고 생존경쟁에서 승리한 것으로 평가하였다. 이러한 관점에서 자본가의 무한한 부의 축적과 세력 확장이 용인되었고, 그에 따른 사회·국가 간의 구조 재편이 정당화되었다. 이러한 논리는 자연스럽게 제국주의와 군국주의를 지지하게 된다. 동시에 사회진화론은 인종주의와 결합되면서 백인종의 우월함을 정당화하기도 하였다.[17]

반면에 제국주의 국가들의 세력 확장 위협에 직면하고 있던 나라들에서는 사회진화론이 약자가 강자 되기 위한 자강의 논리 체계로서 받아들여지게 된다. 한국에서 사회진화론은 근대화의 필요성과 자주독립운동의 정당성을 이론적으로 뒷받침하고 '강자가 되기 위한 실력양성운동'의 전개와 근대국가 사상·민권사상의 보급과 계몽에 기여할 수 있었다.

개화사상가인 유길준(兪吉濬, 1856-1914)은 사회진화론을 수용하면서도 개화의 원동력을 사회 경쟁에서 찾고 있다. 그의 주장은 모든 개인은 자신의 지적 능력의 발현과 도덕적 최선을 얻기 위해 자유롭게 경쟁하게 된다는 계몽주의적인 자유주의 사고에 기초하고 있다. 그는 한국은 자강을 통해 실력을 쌓아 힘을 기른 후 '유리(有利) 유익(有益)한 합리적 경쟁'을 할 기회를 기다려야 한다고 하였다. 계몽운동가들 가운데는 그 방법으로 교육과 식산을 주장하기도 하였다. 그들에게 경쟁은 생존경쟁의 의미보다 '개인 또는 집단이 서로 격려하고 조화를 이룰 수 있고, 동시에 국가의 진보에 기여하는 자유로운 경쟁'을 뜻했다.

한편 사회진화론을 원용하여 당시의 국제 환경을 황인종과 백인종 간의 인종 싸움의 시기라고 단언하고 황인종 사이의 반목이 백인종의 아시아 침탈과 지배를 초래하게 될 것이므로 일본을 맹주로 하는 황인종의 단결 주장과, 독립보다 긴박한 한반도 근대화를 위해 일본과의 연대 필요성을 주장함으로써 '강자' 일본의 제국주의를 '약자' 논리로 정당화하려는 견해도 있었다.[18]

'강자약자의 진화상 요법'이 사회진화론이 다양하게 제기된 맥락에서 그 의미를 파악할 수 있다. 당시 한국의 상황에서 강자 약자의 관계는 대립과 모순의 갈등 관계로 파악될 수밖에 없는 상황이었다는 주장이 있다. 이러한 입장에서는 '강자약자의 진화상 요법'이 사회의 구성을 강과 약의 상호관계로 파악하면서 강약의 대립 조화를 통해서 사회의 발전과 변동이 일어난다는 점을 강조하고 있는 것으로 이해한다. 동시에 여기에서 원불교적인 사회 개혁과 사회 변동의 방법을[19] 발견할 수 있다고 한다. 그러나, '강자약자의 진화상 요법'에서는 사회 변화의 과정과 결과에 대해 두 가지의 큰 틀의 유형을 말하고 있다. 하나는 '약자가 영원한 약자가 되고 강자가 약자로 변하는' 유형과 '강자는 더욱 강을 얻어 영원한 강자가 되고 약자는 강자를 선도자로 삼아 강자로 진화'하는 사회 변화의 유형이다. 소태산은 후자의 경우를 이상으로 제시하고 그 구체적인 방법을 설파한다. 강자와 약자의 관계가 강자 중심의 일방적 관계가 아닌 상생적 상호주의로 이해되고 있는 데 근거한다.

먼저 '참정신'을 지닌 통찰력이 있는 지도자가 중요하다. 경제적 자립·지식의 평등·교육의 평등·공공심·일심합력 등 '사요(四要)'의 정신을 갖추고 이를 실현할 능력이 있는 사람이나 단체가 되는 것이 가장 우선적인 진화의 요건[20]이 된다. 동시에 각자의 자각과 단결이 또 하나의 중요한 사회 진화를 이끌 요소가 된다. 소태산에게 대립의 극한 관계에서도 핵심이 되는 원리는 '자력(自力)'과 '자리이타(自利利他)'이다. 약자가 자력을 얻도록 노력하며 동시에 자리이타의 정신으로 실천해 갈 때 강자로 진화할 수 있고, 강자는 약자를 선도하여 이러한 원리에 기초하여 이끌어 줄 때 영원한 강자가 될 수 있다. 강자와 약자의 상호 상생 진화의 관계를 통해 사회 변화를 이끌고자 하는 입장이다.

'강자약자 진화상 요법'은 종교적 입장에서의 사회참여 방식의 방향이 되며 당시의 국제적 상황에서는 비폭력 무저항 운동과 궤를 같이 하는 정치사상이었고 할 수 있다. 아울러 사요의 평등 균등 정신의 실현을 위한 구체적이고 현실적인 방법이 된다. 개인·사회·국가·세계의 모든 관계에서 적용될 수 있는 다스림의 방책이며, 공존을 통한 평등 실현의 방법이 된다.

III. 정산 종사의 정치사상

1. 중도주의

정산은 정치의 표준은 중도라고 말한다.

정치의 표준은 중도이니─중략─정치의 도에 여러 조건이 많으나 모든 정치의 요점을 세상에 맞도록 종합하면 과불급 없는 중도정치라야 능히 모든 정

치의 표준이 될 것이니.[21]

중도주의는 첫째로 과와 불급이 없는 것이다. 이러한 중도의 개념은 유교 사상의 전통에 근거하고 있다. 『중용(中庸)』의 중(中)에 대해 주희(朱熹, 1130-1200)는 『중용장구(中庸章句)』에서 중을 '편벽되거나 치우치지 않고 지나치거나 모자람이 없는 것'[22]이라고 풀이하였다. 정산 종사의 중도주의에는 이를 현실적 과제 해결에서 수용하고 있는 것으로 볼 수 있다. 이는 '상대편에 서로 권리 편중이 없는 동시에 또한 각자의 권리를 정당하게 잘 운용하자는 것'으로 응용되고 있다. 구체적으로 '관리는 관리의 권리, 노무자는 노무자의 권리가 서로 공평 정직하여 조금도 강압 착취와 횡포를 자행하는 폐단이 없게 하는 법'[23]이 된다. 기본적으로 사회적 관계에서 각자의 맡은 바 역할을 충실히 하고 정당한 권리를 보장하는 공평 정직한 사회 기반 구축이 중도 실현의 방안으로 제시되어 있다.

정치의 중도주의는 현실과 상황에 맞는 것이어야 한다. 대국을 관찰하여 내외 정세에 달관하고 국내의 정황과 국제적 상황을 고려하여 가장 적당한 정치를 발견해야 한다. 『건국론』이 집필되는 당시의 상황에서 정산은 다음과 같이 언급한다.

조선의 현상을 정확히 파악한 후에야 적당한 정치가 발견되리니, 그 적당한 정치는 먼저 조선의 내정을 본위로 하고 밖으로 문명 각국의 정치 방법을 참조하여 가감 취사함으로써 성안 될 것이다. 만약 내외 정세를 달관하지 못하고 어느 한편을 고집하거나 또는 어느 일개 국가의 정책에 맹목적으로 추종해서는 적당한 정치가 서지 못할 것이다.[24]

먼저 자국 내의 상황을 엄밀하고 정확하게 판단해야 한다. 동시에 주변 선진 국가의 정치를 참조할 수 있어야 한다. 정산은 '선진 문명을 배우도록 하고 영재의 외국 유학을 장려하여 정치나 기술 방면에 진보적 지견을 얻도록 할 것'을 권장하기도 한다.[25]

대국 관찰로 시대의 상황을 통찰하고 자국에 가장 적절한 방향을 잡아 가도록 하고, 주체가 확립되지 않은 맹목적 추종을 지양하고 있다. 정산은 이를 자신에게 맞는 옷에 비유한다. "남의 옷이 좋다 하여 그대로만 입으면 나에게는 맞지 않는 법이니 나의 품과 키를 맞춰서 제조하는 것이 나의 옷이 되는 것이다."[26]라고 한다. 그의 중도주의에는 폭넓은 국제적 안목으로 고루함에 빠지지 않으면서도 국내의 상황에 적절히 대처하는 진보적 식견을 갖춘 시중(時中)의 의미가 포함되고 있음을 알 수 있다.

중도주의는 국제 외교 면에서 중립주의를 유지할 것을 제안한다. 『건국론』에서는 연합국에 감사의 마음을 가져야 하고 건국 과정에 연합국의 원조가 필요함을 역설하기도 한다. 그러나 자력의 정신에 기초한 중립적 태도를 지닐 것을 강조한다.

> 공평한 태도와 자력의 정신으로써 연합국에 똑같이 친절할지언정 자기의 주의나 세력 배경을 삼기 위하여 어느 일개 국가에 편부하여 다른 세력에 대항하려는 이 어리석고 비루한 생각은 절대로 말아야 한다.[27]

자력의 정신을 근간으로 자주독립·독립자존을 주장한다. 이는 당시 광복 후의 상황에서 좌우익 정당에게 이념적 중립을 주장한 것이기도 하다. 계급과 계층 또는 봉건적 권존민비의 불평등을 청산하고 권력의 균분 또는 균점에 의한 정치 사회적 통합을 실현하기 위해 이념적 중립주의를 생각한 것[28]으로 이해된다. 민주주의와 중도주의라는 기본 강령은 해방 당시에 우리나라에서 갈등을 일으켰던 공산주의와 자본주의 사상에 대한 정산의 대안이라고도 말할 수 있다.

앞으로 세상의 지도자들이 지금의 모든 사상을 종합하여 전세계에 두루 적
용할 생활 원리, 정치 원리를 채택하여 실현하게 될 것이니 필경은 중도주의
가 승리하리라.[29]

광복 이후 정치 지도층의 이해 대립과 좌우의 이념 대립이 커 가고 있는 현
실에서 어느 한쪽의 입장을 지지하는 정책으로는 국민 단결과 국가 건설이
불가능하다는 것을 인식하고 양자를 종합할 수 있는 건국의 대안을 제시한
것으로 볼 수 있다. 『건국론』에 나타난 정치의 표준은 이념적으로는 좌우의
편향성을 배제하는 중도 및 자국의 상황과 국제적 정황을 통찰하고 적절하
게 대응하는 시중의 중도를 뜻한다고 말할 수 있다. 한반도의 상황과 시대적
정황을 고려하여 외교적으로는 중립주의 외교 노선을 지향하고 있는 점도
눈에 띄고 있다.

2. 대동의 공화제도

정산은 정치의 표준을 중도주의로 표방함과 동시에 제도와 체제는 공화제
도를 주장하고 있다. 인류 평화를 위한 긴요한 제도가 공화제도라고 한다.
정산은 "주의는 일원주의요, 제도는 공화제도라."[30] 하였다. 공화제도는 일원
주의를 실현하는 제도적 이상이기도 하다. 일원주의는 원불교의 종교적 이
상을 표현하는 개념으로 소태산의 깨달음의 진리를 현실에 실현할 이념이며
이를 실현할 제도는 공화제도라고 선포한 것이다.
정산이 "근래 여러 방면에서 공화라는 말이 많이 쓰이나니 이는 참으로 좋
은 소식이라. 이 세상이 모두 '이름[名]과 실(實)'이 함께 공화의 정신을 가진다

면 천하에 어려운 일이 무엇 있으리오."[31]라고 한 것은 당시의 민주공화제에 대한 긍정적이며 적극적인 평가로 볼 수 있다. 정산의 『건국론』은 자유와 평등의 민주주의 정신을 바탕으로 하고 있다. '조선의 현실에 적당한 민주국'을 말하면서도 민주주의의 강령만은 공동 표준[32]을 적용해야 할 것을 강조하고, 과거의 군국주의 전제주의에 대해 합의주의, 민주주의를 후천 시대의 제도라고 말하고 있는 데에서도 이를 확인할 수 있다.

선천과 후천을 여러 방면으로 구분하여 보자면 이러하다. 정치라면 군국주의 · 전제주의와 합의주의(合議主義) · 민주주의이며.[33]

정산의 입장에서 민주공화제가 완전히 실현되기 위해서는 선행되어야 할 과제가 있다. 민중의 정신적 자각과 향상의 노력이다. 이를 위해 교육과 훈련을 강조한다. 정산은 『건국론』 서문에서 "정신을 근본으로 삼고 정치와 교육을 줄기로 삼는다."[34]고 말한다. 그에게 교육은 민중의 정신을 일깨우는 중요한 방법이다. 교육과 함께 종교가 장려되어야 하는 이유도 종교적 훈련을 통해 민중의 정신 통제와 양심 배양의 힘[35]을 기르게 하기 위한 것이다. 나아가 정산의 민주주의 정신의 배경에는 자유와 평등의 정신이 자리 잡고 있다. 그는 '평등사상이나 주의가 인류의 공동생활에 근본이 되는 신성한 것'이라고 한다. 그러나 자각된 정신으로 자주적이고 주체적인 인간에게 진정한 평등의 가치가 드러난다. 동시에 참다운 자유는 평등한 인간에게 주어진다. 자유는 '각자의 마음이 공중도덕과 통제 생활에 위반되지 아니할 만한 정도'에 있을 때 진성한 의미가 드러난다. 남의 정당한 의견이니 정당한 권리를 침해 구속하지 않는 데에 문명의 가치가 있다[36]는 입장에 있기 때문이다.

즉 평등주의의 참뜻은 이기적 욕망이 극복된 공도 실현 정신에서 실현된다. 무조건적인 절대적 평등만을 주장하는 것이 아니다. 자유주의도 남의 자유를 존중하는 상호 평등의 바탕 위에서 이루어지는 자유를 실현하자는 것이다. 정산의 이러한 사상은 정산이 공화제도라고 부른[37] 독특한 제도를 구현하는 구체적 내용이라고도 할 수 있다. 정산은 교육과 종교의 협력으로 정신적 자각을 이룬 민중이 공화제도의 정치를 통해 이상적 문명 사회로 진화해 갈 수 있기를 염원하고 있는 것이다.

3. 사회적 균등주의

정산은 중도주의의 표준과 자유와 평등의 공화제도와 함께, 사회 경제적인 면에서 균등주의를 지향한다. 그는 『건국론』을 마무리하면서 건국을 위해 노력할 때 우선하는 것이 '마음혁명'[38]임을 역설한다. '최대 급무는 각자의 마음을 반성하여 항상 그 개선에 전력을 다하는 것'이라는 입장이다. 개선된 마음과 마음혁명으로 '우주의 공도를 깨쳐서 자기 사유에 국한 없는 정신을 가지며 노력의 대가 없이는 의식을 구하지 않는 정신'[39]을 갖출 수 있어야 한다. 정산은 이렇게 할 때 진실한 균등의 가치가 드러날 것이며 참다운 자유의 가치가 나타날 것이라고 한다.

정산이 주장하는 우주의 공도를 깨친 사람의 사유(私有)에 국한 없는 정신, 노동의 중요성 등은 동양 전통 사상에서 이상으로 전해져 오는 '대동사상(大同思想)'에서 그 맥을 찾을 수 있다. 대동사상은 천하를 위해 공도를 실현한다는 입장[天下爲公]을 전제로 한다.[40] 이는 공유제에 기초한 것으로 사유제에 기초한 사회제도[天下爲家]와 대립되는 것으로 이해되었다. 경제에서 재산의 공유가 대동 사회의 기초가 된다. "재화가 땅에 버려지는 것을 싫어하나 반드시 (사적으로)저장할 필요가 없다."는 내용이나 "스스로 노동하는 것을 싫어하지 않지만 반드시 자기만을 위하여 일하지도 않는다."[41]는 노동의 목적에 대한 언급 등으로 표현되고 있다.

근대에 이르러 대동사상은 강유위(康有爲, 1858-1927)의 대동삼세진화론(大同三世進化論)에서 재조명된다. 그는 대동사상이 추구하는 목적은 행복이라고 하고 박애(博愛)정신을 강조한다. 이를 위해 가족제도의 폐지·계급제도의 폐지·남녀 차별의 철폐 등과 함께 공유제·절대 평등·영구 평화 등을 주장한다. 그는 만물의 근원이 원기(元氣)에 있으며 만물은 동일한 원기에서 나온 동류이므로 견해에서 어떠한 구별이나 차별이 있어서는 안 된다[42]고 주장한다.

정산은 인류는 한 기운의 한 가족이라는 전제하에 균등을 주장한다. 그의 균등의 정신은 경제적 측면에서 보다 선명하게 드러난다. 균등은 자립정신을 기반으로 한다. 국가의 경우에도 국가적 자립이 민주국가 건설의 근간이 되며 각 국민 역시 자력을 갖추어야 한다.

정산은 당시의 상황에서 자립 국가 건설을 위해 공업 발전의 근본이 되는 전기·지하자원·교통·운수 등의 기반을 갖추는 것을 우선 과제로 보고, 수리시설 확충과 농지개량·산림과 농지의 개간 간척·농기구의 기계화 등을 주장[43]한다. 국민의 균등한 삶을 위해 '재산상속 제한'[44] '중요품의 공출배급제' '무통제한 상업 금지' 등의 경제정책[45]을 제안하고, '임금제도를 사정'[46]하여 국민의 최저생활을 보호할 것과, 빈민의 생활보호를 위해 '농지의 평균제를 행'할 것을 제안한다. 『건국론』은 경제적 균등주의와 함께 공익 복지의 중요성을 강조한다. 정부의 지도와 감독·유산자의 선의에 의한 공익 환원을 통해 공익재단을 설치하고, 양로·고아·보육·의료·보건·위생·탁아·도서·오락 등을 위한 시설을 설치 운영하는 방안을 구체적으로 제시한다.

정산은 국가가 기간산업을 충실히 육성하여 국민 생활의 기반을 제공하고, 사유권을 인정하면서도 공업 상업 농업 등 산업을 어느 정도 국가가 통제하여 균등하게 발전시킬 것을 주장한다. 나아가 개인의 자력 양성을 위한 노력과 함께 유산자의 선의를 이끌어 내어 사회적 약자들을 위한 다양한 복지 정책을 실현하여 균등 사회가 이루어지도록 할 것을 바란다. 이는 원불교 교리의 사요와 밀접하게 관련되어 있으며, 소태산이 전망한 미래의 이상 사회와도 근접[47]하고 있다. 이러한 균등 세상에 대한 이상은 사회주의 경제체제를 지향한 것[48]으로 보여지기도 한다. 이러한 견해는 정산의 생애를 종합한 가르침이라 할 수 있는 삼동윤리(三同倫理)에서도 확연히 드러나 있다.

4. 다원주의적 세계주의

정산은 궁극적으로 세계주의를 지향한다. 이는 세 가지 큰 통합의 이념을 밝힌 삼동윤리에서 잘 드러나 있다. 삼동윤리는 동원도리(同源道理) · 동기연계(同氣連契) · 동척사업(同拓事業)으로 '하늘의 기운 하나가 무위이화 자동적으로 우주 만유를 생성[49]하는 것이라는 우주관에 근거하고 있다. 동원도리는 '모든 종교와 교화가 그 근본은 다 같은 한 근원의 도리인 것을 알아서, 서로 대동 화합하자는 것'이 요지이다. 동기연계는 '모든 인종과 생령이 근본은 다 같은 한 기운으로 연계된 동포인 것을 알아서, 서로 대동 화합하자는 것'이 핵심이다. 동척사업은 '모든 사업과 주장이 다 같이 세상을 개척하는 데에 힘이 되는 것을 알아서, 서로 대동 화합하자는 것'이다. 모든 종교와 사상, 인종과 민족, 주의와 사업은 물론 모든 우주 만물이 대동 화합하고 다 같이 공존공영하는 방법을 원리적으로 간결하게 제시한 것이다.[50]

삼동윤리는 다시 '한 울안 한 이치에, 한 집안 한 권속이, 한 일터, 한 일꾼으로 일원세계 건설하자[51]라는 게송으로 확인된다. 여기서 말하는 일원세계 건설은 '하나의 세계'를 말하며, 이것은 곧 세계주의의 다른 이름이라고 할 수 있다. 다양한 이념과 체제가 충돌 없이 서로 용인되는 가운데 공영의 사회를 이룩하는 세계로 이해할 수 있다.[52] 단위 민족이나 국가의 이해를 전 인류 공영의 합목적을 향해 귀일시키는 것이 세계주의의 이상이라면 정산의 일원주의는 그런 점을 고려한 셈이다. 정산은 일원세계 건설이 세계주의를 지향함을 다음과 같이 밝힌다.

> 과거에는 천하의 도가 다 나뉘어 있었으나 이제부터는 천하의 도가 모두 합하는 때이니 '대세계주의'인 일원대도로 천하를 한집안 만드는 데 힘쓰라.[53]

정산이 말하는 대세계주의의 기본 정신은 결국 오랫동안 인류의 정신세계를 이끌어 온 불교, 유교, 도교, 기독교 등의 종교적 가르침의 근본 사상과 핵심적 가치를 근본적으로 서로 인정하고 상생 화합하는 상호주의인 셈이다.

> 개인주의 · 가족주의 · 단체주의 · 국가주의를 없애자는 것이 아니라, 세계주의를 본위로 하여 그 강령하에 이 모든 주의를 잘 운용하고 보면 대세계주의의 낙원을 건설하는 데 도움이 있을 것이다.[54]

대세계주의를 본위로 그 강령하에 다양한 주의를 잘 운용하자는 견해이다. 대립적 이념이나 주의 주장도 사실은 상호적이다. 한편의 취약성을 보완하는 길이 상대방의 이념에서 발견되거나 비판되므로 그것을 통해 취약점을 교정할 수 있기 때문[55]이다.

이와 같은 다원주의적 주장은 동양의 전통에서는 일찍부터 형성되어 있었다고 볼 수 있다. 중국이나 인도 사상의 한 특성이라고 할 수 있는 '다양성 속의 조회(unity in diversity)'[56]가 그 예이다. 정산의 삼동윤리는 이러한 관용적 입장을 크게 확대하고 있다. 종교적 교의에서 사상 · 주의 · 주장 · 인종 · 민족 · 사업 등에 이르기까지 그 근본 되는 이치를 알아서 우주 만물이 대동 화합하고 다 같이 공존공영하는 방향을 제시하고 있다. 정산은 우리나라가 이러한 세계주의 실현의 기점이 되고 그 완성을 이루는 터전이 될 것을 예견하고 있다.

우리나라는 정신의 지도국이요 종교의 부모국이라.[57]

정산의 이러한 입장은 소태산의 미래 전망에 근거한다. 소태산은 제자들에게 "어서 어서 부처님의 무상 대도를 연마하여 세계의 모든 산 가운데 금강산이 드러나듯 모든 사람 가운데 환영받는 사람이 되며, 모든 교회 가운데 모범적 교회가 되게 하라."[58]고 말한다. 금강산은 미래의 정신세계를 이끌 중심이 될 곳을 상징한다. 정신적 자각과 그 실현의 노력을 통해 세계를 두루 이끌 세계주의적 인품과 덕량, 기관이 출현할 것을 예견하고 있다. 민중들은 이러한 열망을 오래 간직해 왔다. 그 한 예가 미륵불(彌勒佛)의 출세와 용화회상(龍華會上)에 대한 기다림이다. 소태산은 '미륵불이라 함은 법신불의 진리가 크게 드러나는 것'을 의미하며, 용화회상은 '크게 밝은 세상이 되는 것'이라고 한다. 그리고 그 주인은 '하나하나 먼저 깨치는 사람'[59]이다. 이러한 세상에서는 바른 법으로 사람의 정신을 깨우쳐서 승속(僧俗)의 차별이 없어지고 법률과 도덕이 서로 구애되지 아니하며 공부와 생활이 서로 구애되지 아니하고 만생이 고루 그 덕화를 입게[60] 된다.

정산은 이러한 자신의 생각은 이미 불보살과 옛 성인의 가르침에 드러나 있음을 밝힌다.

불보살 성현들은 일찍부터 이 모든 국한을 초월하여 '세계'를 본위로 하는 정신을 고취하였나니 이른바 대자대비가 세계주의며 인의(仁義)의 정신이 세계주의며 박애(博愛)의 정신이 세계주의라.[61]

삼동윤리는 세계 보편윤리로 현대의 인간 사회가 안고 있는 문제들을 해결할 수 있는 실마리를 제공할 수 있을 것이다. 삼동윤리적 세계주의에는 다양한 세계의 구성을 크게 하나의 세계로 묶어 냄으로써 공존과 평화, 상생과 화합의 세계를 이루자는 이상이 담겨 있다. 하나의 세계를 이루기 위해서는 정신적 각성을 통한 '큰 정신'을 지녀야 한다. 크게 밝은 세상, 차별이 없고 구애됨이 없는 만생이 고루 덕화를 입는 세상을 이상으로 삼고 있다. 미래에 이러한 세상이 올 것을 예견하고 준비할 것을 당부한다.

IV. 결론

정산은 소태산의 사상을 계승하고 그 경륜을 실현하기 위해 교단의 체제를 정립하고 구체적 제도를 제정하였다. 치교사상은 그의 구세경륜 실현의 방안이라고 할 수 있다. 그는 도치와 덕치를 '다스림과 교화'의 이상으로 삼고 있으면서도 도치·덕치·정치가 상보적 관계에서 조화롭게 실행되어야 함을 강조한다. 이 글에서는 인간의 현실적 삶과 직접적으로 연관되어 있는 정치에 대한 그의 입장을 살펴보았다. 『건국론』의 집필이 광복 후 해방 공간의 혼란과 무질서한 시대라는 특별한 시대 상황이 전제되어 있음을 감안하더라도 그의 정치사상의 큰 틀이 잘 드러나 있다고 볼 수 있다.

그의 치교사상은 기본적으로 소태산의 정교론을 계승하고 있다. 소태산은 종교와 정치의 관계를 수레의 두 바퀴에 비유하기도 하고, 엄부와 자모·동남풍과 서북풍의 관계로 비유함으로써 그 관계를 함축적으로 시사하고 있다. 이들은 상호 보완적이며, 각자의 역할을 다함으로써 서로의 존재를 완성시켜 준다는 입장이다. 종교적 지도자의 입장에서 종교를 근본으로 하고 정치를 말(末)로 보고 있는 점도 주목된다.

소태산의 강자약자 진화상의 요법은 균형 잡힌 상생의 사회진화론을 천명한 것으로 지도자의 역할과 민중의 단합된 힘을 중시한다. 정산은 지도자의 정신적 자각을 가장 중요하게 부각시키고 있다. 정신적 자각의 힘의 바탕은 사심 없는 마음에서 솟아난 지혜와 용단이다. 그는 제자들에게 다음과 같이 말한다.

> 공(空) 조각이라도 가져다 써야 한다. 훌륭한 도인도 위대한 정치가도 뛰어난 예술가도 이 공에 바탕하여 되어지는 것이다.[62]

지도자의 가장 근본은 텅 비어 두렷하고 원만하여 흔들림 없는 마음 바탕이라는 입장이다. 그는 종교적 지도자의 입장에서 구체적 현실 사회의 정치를 거론하면서도 천지의 마음에 기초하여 인간의 도리를 다하는 종교적 심성을 기본으로 한다. 그가 훗날 요양 중에 산동교당에서 일언첩에 썼던 휘호를 통해 그의 사명 의식을 엿볼 수 있다.

> '요제임천(潦霽任天)'이라 하시고 "장마 지고 개는 것은 하늘에 맡겼노라." 하시더니, 그 후 남원교당에 오시어 "말이 갖추어지지 못하였다." 하시고 '가색유인(稼穡由人)' 네 글자를 더하여야 산 법구(法句)가 되리라 하시며 "심고 가꾸기는 사람에게 달렸다." 하시니라.[63]

정산은 『건국론』에서 그의 정치에 관한 입장을 밝혔다. 이념적으로는 좌우의 편향성을 배제하고 중도를 지향하였으며, 해방 정국의 정치 사회적인 국민 통합과 단결로 새로운 민족국가를 건설하고자 하였다. 또한 외교적으로는 중립주의 외교 노선을 지향하고 있다. 제도는 공화제도를 제시하였는데 민주공화제의 의미로 받아들여진다. 사회경제에서는 균등의 원칙을 제시한다. 『건국론』의 정치사상은 좀 더 확장되어 삼동윤리로 제시되었다. 민족·종교·사상의 갈등을 넘어 상생의 정신으로 큰 문명 세계를 건설하자는 이념이다.

정산은 시대적 흐름에 관해 소태산의 낙관적 관점을 이어받아 미래의 시대를 어두운 음 시대가 아닌 밝은 양 시대라고 전망한다. 양 시대는 인지의 정도와 사회의 모습이 밤의 세계, 즉 음 시대의 그것과는 전혀 다른 것이다. 교화의 방향은 이러한 시대적 변화에 적절하게 대응하며, 많은 사람이 행할 수 있고 실제로 유익을 얻는 법이어야 한다. 소태산은 '지금은 묵은 세상의 끝이요, 새 세상의 처음'이라 하고, 오는 세상을 '참으로 크게 문명한 도덕 세계'[64]로 예견하였다. 정산의 치교론은 이러한 시대 인식에 기초하여 밝은 문명 세계를 건설하고자 하는 열망을 반영한 것이다.

정치 세션 토론

녹취문

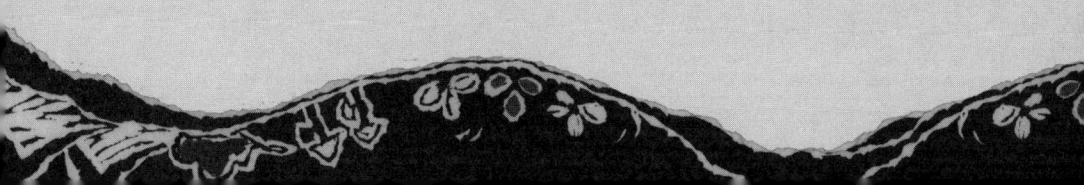

○ 사회(이재봉)

이제 방청객들께 기회를 드리겠습니다. 네 분 중에 한 분을 지목하셔서 질문하시거나 비판적인 문제제기를 해 주시기 바랍니다.

○ 김영길

가뭄에 단비 만난다는 말이 있는데 2009년에 제가 퇴임한 이후에 경험한 가장 진지한 학술 발표 포럼에 참여하게 되어 매우 즐겁습니다. 앞서 얘기했듯이 오랜만에 시원스러운 발표와 네 분의 토론을 들었습니다. 그런데 네 분에게 다 질문할 수는 없고 진징이(김경일) 선생님께 한 가지 질문하겠습니다. 저는 1990년부터 2000년까지 북측 인사와의 교류 때문에 사실 상당히 요주의 인물로 지냈습니다. 황장엽 선생과 만난 2005년 이후의 활동 이야기도 있습니다만, 자세한 것은 생략하겠습니다. 남북관계의 핵심은 무엇입니까? 아시다시피 이제 한·미·일에서는 북한의 선 핵폐기를 주장하지 않습니까? 북한은 평화보장을 주장하고 있습니다. 그것을 주장하는 이유는 군비를 축소하고 경제성장 정책으로 전환하고자 하기 때문입니다. 그런데 근래 와서 분위기가 상당히 극적으로 변해 가고 있지 않나 하는 감이 듭니다. 남북이 극한으로 대립하니까 그 중재역할을 하기 위해 중국의 왕이 외교부장이 미국에 와서 핵 폐기와 평화협정을 제기하고 물밑 교섭을 했어요. 그런데 한국에서는 반대를 해요. 사실 클린턴 대통령 초기에 YS는 반대했어요. 그래서 제가 진징이 선생님한테 물어보고 싶은 것은 중국이 지금 견제당하고 있지마는 그런 중재역할을 하는 정책 전환을 어느 시기에 하는 게 적절하다고 보시는지요? 그게 핵심이란 말이에요. 중재자가 중국이기 때문에 중국이 싸움을 말리는 역할을 해 줘야 되거든요. 그런 전망에 대해서 한번 여쭙고 싶습니다.

○ 이재봉

고맙습니다. 두 번째로 질문을 해 주실 분 계십니까?

○ 서승

그와 관련해서 저도 질문해도 되겠습니까?

○ 이재봉

예. 좋습니다. 질문을 하셔도 됩니다.

○ 서승

지금 객석에서 좋은 질문을 하셨는데 김 교수님께 여쭈고 싶은 것은 북핵문제가지고 중국이 북한을 상대로 압박하는 쪽으로 간다고 하는데 무엇보다 북한의 핵 보유는 김일성 주석의 유언이라고 합니다. 그런데 평화협정을 맺고 핵을 포기하는 방향으로 가면 좋을텐데 왜 그런 노력을 많이 안 했는지, 그리고 정전협정에 대해선 중국도 당사자인데 이때까지 왜 정전협정인 채로 왔느냐 하는 것입니다. 한국 정부에 대해 말씀하셨지만 정전협정에는 한국 정부가 서명 안 했어요. 중국, 미국, 북한 이렇게 삼자가 서명했으니 중국이 당사자거든요. 사실 북핵문제 푸는 지름길은 북한을 압박하기보다는 미국을 압박해서 빨리 협정을 맺는 것이라고 생각하는데 왜 중국은 적극적으로 안

나섰는지 이해가 안 갑니다.

○ 이재봉

　네. 좋습니다. 답변은 한꺼번에 듣겠습니다. 다른 분 계세요?

○ 이재철

　진징이 교수님과 서승 교수님께 간단히 물어보겠습니다. 먼저 진징이 교수님께는 2005년도 9 · 19 공동성명 이후 2006년 1차 핵실험 과정에서 합의까지 이루어졌고 1차 핵실험 이후 북한이 본격적으로 핵 보유 입장을 명확히 밝힌 상황이 되었는데, 그 과정이 어떠했는지, 그리고 그 과정에서 중국과 미국 간에 어떠한 이야기가 있었는지 그 구체적인 내용을 혹시 알고 있는지 묻고 싶습니다. 그리고 제가 서승 선생님의 『옥중 19년』을 읽었었는데 이렇게 만나 뵙게 되어서 반갑습니다. 미국이 지금 일본의 집단자위권 추진을 적극적으로 옹호하는 입장인데, 물론 미국의 전략적 입장에서 파생되는 문제이기는 하겠지만 그 사항에 대해 서승 선생님께서는 어떻게 보시는지 여쭙겠습니다.

○ 이재봉

　예. 고맙습니다. 다음 질문자 안 계세요?

○ 장은형(원광대학교 원불교학과)

　반갑습니다. 저는 원불교학과 4학년 장은형이라고 합니다. 저는 북한에서 태어났습니다. 새터민이지요. 진징이 교수님께 질문하겠습니다. 내용이 좀 어렵기는 했지만 북한이 지금 자기의 위치를 알아야 된다고 했는데, 북한이 앞으로 붕괴가 될 것인지 아니면 향후 어떻게 될 것인지에 대해 교수님의 생각을 듣고 싶습니다. 또 하나는 중국에 사는 조선족이 국적은 중국이지만 어떻게 보면 저희와 같은 민족이잖아요. 그런 차원에서 중국에서 추진하고 있는 동북아공정을 어떻게 보는지 그것이 알고 싶습니다. 감사합니다.

○ 이재봉

예. 고맙습니다. 방금 질문하신 분은 이북 출신 교무 1호가 아닙니까? 반갑습니다. 그러면 지금 진정이 선생님만 세 가지 질문을 받으시고 서승 선생님은 한가지 받으셨는데, 이성전 선생님, 윤창원 선생님은 질문을 못 받으셨어요. 그래서 이성전 선생님, 꼭 하시고 싶으신 말씀있으시면 해 주시기 바랍니다.

○ 이성전

네, 처음에 말씀을 드렸듯이 권고문을 통해서 근현대를 살아 왔던 종교 지도자가 정치적인 현실에서 우리에게 무엇을 주었는가를 한번 같이 돌아보고 우리도 반성하자는 말씀을 드렸습니다. 이때 주체가 누구인가 하는 것이 핵심인 것 같아요. 그런데 정산 종사님이나 대종사님에 대해서 주체는 바로 모든 사람들입니다. 그래서 아까 누가 미륵불 세상의 주인이냐, 누가 주인이냐에 대해 깨친 각각의 사람이라고 했고, 어떤 종교 지도자라든가 특정한 누군가가 아니라 먼저 깨친 사람이 주인이라고 했습니다. 그런데 여기에서 대표적으로 보이듯이 저는 그 주체는 우리이고, 민중이라는 그런 입장을 갖고 있습니다. 그리고 정교동심의 문제에서, 정치와 종교가 각각의 역할이 있지만, 궁극적으로 추구하고자 하는 것은 선정덕치잖아요. 그래서 모든 존재가 공존공영하자고 하는 부분에서는 동심이라는 것이 제가 주장하는 것이라는 말씀을 드리고 싶습니다.

한 가지만 더 말씀드리겠습니다. 아까 "단결이라든가 이런 것이 완성된 이상적 정치상이지, 이것이 어떤 원인이 될 수 있느냐?" 이런 말씀을 하셨어요. 그런데 저는 그렇게 봅니다. 정산 종사님이나 소태산 대종사님이 처음부터 끝까지 주장하신 인간의 정신적 자각으로부터 우리 인간의 정신적 틀, 그 정신적 자각을 위해서 무엇을 할 것이냐 개인이 무엇을 할 것이냐, 그리고 지도자가 무엇을 할 것이냐 하는 부분에 초점이 맞춰져 있거든요. 그래서 그 자각된 정신, 그것이 현실적으로 그렇게 쉬운 문제가 아니라 하더라도, 완성된 이상이면서 동시에 바로 우리가 해내야 될 일이고, 그리고 그것을 해냄으로써 그러한 이상을 실현할 수 있다는 말씀을 드리고 싶습니다.

○ 이재봉

고맙습니다. 그러면 윤창원 선생님. 아까 최형묵 선생님이 얘기하신 것과 발표 시간 때문에 제대로 말씀 못 하신 것을 더불어서 말씀해 주시기 바랍니다.

○ 윤창원

네. 최형묵 교수님 토론과 관련해서는 사실 제가 덧붙일 말은 따로 없을 것 같고, 제안해 주신 것들을 잘 반영해야겠다는 생각을 했습니다. 최형묵 교수님과 토론하면서 들었던 생각이 있어서 말씀 드리겠습니다. "분열되어 있기에 강대국들의 힘의 각축장이 되고 있다"는 말씀이 인상적이었습니다. 주인의 마음을 갖추지 못하면, 그리고 주인의 실행력을 갖추지 못하면 여전히 강대국들의 힘의 각축장으로 남게 될 거라는 점에 크게 동의합니다. 교단이 이제 100주년을 지나고 있고 사실 오늘 발표 서두에도 말씀을 드렸다시피 오늘제 발표 내용은 새로운 것이 아니고, 지난 100년 동안 원불교 내에서 통일과 관련해서 해 오셨던 말씀들, 그리고 실행했던 내용들을 정리한 것이었습니다. 그래서 이번 기회에 100주년 이후에 교단에서 할 수 있는 일들을 정리를 하면 좋겠다는 생각이 들었습니다. 종교계 내부에서 할 수 있는 일들이 있을 것 같습니다. 저도 제안을 했고 최형묵 교수님도 여러 가지 제안을 하셨습니다. 종교계 내부에서는 원불교의 역할들이 저희들이 알든 알지 못하든 인지되고 있다는 생각이 들었습니다. 그래서 종교계를 아우를 수 있는 일들을 좀 해야 되겠다는 생각이 들었고요 나아가 한국사회에서 우리가 할 수 있는 역할이 분명히 있을 것 같습니다. 원불교의 힘을 모아서 행복 사회를 위한 활동에 역량을 더 많이 펼쳐 나가야겠다는 생각을 했습니다. 그리고 한반도 평화라는 측면에서, 더 나아가서 동아시아의 평화나 세계 평화라는 측면에서 교단이 할 수 있는 일, 그리고 교단의 개개 구성원들이 할 수 있는 일들을 좀 더 구체적으로 정리해야겠다는 생각이 들었습니다. 그래서 오늘 이 글에서는 담아내지 못했지만 그런 내용들을 좀 더 보강해서 정리하고 또 100주년이 지난 시점에서 원불교 구성원 한 분 한 분이 이러한 일들을 인식하고 또 직접 실행할 수 있는, 작지만 여전히 실행력이 있고 한 분 한 분이 살아 있는 교단으로 만드는 데 저도 일조를 해야 되겠다는 다짐 아닌 다짐을 하는 것으로 말씀을 마무리하겠습니다.

○ 이재봉

고맙습니다. 아까 토론자 중에서 충분히 입장을 밝힐 시간을 드리지 못한 분께 다시 5분을 드리고자 하니, 질문을 마저 해 주시기 바랍니다.

○ 질문자

네, 진징이 교수님도 지적했습니다마는 북한의 입장에서 핵문제를 부각시키는 것이 첫 번째가 북미 관계 개선, 북미 수교를 위한 전략이고, 두 번째는 한국 군사력에 비해서 북한 군사력이 우위에 있어야 된다는 전략이고, 세 번째는 개혁개방을 통해서 자신들의 경제력이나 국력을 상승시킨다는 전략이

거든요. 그런데 세 가지 다 기본적으로 베이스가 뭐냐? 북한의 정권과 체제를 유지하고 싶다는 거겠죠. 그런데 문제는 미국이나 주변국들이 북한의 체제와 정권을 보장하고 담보해 주는 그러한 조치를 보여주지 않기 때문에 1단계가 되지 않고 그래서 2단계, 3단계도 갈 수 없으니 그들은 생존을 위해서 북핵 카드를 꺼낼 수밖에 없고, 그렇다면 이 문제를 북·미 간의 관계에서 1단계를 푸는 게 순서가 아니냐는 것이죠. 중·미 간의 관계에서 북한 핵문제를 가지고 책임론 운운하면서 접근하려 하지 말고 북·미 간의 관계에서 말입니다. 그런데 지금 상황이 한·미·일 삼각 구도 측에서 강하게 부딪치며 강요하고 있거든요. 중국의 입장에서는 북방, 신북방과의 삼각에서 지금 러시아하고는 상당히 거리가 있는 상태이고, 그다음에 북한하고는 북한의 핵 실험 이후에 균열된 상태기 때문에 강력한 한·미·일 삼각의 동맹이 대립할 수 있는 상태입니다. 그러니 이게 접근하기 어려운 것이 아닌가 하는 생각이 드는데, 과연 북·미 간의 관계 개선을 위해 중국이 어떤 역할을 할 수 있을 것인지 그걸 한 번 들어 보고 싶습니다. 세 번째는 이성전 선생님을 통해서 이번에 배웠습니다마는, 강자와 약자의 관계에서 진화상 요법을 이야기하셨는데, 중국이나 미국을 놓고 강자, 약자라는 구성으로 접근하면 중국이나 미국이 강자고 북한이나 남한은 약자가 되겠지요. 그런데 강자-약자라는 요법을 가지고 접근하면 강자에게 수긍한다는 그런 생각이 들거든요. 그래서 강자와 강자 간의 관계, 약자와 약자 간의 관계, 이것이 우리 원불교 교리에서는 나타나지 않는 건지, 다시 말해서 중국과 미국의 강자 간의 관계에서 상생·화합·화해가 조성되어야 약자들이 살 수가 있습니다. 또 남북 간 같은 약자 간의 관계도 상극이 아니라 상생·화합·화해하면서 대동단결해서 강자와 자기를 대등하게 하면서 자기의 입장을 가진, 그러면서 조화롭고 평화로운 세상을 건설할 수 있는 그런 진화상 요법을 교리 발전적인 측면에서 적용할 수 있지 않겠느냐 하는 걸 여쭙고 싶습니다. 그리고 끝으로 진정이 교수님께 중·미 간의 강자와 강자가 아니라 남북 간의 그 약자 간의 관계를 통해서 북한 핵문제 해결에 대한 요법을 주체적으로 찾을 수 있는 방법은 없겠는지, 여쭈어 보겠습니다. 이상입니다.

○ 이재봉

예, 좋습니다. 그럼 이제 중국, 일본에서 오신 두 분이 남았는데, 약 10분씩 하면 되겠죠? 아까는 서승 선생님이 먼저 발표하셨으니까 이번에는 진징이 선생님께서 먼저 토론자 얘기와 그다음에 객석에서 나온 질문까지 세 가지 다 종합해서 한 10분 정도로 정리할 수 있을까요?

○ 진징이

감사합니다. 우선 몇 개 질문을 정리를 해서 답하겠습니다. 첫 번째 질문은 "평화협정을 중국에서 제기했는데 중국의 중재역할이 어떤 시기에 가능하다고 보는가?" 이런 질문이 아닌가 생각하는데요. 제가 보건대 중국에서 왕이 외교부장을 통해 핵 포기와 평화협정을 한데 묶어서 핵문제를 해결한다는 것이 하나의 목표라고 생각합니다. 중국에서는 이런 큰 목표를 제기하면서 그걸 위해서 노력하자 그거지, 지금 당장 토의하자는 건 아닙니다. 왜 그런가 하면 지금 상황에서는 한국에서도 반대하거든요. 한국과 미국은 우선 핵 포기하고, 평화협정은 차후의 얘기다, 이런 식으로 얘기하니까요. 이제까지 그 패턴을 계속 이어 오는 게 아닌가 싶습니다. 그러니까 북한은 선 평화협정 그리고 미국과 한국은 선 핵 포기 이렇게 선후관계를 주장하는데, 지금 중국에서 두 개를 묶어서 동시에 하자 이러는 겁니다. 이 문제에 대해 미국은 움직일 의향이 있는 것 같은데 한국은 전혀 움직일 의향이 없는 것 같습니다. 그러니까 이것은 하나의 목표로써 우리가 추구하는 거지, 당장 가까운 어느 시기에 이걸 어떻게 하자 하는 그런 식의 토론은 아직 시작되지 않았다고 생각합니다. 그리고 두 번째, 서승 선생님의 질문인데, "정전협정 당사자가 중국인데 왜 이제까지 평화협정 기다리고 있는가?" 하는 질문 같은데요, 그러니까 중국이 미국을 압박해서 정전협정을 평화협정으로 바꾸는 데 어떤 역할을 할 수 있는가, 이 질문인데 두 가지일 거라고 생각합니다. 하나는 이제까지 이 문제에 한해서는 북한은 중국이 나서는 걸 좋아하지 않았습니다. 예를 들면 1994년에 김영삼 대통령과 클린턴 대통령이 4자회담을 했죠. 그런데 4자회담을 할 때 그 목적이 북한 체제 구축이었거든요. 그런데 북한은 중국이 4자회담에 참가한 것을 달가워하지 않았습니다. 물론 그때는 한중 수교 때문에 좋지 않은 감정도 있었겠지만 이 문제에 한해서는 북한이 계속 중국과 협력을 하려고 하지 않았기 때문에 북한과의 관계를 봐서 중국이 조금 껄끄럽죠. 두 번째는 호금도(후진타오) 체제하에서까지 중국의 대외정책의 기반이 도강양회입니다. 중국 사람들의 외교가 앞에 나서지 않는 걸 기본으로 했거든요. 게다가 덩샤오핑이 얘기하는 게 "절대 앞에 나서지 말라. 앞에 나서서 뭔가를 주도하지 말라." 이건데요. 이게 지금 시진핑 시대가 되면서 중국이 도강양회를 벗어나 적극적으로 나서는데, 아마 이처럼 외교적 적극성을 보이면서 이런 제안을 했기 때문에 앞으로는 서승 선생님이 기대하는 그런 과정이 있지 않을까 생각합니다. 그리고 세 번째 분 질문을 제가 이해를 잘 못했는데요, "핵 보유를 하면 어떻게 되는가?" 그 말씀이죠.

○ 질문자2

그러니까 9·19 공동성명과 2006년도 핵 포기 사이에 중국과 미국 간에 어떤 입장이 있었는지요?

○ 진징이

중국과 미국은 무엇을 합의 본 건 없는 것 같습니다. 그리고 사실 3차 핵실험을 하면서 중국과 미국의 갈등이 터졌거든요. 그때 중국에서 내놓은 것이 9 · 19 합의였는데 미국이 파기했습니다. 그런 면에서 중국에서 미국이 하는 것에 대해서 반감이 있고 해서 미국과 중국이 그 시기에 합의를 할 수 있는 그런 상황도 아니라고 저는 생각합니다. 우리는 이 세계 질서를 바꿔야 된다, 세계를 평등하게 만들어야 된다, 라고 하지만 그런데 현실은 그렇지 않지 않습니까? 그다음 북한의 붕괴 가능성 얘기를 했는데 제가 한국이 대북정책에서 제일 오판하는 게 이거라고 생각합니다. 90년대 초반부터 붕괴된다고 말들이 많았습니다. 지금도 계속 붕괴된다고 하는 사람들이 있고요. 북한 분들과 얘기를 하면 붕괴될 체제가 아니라고 똑같은 얘기를 합니다. 그래서 사실 우리가 북 체제가 정말 붕괴된다고 하면, 1995년도부터 1998년도 사이에 북한 체제가 당장 붕괴될 것처럼 보였는데 이겨냈거든요. 그 체제의 성격을 내적으로 들여다보고 제대로 분석해야지, 그렇지 않으면 오판할 가능성이 크다고 봅니다. 2008년에 김정일 위원장이 중풍에 걸렸죠. 그 소식을 듣고 클린턴과 미국의 최고 전문의사가 갔거든요. 그때 의사가 돌아와서 하는 얘기가 5년밖에 못 살 것 같다고 하자 금방 무너진다는 말이 나온 것 같습니다. 그래서 이명박 대통령의 대북정책은 거의 붕괴를 기정사실화한 바탕 위에 실행한 그런 게 아닌가 싶고요, 그다음에 박근혜 대통령의 대북정책도 북한이 곧 무너질 것 같다는 판단이 섰기 때문에 통일대박론이라는 게 나왔다고 보거든요. 그런데 그 당시에는 남북관계에서 통일을 논할 그런 단계는 아니지 않았습니까? 그런데 이걸 내놓은 그 자체가 금방 붕괴될 수 있다는 걸 전제로 한 것 같습니다. 두 정부가 시간 허비를 했다고, 계속 이런 오판을 하면, 득될 게 없는 것입니다. 물론 '대체 붕괴 가능성이 전혀 없냐' 하면 저도 그렇게는 말 못하겠습니다. 왜 그러냐면 어떤 급변 사태는 예측 불가능하니까요. 그리고 중국에서 동북공정을 해가지고 중국과 한국 사이의 갈등의 초점이 된 게 고구려 문제죠. 동북공정은 제가 처음부터 지켜봤고 너무나 잘

압니다. 이 동북공정이라는 게 국가적으로 이 땅을 어떻게 하겠다는 것은 절대 아닙니다. 중국의 학자들이 돈을 보고 프로젝트를 해 놓은 것이 발단이라고 봅니다. 몇몇 학자들이 동북 지역의 역사와 관련된 프로젝트를 중앙정부에 올려 보냈는데 제가 아는 한 굉장히 옹졸하게 기획한 거예요. 그런데 중앙에선 잘 모르니까 '이건 연구해 봐라.' 이렇게 된 거죠. 그런데 중국은 이상하게 '공정'이라는 이름을 잘 붙입니다. 그런데 결정적으로 중국《광명일보》에 '고구려는 고대 중국의 동북 지방정권이다'라는 제목의 글이 실렸던 거죠. 그게 노무현 대통령 때인데, 이세기 전 통일부장관을 급파해서 상황을 파악하라고 했어요. 그런데 그분이 저를 찾아와서 얘기를 나누었죠. 제가 '결코 문제가 되지 않을 거다'라고 했습니다. 동북공정이 사회과학원에서 한 건데 사회과학원에서 발간한 책 중 한국 역사책에는 모두 고구려를 한국사에 넣었습니다. 그리고 북경대학에서 교과서 나올 때도 다 거의 한국사로 하였고, 그리고 제가 하는 한반도 포럼이 있는데 30년 됐어요. 구성원들은 한국 관련 전문가들인데 이걸 내놓고 토론을 했어요. 제가 역사적으로 수천 년 동안 내려오면서 중국의 고전부터 역사책에 이걸 모두 한국의 역사에다 넣고 그리고 중화인민공화국에서도 주은래 총리를 비롯해서 계속 동북 지역의 고대 역사는 한반도 역사에다 넣었는데 이 몇 년 동안에 도대체 어떤 새로운 걸 발견했다고 이렇게 불쑥 바뀌었냐, 이거는 말도 안 된다, 그러니까 이거는 일부 사람들이 얕은 수를 부려서 된 일이라는 겁니다. 보다 중요한 것은 한국이 지금 할 일이 많지 않습니까? 과거 문제에 이렇게 구애되어 가지고, 당시에 제가 보건대, 한중관계가 제일 악화된 게 그때입니다. 그래서 이걸 중국정부에서 다 풀려서 했던 깁니다. 결론적으로 이 사안은 양국 관계에서는 앞으로 큰 문제가 된다고 생각하지 않습니다.

○ 이재봉

　고맙습니다. 그다음 서승 선생님께서 모처럼 오셨는데, 아까 시간 조절을 잘 못하셔서 절반 정도밖에 발표를 못하셨어요. 이 시간에 마무리해 주시기 바랍니다.

○ 서승

　지금 진징이 선생님 설명하신 동북공정, 고구려사의 인식에 대해서 제가 너무 성급했습니다. 거기에 대해서 진징이 선생님과 거의 비슷한 견해인데 한 번 더 깊이 논의해 볼 만한 문제라고 생각합니다. 오늘은 그 이야기를 더 할 시간 없고요, 아까 일본의 집단자위권 보유 움직임을 미국이 장려하고 있는데 이상하지 않나 하는 그런 취지의 질문이 있었습니다. 그런데 제가 앞서 설명에서 미국은 독일에게 과거 청산 강요하면서 그 대신에 군사권을 허용했다고 이야기했습니다. 일본은 그 반대로 군대의 보유와 자위권 발동 권한을 박탈하면서 그 대신 소위 과거 청산은 면제하는 방향으로 갔습니다. 아주 대조적인 재미있는 현상입니다. 그런데 지금 말씀하신 집단자위권의 문제라는 게 쉽게 이야기하자면 군사동맹을 맺을 수 있느냐, 없느냐 하는 이야기가 되겠습니다. 일본은 역사적으로 과거에 세 차례 군사동맹을 맺은 적이 있습니다. 첫 번째는 러일전쟁 전에 영국과 군사동맹을 맺었습니다. 두 번째는 독일, 이탈리아, 일본 등 소위 파시스트 국가들의 삼국 군사동맹입니다. 세 번째는 1952년에 발효된 미일 안보조약입니다. 이 조약들은 성격이 다 다른데요, 첫 번째 영일동맹은 구체적으로 군사 협력을 한다기보다는 동맹국이 적대하는 나라에 대해서는 두 나라에 해가 되는 협력을 하지 않는다는 것입니다. 즉 말하자면 러일전쟁 당시 러시아에서 블라디보스토크까지 발틱함대가 왔는데 영국은 자기의 식민지에 일절 귀항을 못하게 하고 보급도 못하게 합니다. 발틱함대에 타고 있던 사람들은 마다가스카르, 프랑스 이런 데에 한

차례만 귀항하였기 때문에, 일본 근해에 도달했을 때는 신선한 물과 음식도 없었고 기진맥진한 환자 투성이어서, 결국 일본에게 대패하지요. 그런 소극적인 동맹이었고요, 독일, 이탈리아하고의 파시스트 동맹은 당시 독일과 이탈리아가 아주 기세가 좋으니까 일본도 거기에 편승해서 득을 보려고 했는데 실질적으로 아무런 이득도 얻지 못하고 파시스트와 동맹을 맺었다는 오명만 뒤집어쓴 것입니다. 이때 독일하고 바그다드에서 같이 손잡으려고 일본은 동남아시아로 진출해서 인도양을 거쳐 바그다드로 가려고 했습니다. 그런데 인파르에서 엄청나게 패전을 해 버려요. 그래서 못 했고 독일도 패전했고, 결국 완전 허망한 동맹이 된 거죠.

세 번째 1952년 발효된 미일 안보조약은 군사동맹인데 상호 평등한 군사동맹이 아니었습니다. 미국은 일본에 군대를 주둔시키고 군사 활동을 하는데, 일본 자위대는 군사 활동을 못하고 미국의 요청이 있다 할지라도 출병은 못하는 그런 군사동맹이었습니다. 그 군사동맹의 의미가 뭐냐 하면, 1952년에 미국이 일본에 대한 7년 동안의 군사 점령의 종지부를 찍고 일본에게 반쪽짜리나마 주권을 회복하게 하는 샌프란시스코 조약을 맺게 되는데, 이것도 미국이 계속 일본에 주둔하겠다는 것이고 일본은 미국의 군사권 아래에서 종속되어 있어야 된다는 그런 내용입니다. 그래서 일본은 미국의 속국이라고 하죠. 오스트레일리아 국립대학교의 개번 맥코맥이 내 친구지만 그 친구가 '속국'이라는 책을 내기도 했습니다. 우리말로도 나와 있습니다만, 1952년 4월 28일 샌프란시스코 조약이 발효된 날을 일본 아베 총리는 '주권회복의 날'이라고 해서 3년 전에 기념식을 했죠. 그 기념식장에서, 1952년에 주권 회복했다는 걸 재확인한 셈예요. 주권 회복이란 무엇이냐, 천왕 주권이 아니고 헌법상 국민주권의 국가가 되었다는 거예요, 그럼에도 불구하고 식이 끝난 다음에 "천왕폐하 만세!"를 불렀어요. 무슨 주권을 회복했는지 도무지 알 수가 없는 거지만, 어쨌든 간에 주권회복이라고 해도 그때는 외교권만 회복했지 군사권 회복은 못했거든요. 그러니까 어떻게 해서든지 군사권, 군사 자주권을 회복하겠다는 것이 아까 말씀드렸듯이 아베의 외할아버지 기시 노부스케의 소원이었어요. 그리고 아베의 소원이고. 그런 맥락에서 이번에 일본의 집단자위권을 미국이 허용한다는 것은 편무적인 군사동맹 관계에서 상호적인 군사동맹 관계로 전환한다는 이야기입니다. 다만 미국이 그러면 일본에게 무제한적인 군사 자주권을 인정하는가 하면 그렇진 않습니다. 아베는 사실 핵무장론자거든요. 우리나라 새누리당에도 그렇게 이상한 사람들이 있습니다만, 나는 북한 핵 포함해서 핵에 대해서 절대 반대하는 사람입니다. 그런데 일본이 핵무장을 하면 어떻게 되겠습니까? 아베는 일본이 핵무장해야 된다고 초선 국회의원 때부터 주장해 온 사람입니다. 와세다 대학교 강연 때 일본은 일주일만에 핵무장할 수 있다고 이야기한 사람인데, 그 이야기가 나오니까 그때 레이건 정권에서 국무장관했던 조지 슐츠 장관은 뭐라고 했는가 하면 일본이 핵무장하는 바로 그날에 핵미사일을 동경에다 발사한다고 그렇게 공공연히 이야기했거든요. 미국은 절대적으로 허용하지 않는 겁니다. 그리고 상호적인 군사동맹 관계라고 하지만 일본에서의 미군주둔은 계속되는 거고, 우리나라도 마찬가지지만, 주권국가라고 주장하면서도 미군이 조사한다 하면은 그 옷자락을 붙잡고 '제발 좀 조사하지 말아주십시오. 돈을 더 드리겠습니다.' 이런 식으로 지금 하고 있거든요. 그러니까 미국으로서는 상호적인 군사동맹 관계에 들어가지만 일본에 대한 검토를 계속하겠다, 이런 것인데 그러면 미국이 왜 그거를 허용하느냐 하면 미국의 전략은 아시다시피 북한의 위협을 핑계 삼아 한미일 삼국 군사동맹을 내세워가지고 중국을 겨냥하자는 측면도 있습니다. 그러나 중국하고는 뒤에서 또 악수를 하고 있거든요. 가장 큰 문제는 신자유주의하고 자유경제시장입니다. 이걸로 중국하고 미국은 떼려야 뗄 수 없는 관계가 되어 있어요. 한 손으로 싸우고 한 손으로 악수하는 그런 모양새인데 미국의 핵심적인 목표는 뭐냐 하면 중동을 비롯해서 세계를 지배하려고 하는데 있어서, 그 지배에 불만을 가지는 세력을 진압해야 되는 거예요. 그런데 자기 나라의 돈과 그리고 젊은 사람들의 목숨을 희생시키고 싶지는 않은 거예요. 그러니까 일본과 한국을 앞장세워가지고 관리를 시키려고 하는 거죠. 그런데 한미일 동맹이라는 게 한반도, 동북아 지역에만 한정된 것이 아니거든요. 요즘은 안보가 세계 전역에 통용된다는 식으로 이야기하면서, 결국은 미국이 세계적인 행동을 결정하는 데 있어서 일본과 한국군을 언제든지, 어디든지 전개할 수 있는 그런 체제를 만들려고 하는 거거든요. 독일이 그렇지 않습니까. 독일은 나토, 공산주의 침략을 맡기기로 해놓고 유고슬라비아 내전에 동원하고 지금은 아프가니스탄, 중동의 시리아 내전에 동원하고 있거든요. 그 연장선상입니다. 그렇게 보면 집단자위권 허용 이후 일본의 자위대가 한반도에 전개될 가능성, 이것이 분명히 있는 거거든요. 일본 정부와 한국 정부는 "한국 정부의 허가 없이 자위대는 한반도에 상륙 못한다" 이렇게 이야기를 하는데, 제가 얼마 전에 큐슈의 사세보 미군기지에 갔다 왔거든요. 이번에 키리졸브 작전에도 거기 강습 상륙 한다고 해서 3만 톤짜리 핵폭탄과 미사일 싣고 해병대를 2천 명쯤 실어가지고 상륙시키는 큰 배가 있습니다. 그런데 거기 사세부에는 미군 깃발 뿐만 아니고 UN 깃발이 있습니다. 아직까지 6·25때 UN군이 해체 안 되고 거기에 있는 거예요. 그러면 가령 예를 들어 한반도에서 무슨 일이 있을 때 유엔군 깃발 달고 한반도에 전개할 때 일본군이 거기에 참가하면 한국에서 반대할 법적인 근거도 힘도 아무것도 없는 거 아닙니까? 지금은 언제라도 일본 자위대가 한반도에 전개할 수 있는 그런 법적 요건이 구비되어 있다고 봐야 되는 겁니다. 일본에서 이때까지 해외파병을 통제하고 있던 법을 없애고 UN 결의나 기타의 명분을 내세워 해외파병을 할 수 있게끔 법을 바꾸려고 하는 것이 집단자위권 문제 아닙니까. 그래서 우리가 미국의 의도는 의도대로 있겠지만, 일본의 입장으로서는 미국에 협조하는 척하면서 자기 독자적

인 군사력을 키우고 군사 행동의 가능성을 기정사실화하는 것으로 이해하고 있습니다. 미국과 일본은 지금 이것을 동조하고 있고 어느 시점에 가면 모순이 생길 수 있겠죠. 그러나 가까운 시일 내에 그렇게 되리라고 생각하지 않고, 그때까지는 일본도 군사정보 같은 것을 얻는 대신 미국에 협조해 주고 이렇게 같은 배를 탄 관계가 계속되는 거예요. 그런데 큰 착각이 뭐냐 하면 이번에 이란법 합의에서도 나왔지만 일본이 과거 청산 안 하고 과거에 중국이나 우리나라나 동아시아에서, 전쟁범죄나 인도적인 범죄를 범해 놓고 그것을 청산하지 않고 그대로 자기들의 군사 활동이 용납됐다고 생각하는 것 자체가 큰 잘못이라고 생각합니다. 문제는 그렇게 간단한 것이 아닙니다. 한 10년 전 얘깁니다만 여기 최형묵 교수가 "아니 일본도 국가인데 일본 무장도 우리가 용납할 수 있는 거 아니냐." 이런 말씀을 하셨는데, 물론 조건부죠. "일본이 보통국가가 된다면은." 그런 말씀을 하셨습니다. 우리나라 사람들의 인식이요. 문제는 조건입니다. 일본말로 '아마이(あまい)'라고 하는데 뭐라 할까, 좀 느슨하다고 할까요? 진짜 일본이 어떤 나라인가 하는 걸 우리가 제대로 모르고 있는 점들을 제가 많이 느낍니다.

○ 이재봉

들고 싶은 말씀들이 많지만, 다음에 꼭 모실게요. 그러면 이것으로 학술대회 정치 세션 회의를 마치겠습니다. 멀리서 오셔서 발표해주신 네 분 선생님을 박수로 보내주시겠어요? 그다음에 발표 못지않게 좋은 지정토론을 해 주신 네 분 선생님께도 박수 보내주시기 바랍니다. 그리고 발표자와 토론자보다도 더 고생하신 분들, 아까 계속 말씀드렸습니다마는 제자리에 가만 앉아서 9시부터 오후 6시까지, 꼬박 8시간 동안 고생하신 여러분들 자신을 위해서 큰 박수 부탁드립니다. 이상으로 원불교 100주년, 원광대학교 개교 70주년 기념 국제학술대회 정치 세션 회의를 모두 마치겠습니다. 고맙습니다.

제2부

경제의 대전환

자본주의 이후
영적 깨달음과
이상사회 만들기

- 진보적 사회와 영적인 종교

다다 마헤슈와라난다*

* 베네수엘라 프라우트 연구소

Ⅰ. 자본주의에서 돈은 신이다(Money is God in Capitalism)

우리는 미디어가 수많은 거짓말을 하는 사회에서 살고 있습니다. "자본주의 세계는 영원히 지속될 것이다." "당신들은 세상을 바꿀 수 없다.", "당신이 어떤 제품을 구입하면 행복해질 것이다." 이러한 소비적이고 개인주의적인 메시지들은 실제로 아주 우울하게 하고 힘이 빠지게 만듭니다. 오늘을 살아가는 많은 사람들이 비관적입니다. 그렇기에 나의 가장 큰 도전은 사람들에게 희망을 주는 것입니다.

나는 한국에서, 더 나아가 세계의 대부분에서 가장 인기 있는 '종교'를 관찰한 것에 대해서 이야기를 시작하고 싶습니다. 그것은 바로 돈입니다! 사람들은 돈을 신성한 것처럼 취급하고, 마치 돈이 모든 문제를 해결하며 영원한 행복을 준다고 생각합니다. 나는 이것이 잘못된 판단이라고 믿습니다. 그리고 수많은 사람들이 이 때문에 다양한 방식으로 고통 받고 있습니다. 한국의 몇 가지 예를 들어 보겠습니다.

한국은 지금 세계에서 가장 큰 500대 기업 중에 10개 기업을 보유하고, 10-110억 달러에 이르는 부를 지닌 삼십여 명의 억만장자가 있습니다.[1] 그리고 그들의 재산은 극적으로 증가하고 있습니다. 지난 5년 동안, 한국 최고의 부자 6명의 재산 증가율은 60%부터 시작해서 9배에 이릅니다.[2] 묻겠습니다. 당신의 가족들은 5년 전에 비해 60% 또는 9배 더 부자가 되었습니까? 한국 노동자들은 장시간 동안 일하고 있고, 그들의 생산성이 증가하고 있지만, 이는 아직 급여에 반영되지 않습니다. 슬프게도, 한국인의 15%가 빈곤선 아래에 살고 있습니다.[3] 세계 자본주의 경제는 모든 사람들에게 혜택을 주고 있지 않습니다!

광고들은 우리가 술을 마시면 행복해질 것이라고 합니다. 유로모니터 보고서에 따르면, 한국 사람들은 영국·러시아·미국 사람들보다 술을 더 많이 마시고,[4] 칠백만 명 이상의 한국인은 알코올 의존자입니다.[5] 알코올 의존자였던 사람들이나 이들과 함께 살았던 사람들은 의존증이 우리의 가족, 공동체, 건강을 파괴하여 우리를 얼마나 불행하게 만드는지를 잘 알고 있습니다.

자본주의는 사랑도 돈으로 살 수 있다고 말합니다. 120만 이상의 한국 여성들이 성매매 산업에서 일하고 있는 것으로 추정되고,[6] 한국 남성들은 연간 14조 원(130억$) 이상을 지출하고 있습니다.[7] 포르노와 매춘은 진실한 사랑이 아닙니다.

한국 보건복지부의 조사에 따르면, 한국 아이들은 30개 선진국 중에서 가장 행복감을 적게 느끼는 것으로 나타납니다.[8] 2014년에 한국의 자살률은 십만 명당 27명이었습니다.[9] 산업화된 국가 중 가장 높습니다. 한국 전국 교직원 노동조합과 한국 청소년 상담 연구소의 설문 조사에 따르면 43-48% 학생들이 자살에 대해 생각했습니다.[10] 청소년의 절반이 자살에 대해 생각한다면, 우리 사회가 심각한 문제를 가지고 있다는 것에 당신도 동의할 것입니다.

한국의 농업은 더 이상 국민들에게 충분한 식량을 공급하지 못합니다. 곡물 자급률은 1970년대 중반까지 70% 이상이었지만 이제 20%로 떨어졌습니다.[11] 소농을 보호하는 대신, 정부는 미국 기업들로부터 점점 더 많은 식량을 수입하고 있습니다.

한국의 노인들은 내게 어렸을 때는 공동체성을 강하게 느낄 수 있었다고 말했습니다. 그러나 지난 50년 동안 가능한 한 부자가 되어, 살 수 있는 만큼 사면 행복해질 것이라고 광고가 말하는 것처럼 모두가 소비주의와 개인주의 메시지의 폭격을 받았습니다. 제 생각에 그것은 거짓말입니다. 왜냐하면 행복은 마음에서 오는 것이지 우리가 구입하는 것에서 오지 않기 때문입니다. 평화와 사랑과 행복은 모두 공짜입니다.

나는 세계 자본주의에는 스스로를 파괴하는 씨앗이 들어 있다고 생각합니다. 왜냐하면 그것은 이익과 이기심, 욕심에 기반을 두기 때문입니다. 세계화의 과잉은 이루 말할 수 없는 고통과 환경 악화를 발생시켰습니다. 소수에게만 고도로 집중된 부 때문에 자본주의는 더 많은 사람을 그 혜택으로부터 소외시킵니다. 이 비극적인 결과로 오늘날 세계 인구의 절반 가량이 빈곤 속에 살고, 고통받고, 죽어 가고 있습니다. 그 빈곤은 피할 수 없는 것이 결코 아닙니다.

II. 자본주의 이후의 진보적인 사회: 프라우트 사회

1. 경제민주주의의 사회

내일 경제 세션에서 제 동료 다다 첫따란잔아난다는 세계 자본주의가 대공황에 의해 무너질 운명에 처해 있다는 것을 분명히 설명할 겁니다. 그렇게 되면, 다음으로 어떤 일이 일어날까요?

신보직 활용론(Prout)은 신용적이고 근본적이며 전체론적인 사회경제 모델입니다. 이것은 각 지역의 자립과 협동조합, 환경의 균형과 우주적인 영적 가치에 기반을 두고 있습니다. 저는 프라우트가 모든 사람과 모든 한국인의 삶의 질을 향상시킬 수 있다고 믿습니다. 이것은 공산주의와 자본주의 모두에 대한 실질적인 대안으로서 한국 사람들의 비극적인 정치적 분열을 재결합시킬 수 있는 잠재력을 가지고 있다고 생각합니다.

프라우트는 어떤 사회에 부과되는 엄격한 틀이 아닙니다. 그것은 역동적인 원칙의 전체론적인 접근입니다. 이는 시민들과 지도자들이 적절하게 적용하여 그 지역과 국가를 생태적으로 지속 가능하게 자급자족하면서 번영하게 돕습니다.

인도의 프라밧 란잔 사카르는 프라우트의 창시자였습니다. 그는 철학자이자 400권의 책 저자이며, 작곡가이자 영적 스승이었습니다. 그는 부패와 카스트 시스템, 여성의 착취와 정치적 착취에 대한 반대로 인해 7년 동안 정치범으로 수감 생활을 하였습니다.

프라우트는 우리가 경제적 민주주의를 확립해야 한다고 제안합니다. 노암 촘스키는 "경제적 민주주의가 작동하지 않으면 의미 있는 정치적 민주주의가 불가능하다."[12]고 말했습니다.

경제적 민주주의는 인민의, 인민에 의한, 인민을 위한 역동적인 경제입니다. 그것에는 네 가지 요구 사항이 있습니다. 첫 번째는 모두에게 '식량·의복·주택·교육·의료', 이 다섯 가지의 최소한의 요구를 보장하는 것입니다. 생명에 대한 권리는 기본적인 것입니다. 양질의 노동에 대한 권리도 기본적인 인권입니다. 또한 최저임금은 기본적 욕구를 충당하기에 충분한 금액이어야 합니다.

한국에서 최저임금은 한 시간에 5,580원($4.57)입니다. 여러분 중 몇명이나 이것이 4인 기준 가족을 위한 식량·의복·주택·교육·의료를 구입하기에 충분하다고 생각합니까? (2016년 최저시급은 6,030; 편집실 주)

한국에 최대 임금이 있습니까? 나는 인구의 대다수에게 이것이 있어야 한다고 제안합니다. 군인을 포함한 모든 공무원들은 일정한 급여 체계에 따라 임금을 받습니다. 이는 비밀이 아니고 인터넷에 공시됩니다. 가장 높은 봉급을 받는 공무원인 한국 대통령은 연봉으로 1억 5천만 원(136,669$)을 받고 있습니다. 이 정도면 충분하지 않은가요?

경제적 불평등에 대한 프라우트의 해결책은 세상의 물리적 자원이 한정되어 있다는 명백한 사실에 기초합니다. 만약 개인들이 재산을 너무 많이 축적하게 되면 모두에게 충분하게 돌아가지 않습니다. 각 국가는 최대 급료와 재산, 땅에 대한 최대 소유 한도를 정하고, 모든 자연자원들에 대한 최대 사용 한도를 권장하여 이를 합리적으로 분배해야 합니다.

경제민주주의의 두 번째 요구 사항은 사람들은 구매력이 점차 증대되어 높은 삶의 질을 누릴 수 있어야 한다는 것입니다. 사람들은 자신의 삶의 질이 좋아지고 있다고 느껴야 합니다. 기본 재화와 서비스를 구매할 수 있는 능력인 구매력을 측정하는 것은 생활 수준과 진정한 경제 상태를 평가하는 가장 직접적이고 정확한 방법입니다. 이는 광고를 통해 사람들을 조작하여 인공적인 요구를 만들어 내고 신용 구매를 조장하며 그들의 구매가 환경에 미치는 영향을 무시하게 만드는 소비주의와는 다릅니다.

세 번째 요구 사항은 지역의 시민들이 자신의 삶에 직접 영향을 미치는 경제적 의사결정을 내릴 수 있는 권리를 가질 수 있어야 한다는 것입니다. 노동자들이 통제와 착취의 대상이 되지 않으면서 그들의 기업을 소유하고 관리할 수 있는 것은 그들의 기본 권리입니다. 그 규모가 얼마나 작든지 간에 사기업·협동조합·공공기관에 이르기까지 지역민과 공동체는 스스로 미래를 결정해야 합니다. 건강한 음식을 길러내는 지속 가능한 농업과 재생 가능한 녹색 산업, 지역민들에게 대출을 제공하는 신용조합과 같은 지역 경제는 활기 넘치는 공동체의 조건입니다.

경제민주주의의 네 번째 요구 사항은 지방 경제에 대한 외부의 통제 및 자본의 외부 유출을 막아야 한다는 것입니다. 대기업의 큰 상점, 식당 체인과 기업은행들은 지역 사회에서 벌어들인 소득을 외부 주주들에게 보냅니다.

지방 경제에서는 발생한 소득을 신용조합들을 통해 지역 내 생산 기업들에게 재투자합니다.

경제민주주의는 세 단계로 경제구조를 만들 것을 제안합니다. 첫 번째 단계는 소규모 개인 기업입니다. 창의성과 개인 주도권을 장려하기 위하여 개인, 가족 및 소규모 파트너십을 통한 개인 소유의 사업을 펼 수 있도록 허용되어야 합니다.

두 번째 단계는 협동체입니다. 산업·농업·소비자·은행·서비스 등의 '미래의 사업'들입니다. 협동체는 빈곤한 공동체의 경제적 기회를 확장시키고 자산을 형성하게 할 수 있는 많은 잠재력이 있습니다. 그들은 일자리를 창출하고 재산을 유지시키고, 거주민들 사이의 사회적 연결을 증가시킵니다.

세 번째 단계는 대규모의 전략 산업인데 그것은 매우 높은 투자를 필요로 하고 분산시키기 어렵기에 공공기관이 시행하여야 하며 절대 사유화되어서는 안 됩니다.

식량 주권은 경제민주주의의 또 다른 목표입니다. 각국은 농업협동조합, 지속 가능한 농업과 농산업을 통해 자국의 식품 및 의약품의 자립을 위해 노력해야 합니다. 건강한 음식을 길러내는 지속 가능한 농업과 재생 가능한 녹색 산업, 지역민들에게 대출을 제공하는 신용조합과 같은 지역 경제는 활기 넘치는 공동체의 조건입니다.

이 연대와 협력의 정신은 한국의 앞에 놓인 길을 상징합니다. 저는 한국의 협동체 운동에 감동적인 성취의 역사가 있다는 것을 알게 되어 기뻤습니다. 1959년에 시작된 풀무학교 생활협동조합, 청십자 의료협동조합, 양서협동조합과 소비자협동조합 운동들이 그것입니다. 정당 및 정부의 지원으로 2011년에 통과되어 최소 5명으로 법적 보호를 받는 협동조합을 손쉽게 세울 수 있게 한 '협동조합기본법'은 의미 있는 발걸음입니다. 특히 제가 쓴 『자본주의를 넘어(After Capitalism)』를 50만의 회원을 가진 한국의 가장 큰 풀뿌리 조합인 한살림에서 출판할 수 있게 되어 영광으로 생각합니다.

불행하게도 우리의 교육 시스템은 경쟁적이고 개인주의적인 스트레스가 많은 구조로 되어 있습니다. 그럼에도 당신들의 아름다운 언어와 문화, 자연 환경은 이 투쟁 속에서 소중한 보물이자 도구들입니다. 제 책에서 설명한 것처럼, "문화는 우리의 힘입니다." 그것은 국민들을 단결시키고 거대한 장애물을 극복할 수 있는 큰 힘을 줍니다. 예를 들어, 당신들의 '우리나라'라는 표현은 상당히 의미가 있습니다. 왜냐하면 한국에서는 다른 대부분의 나라와는 달리 '내 나라'가 아니라 '우리나라'라고 강조합니다. 여러분의 땅과 사회는 모든 사람들의 것입니다. 그리고 이는 "자원·땅·물·공기 등이 모두에 속하고, 그것을 민영화하지 않고 모두의 복지를 위해 공유해야 한다"는 프라우트의 기본 발상입니다.

2. 뉴 거버넌스(New Governance)

1651년에 영국의 정치철학자 토마스 홉스가 유대-기독교의 인간존재의 본성에 대한 관점에 따라 쓴 바에 따르면, 지도자들을 포함한 우리 모두는 '죄인'들입니다. 따라서 우리는 권력의 집적에 맞서 보호할 수단을 가져야 합니다.[13] 존 댈버그 액턴 경은 유명한 경고를 했습니다. "권력은 부패하기 마련이고, 절대적인 권력은 반드시 부패한다."[14] 이는 사실 다른 사람을 신뢰하려는 사람들의 의지를 꺾는 다소 부정적인 관점입니다.

세속주의도 그렇고 전통적인 서양의 종교들도 역시 개인이 자신의 성품이나 덕성을 구조적으로 향상시킬 수 있다는 희망을 주지 않습니다. 그 결과, 일반인들은 정치란 것을 정치인과 금융권 사이에 벌어지는 거래에 의한 타협의 연속으로 보게 됩니다.

오늘날 정치적 민주주의에는 결정적인 결함이 있습니다. 자본과 정당정치, 매스미디어는 후보들의 도덕성이나 현 이슈에 대한 입장보다 선거에서의 당락에 더 많은 관심을 가집니다. 부패는 만연하고 유권자의 표는 매매되고 있습니다. 서구 민주주의가 개인의 권리를 과도하게 중시한 결과 자본가들은 거의 통제받지 않으면서 부를 축적할 수 있습니다. 스펙트럼의 반대쪽 끝에 있는 공산 정부에서는 집단적인 책임이 무엇보다 중시되지만 인권은 종종 무시됩니다.

비록 심각한 결함이 있을지라도 프라우트는 점차적으로 견제와 균형으로 발전해 온 민주주의를 오늘날 가용한 지배 구조 중에서 최선으로 받아들입니다. 우리는 사회를 위해 가장 적합한 길을 선택할 좋은 지도자들과 지혜로운 노인들, 가장 높은 도덕성을 가지고 우주적인 전망을 가진 사람들을 바라마지 않고 있습니다. 우리 모두는 우리 안에서, 그리고 다른 사람들 안에서도 이러한 자질들을 개발하기 위해 노력해야 합니다. 동시에 프라우트는 정치에서 돈의 영향력을 제거하고, 지도자들에게 요구되는 덕목들을 보여주지 못하거나 권력에 의해 부패한 이들을 견제하는 보호수단을 만드는 등의 구체적 처방전으로 민주주의를 개선합니다.

참여 민주주의는 의미 있는 의사결정에 시민들이 폭넓게 참여하는 지배구조의 또 다른 스타일입니다. '지역 중심'과 '얼굴 서로 맞대기'는 사람들이 직접 자신의 삶에 영향을 미치는 의사결정을 내릴 수 있게 해 줍니다. 직접 참여는 경제민주주의의 기초입니다. 여기서 모든 노동자는 직접 자신의 삶에 영향을 미치는 경제적 의사결정을 하면서 자신의 기업을 소유하고 관리할 수 있습니다.

〈프라우트 제안〉

a. 정치적 민주주의를 개선하기 위한 구체적 개혁

b. 이상적 헌법에 대한 개요

c. 세계정부에 대한 모델

d. 미래를 위한 더 근본적이고 이상적인 지배 구조 형태에 대한 계획

3. 정치 개혁

정치의 개혁에 관한 다음 몇 가지 제안을 유념해야 합니다.

첫째, 정부의 사법부·입법부·행정부에 더하여 정부 지출을 모니터링할 수 있고 부패가 발견된 경우에는 형사소송을 시작할 수 있는 권한을 가진 감사 부서를 추가해야 합니다.

둘째, 공직에 출마하는 사람들이 윤리적인 지도자인지 확인하기 위해, 후보들은 사회정치적·경제적 의식을 보여주어야 합니다. 또한 자신의 선거 공약을 공표하고 서명해야 합니다. 특별한 이유 없이 자신의 서면 약속을 위반한 모든 선출직 공무원은 계약 위반으로 법정에 서게 될 것입니다. 그리고 유죄로 판명된 경우, 그들은 그 직책에서 물러나게 될 것입니다.

셋째, 정부의 선거 자금은 모든 후보들에게 공정성을 보장해야 합니다. 기자 조합에 의해 관리되는 언론은 각 후보자에게 동일한 기회를 제공하여 그들의 정책을 제시하고, 토론할 수 있게 합니다.

넷째, 정당들은 개별 후보자들에게 자신만의 공로와 경험, 서면 공약을 허용하게 되면 정당의 수뇌부에 의한 통제적 지배를 끝낼 수 있습니다.

다섯째, 지속적인 윤리와 논리, 시민의식 교육을 통해 모든 유권자의 의식을 높여 가장 좋은 후보가 누구인지를 결정할 수 있는 능력을 갖추게 합니다. 자동차 운전자가 면허증을 취득하기 위해 운전 시험을 통과하는 것처럼, 유권자들이 이슈에 대한 최소한의 이해를 달성할 수 있도록 권장하는 유권자 시험이 만들어질 수 있습니다.

마지막으로, 부의 축적에 대한 프라우트의 최대치 설정과 선거운동에서 개인 기부금에 대한 제한이 있으면 돈은 더 이상 선거의 결과를 좌우하는 요인이 되지 않을 것이고 선출된 대표자의 행위에도 과도하게 영향을 주지 않을 것입니다.

4. 이상적인 헌법과 세계정부

국민들의 정치적, 경제적 권리를 보장하기 위한 헌법적 구조가 필요합니다. 매우 진보적인 헌법들이 이미 존재하지만 프라우트는 여기서 한발 더 나아갑니다. 프라우트는 아래의 권리장전을 보장받도록 강제하기 위해 각 개인들이 정부를 상대로 소송을 할 수 있는 권리를 주장합니다.

1. 모든 사람들은 최소한의 의식주와 교육 및 의료의 필수품을 보장받아야 합니다.
2. 모든 성인은 충분한 구매력을 보장하는 직업을 가질 권리가 있습니다.
3. 문화적 표현 및 토착 언어를 보호해야 합니다.
4. 국가의 생물 다양성과 멸종 위기종을 보호해야 합니다. 엄격한 환경오염 통제법이 제정되어 강제되어야 하고, 오염과 쓰레기를 지속적으로 줄이기 위한 기술을 적용하는 노력을 경주하여야 합니다.
5. 자아실현을 위한 영적, 종교적 행위들은 보호되어야 합니다.
6. 위 권리들 중 어떤 표현도 인간의 기본적 가치를 위반하도록 허용되지 않습니다.
7. 다음의 세 가지 사회·정치적 원칙들이 보장되어야 합니다. 1) 일하고 있는 사람은 다른 대안적인 일자리가 마련되기 전까지는 일자리를 잃지 않아야 합니다. 2) 그 누구도 다른 종교로의 개종을 강제당해서는 안 됩니

다. 3) 그 누구도 모국어를 억압받아서는 안 됩니다.

8. 형법은 양질의 삶에 대한 권리와 같은, 보편적으로 인정된 기본적 인권을 기반으로 해야 합니다. 사형은 금지됩니다.

9. 교육의 질은 정치적 영향 없이 모든 사람에게 보장되어야 합니다. 교육은 단순히 객관적 지식을 습득하는 것을 넘어 윤리와 인격 형성, 창의성의 함양을 포함해야 합니다. 또한 협동과 봉사, 그리고 자기 이해의 정신을 심어 주어야 합니다.

10. 우리는 모두 나누어지지 않는 한 인간 가족의 구성원입니다. 그 누구도 인종 · 성별 · 피부색 · 언어 · 신념 · 성정체성 · 출신지, 또는 건강 상태에 따라 차별받지 않아야 합니다.

프라우트는 전쟁의 근본 문제를 해결하기 위해, 모든 사람의 인권을 보호하기 위해, 그리고 사회적 정의를 보장하기 위해서 세계정부를 설립할 것을 제안합니다. 세계정신은 분명 이러한 방향으로 움직이고 있습니다. 매년 국제연합에게는 각국 정부와 기관 그리고 언론으로부터 불의와 갈등을 해결하고 세계적 문제에 대한 공통적인 해결책에 대한 요청이 증가하고 있습니다. 정보 네트워크와 시민단체, 그리고 세계주의는 보편주의와 세계정신의 사상으로 사람들의 마음을 열어 가고 있습니다.

세계정부는 상 · 하원 양원의 입법부로 구성되어야 합니다. 하원의 대표는 인구수에 따라, 상원은 각 나라에서 한 명의 대표로 구성하여, 아주 작은 나라일지라도 상원에서 제안된 의제의 장단점을 논의할 수 있는 기회를 갖게 됩니다.

세계정부는 인권과 최소한의 기본생활 보장, 그리고 모두를 위한 공통의 형법을 보장하는 세계헌법을 만들어야 합니다.

저항과 공포를 극복하기 위해 사카르는 점진적 단계로 세계정부를 세워

나갈 것을 제안했습니다. 처음에는, 각국의 정부가 행정 기능을 계속하는 동안 세계정부는 분쟁을 해결하고 세계의 여러 법률들의 틀을 잡아 나갑니다. 또한 세계정부는 각국의 기존 법률에 소수집단에게 유해한 부분이 있는지 판단할 수 있는 권한이 있어야 합니다. 인권을 지키기 위해 어느 곳이든 갈 수 있도록 준비된 세계군대도 필요합니다. 다만 그 규모는 세계적 갈등이 감소함에 따라 경제적 번영과 안전이 주어지게 되면 점차 줄여 나갈 수 있을 것입니다.

세계정부는 많은 장점을 가질 것입니다. 폭력적인 전쟁과 갈등이 감소할 것입니다. 사람들은 전쟁의 위험이 감소함에 따라 결국 공포를 덜 느끼며, 좀더 생산적인 방식으로 자신의 에너지를 집중할 수 있을 것입니다. 오늘날 무기 생산에 소요되는 엄청난 자원이 사회 발전을 위해 사용될 수 있습니다. 그리고 모든 사람들이 어디든지 여행할 수 있는 자유를 갖게 될 것입니다.

III. 새로운 종교: 자본주의 이후의 영성

1. 종교적 도그마(교조)의 종말

비록 세계의 종교들은 많은 전쟁과 증오의 원인이 되었지만, 그 중심에는 세계 평화에 기여할 수 있는 영적인 본질이 있습니다.

고대로부터 인간은 태양과 불, 비, 산과 큰 동물들과 같은 크고 초월적 힘에 대한 두려움과 경외심을 동시에 가지고 있었습니다. 많은 부족들은 이러한 정령이나 조상의 영혼을 받들어 모시면 이들이 사람들을 해치지 않을 것이라고 믿었습니다. 그래서 초기 종교들은 단지 신들을 달래기 위한 의식이었습니다. 이러한 신념은 인간을 다양한 씨족과 부족들로 나누었고 이들은 종종 다른 부족과 싸웠습니다.

도그마란 누구에게도 질문을 허용하지 않는 지적인 장벽입니다. 몇몇 종교의 도그마적 교리들은 세계에 엄청난 갈등과 폭력의 원인이 되고 있습니다. 예를 들면, "우리는 신에게 선택받은 사람들이고 다른 사람들은 아니다."라든지, "우리의 방법이 신에게 가는 유일한 방법이다"라든지, "우리는 천국에 가고 다른 사람들은 지옥에 갈 것이다."라든지, "우리의 경전만이 신의 말씀이다."라는 것들입니다.

어떤 종교 지도자들은 죄책감과 공포를 심어주고자 도그마를 사용합니다. 근본주의는 폐쇄적이며 공포를 주입하고 맹목적인 순종을 강요합니다. 두려워하고 있는 사람들에게는 '천국에 한 자리'를 약속하면서 돈을 착취하기가 쉽습니다.

증오와 전쟁은 사람들을 신자와 불신자로 '우리'와 '그들'로 가르는 종교적 도그마의 결과로 생겨납니다. 오늘날 가장 도그마적인 종교들은 이슬람과 미국의 복음주의 기독교입니다. 현재 아프가니스탄과 이라크의 전쟁이 미군과 이슬람 극단주의자 사이에 벌어지고 있는 것은 우연이 아닙니다.

세계의 대부분 종교들은 어떤 신비적인 영역에선 남성이 여성에 비해 영적으로 우수하다고 가르쳤습니다. 이 얼마나 말도 안 되는 이야기입니까! 정통 힌두교 지도자들은 여자가 영적 해탈을 달성할 수 없으며 먼저 남성으로 환생해야 한다고 가르칩니다. 중세 가톨릭교회는 유럽에서 약 6만 명의 여성 치유사와 영적 지도자들을 마녀라고 부르며 고문하고 화형시켜 죽음으로 몰았습니다.[15]

여성과 남성 인구 수 차이를 연구한 과학자들은 1억 명의 여성들이(대부분 중국과 인도에서) '사라졌다'는 것을 발견했습니다. 그들은 여성 태아의 낙태나 영아 살해를 통해 사망하였으며, 여자아이들에게는 남자아이들에 비해 음식과 의료가 적게 제공되었습니다.[16] 인도·파키스탄·방글라데시·이란 등에서 여자들은 때때로 그녀의 가족들이 결혼 지참금(시댁의 인척들에게 결혼

식 때 지불하는 선물)을 충분히 맞추지 못한다는 이유로 그녀의 남편 또는 시댁 식구들에 의해 살해됩니다. 인도에서는 지난 3년 동안 지참금으로 인한 사망 사건이 거의 25,000건이나 보고되었습니다.[17] 이것은 종교적 도그마가 얼마나 악해질 수 있는가를 보여줍니다.

여성들이 남성에 비해 영적으로, 문화적으로 열등하다고 가르치는 것은 여성들에게 열등감 콤플렉스를 워낙 강하게 주고 있기에 심지어 지금 21세기에도 여성들은 여전히 완전한 평등과 존엄을 얻기 위해 투쟁하고 있습니다.

저는 이 글을 듣거나 읽고 있는 모든 여성들에게 두 가지 질문을 하고 싶습니다. 이제까지 당신이 남성이 아니고 여성이었기 때문에 더 힘들다는 느낌을 받은 적이 있습니까? 혹시 당신의 성별로 인해 주위에서 당신에게 다른 기대를 가지고 있다는 느낌을 받은 적이 있습니까?

2. 과학적 도그마의 위험성

지난 100여 년 동안 우리는 비합리적이고 비과학적인 오래된 종교의 도그마들의 많은 부분을 거부하였습니다. 과학은 우리 주변의 세계를 이해하고 우리의 이익과 편리를 위한 기술을 개발하는 데 도움을 주었습니다. 이는 대부분 좋은 일이었습니다. 하지만 이는 또 한편으로 새로운 도그마들을 부여하고 있습니다.

첫 번째 과학적인 도그마는 우리가 측정하거나 인식할 수 없는 더 높은 의식이나 신이 존재하지 않는다고 본다는 것입니다. 이 관점에 따르면 우주는 아무 근거도 없이 나타났고, 그 배후에는 어떤 의도도 없으며, 어떤 목적이나 방향성도 없습니다. 생물학자 테렌스 맥케나는 "현대 과학은 다음의 원칙을 기반으로 합니다. 우리에게 공짜 기적 하나만 주십시오. 그럼 우리가 나머지를 설명하겠습니다. 그리고 그 공짜 기적은 우주의 모든 물질과 에너지의 등장과 그것을 지배하는 모든 법칙들입니다. 이 모든 것은 한순간에 일어났습니다."[18]라고 했습니다.

두 번째 과학의 도그마는 우주의 본질이 물질이라는 것입니다. 이는 매우 이상한 일입니다. 원자물리학 연구들은 이미 원자 이하의 수준에서 물질의 99.99%는 실제로 빈 공간이라는 것을 우리에게 보여주고 있습니다.

세 번째 과학적인 도그마는 우리가 여기에 존재하는 것은 우연의 산물이고 죽음 이후에는 아무것도 존재하지 않는다는 것입니다. 이는 수천 건의 문서화된 임사 체험들에 의해 반박됩니다. 그중 하나가 뇌외과의이자 신경과학자인 에벤 알렉산더 박사의 경험입니다. 그는 그의 많은 동료들과 마찬가지로 뇌가 사람의 의식을 만든다고 믿었습니다. 그런데 매우 역설적이게도, 그는 뇌가 감염되어 일주일 동안 코마 상태에 있었습니다. 이 기간 동안 그는 의학적으로는 뇌사 상태에 있었음에도 불구하고 의식이 고조된 각성 상태를 경험했습니다.

그는 "7일간의 혼수상태 동안 저는 완전히 의식이 깨어 있었을 뿐만 아니라 아름답고 평화로운 무조건적인 사랑의 놀라운 세계로 여행했습니다. 모든 신경 활동의 완전한 정지에도 불구하고 내 뇌의 가장 깊고 근원적인 부분인 나의 정체성(자아의 감각)은 어둠에 빠지지 않았습니다. 대신에 나는 내 인생에서 가장 믿기 어려운 경험을 하였고 나의 의식은 다른 차원의 여행을 했습니다."[19]

우리는 합리적인 과학적 사고와 기술을 매우 존중한다고 말하고 싶습니다. 그러나 자비심과 동정심에 의해 인도되지 않은 과학은 매우 빈번히 폭력과 착취의 무기로 사용됩니다. 모두를 위한 더 나은 세상을 구축하기 위해서는 과학적인 도그마들을 폐기해야 합니다. 저명한 과학자의 글을 인용하는 것으로 마무리하고자 합니다.

우리가 체험할 수 있는 가장 아름답고 깊은 감정은 신비의 감각입니다. 그것은 모든 진정한 과학의 근원에 있습니다. 이 불가해한 우주에 드러난 초월적인 이성적 힘의 존재에 대한 깊은 감정적 확신이 바로 신에 대한 내 생각입니다.—알버트 아인슈타인[20]

3. 새로운 종교: 자본주의 이후의 영성

인류의 시초부터 사람들은 최고의 지성에게 답을 갈구했습니다. "나는 누구입니까?", "나는 어디에서 왔습니까?", "인생의 의미는 무엇입니까?"

세계의 모든 문화와 역사 속에서 신비주의자들은 깨달음과 자신의 신적인 본성을 경험할 수 있도록 명상과 다른 영적 기술을 연마하는 데 삶을 바쳤습니다. 이 영적인 내면의 탐구와 그 지혜를 다른 사람과 공유하는 것이 궁극적인 진리를 향한 신비주의의 길입니다. 신비주의(Dharma)와 우주적 영성은 자본주의 이후의 종교로서 기능할 것입니다.

예를 들어 중국의 신비적인 철인 노자는 『도덕경』(33장: 역자주)에서 "다른 사람을 아는 자는 지혜로운 자이고 자신을 아는 자는 밝은 사람이다. 다른 사람을 다스리는 자는 힘이 있는 자이지만 자신을 다스리는 사람은 강한 자이다."라고 하였습니다.

우리는 우리의 육체 이상의 존재이고 우리의 마음 이상의 존재입니다. 우리는 순수한 의식이며 우주 마음의 무한한 바다 속의 한 방울입니다. 이를 알아채면 더 높은 목적에 항복하는 태도로 이어집니다. 성 프랜시스의 유명한 기도인 "오 주여, 나를 당신의 평화의 도구로 만들어 주소서."가 바로 그 예입니다.

프라우트는 다른 많은 경제철학에서는 찾기 힘든 생태적이고 영적인 관점을 가지고 있습니다. 하지만 이는 전통 사회에서는 늘 존재해 온 것입니다.

토착 영성은 늘 자연 중심으로 돌아가면서 삶의 모든 형태들과 연결됩니다. 토착민들은 그들이 땅을 소유한다고 생각하지 않고 그들이 땅에 속한다고 여깁니다.

종교적 도그마와 달리 신비주의에서 진리에 대한 탐구는 개방적이고, 질문을 하고, 사랑을 촉진합니다. 영성은 모두를 형제자매로 보며 하나의 인간 가족으로 여기고 또한 보편적입니다.

프라우트의 영적 인식은 모든 인간이 평화와 행복에 대한 갈증을 가지고 있음을 아는 것에 있습니다. 진정한 평화와 행복을 찾고 연결됨과 삶의 의미와 목적을 발견하기 위해 우리는 내면으로의 여행이 필요합니다. 그것이 곧 자아실현이고 인류를 위한 기여입니다.

4. 명상의 힘(영적 수련)

세계의 정의와 평화를 위한 투쟁 속에서 우리는 자신의 내적 평화를 게을리하지 않아야 합니다. 인간에게는 평화와 행복을 향한 타고난 갈증이 있습니다. 외부의 대상은 이 내면의 열망을 만족시킬 수 없습니다. 왜냐하면 그것들이 제공하는 즐거움은 일시적이기 때문입니다. 대신 우리는 진정한 평화와 깊은 행복감을 찾기 위해 자기 내면으로의 여행을 해야 합니다.

명상은 거의 모든 문화에서 다양한 형태로 나타나며 수천 년을 거슬러 올라가는 심오한 수련법입니다. 과정은 간단합니다. 눈을 감고, 바르고 차분하게 앉아, 깊게 호흡합니다. 특정한 방법에 따라 마음을 집중하고 매일 연습하면 점차 깊은 평화와 성취를 얻을 수 있습니다.

명상은 우리가 정말 누구인지를 들여다보는 깊은 성찰이자 우리의 정체성의 숨겨진 면들을 드러내는 절차입니다. 명상은 사회적으로 조건화된 일상적인 생각 아래로 침투하여 억압적인 도그마로부터 마음을 자유롭게 합니다. 이는 착취자들이 자신의 파괴적이고 이기적인 욕망을 덮기 위해 사용하는 합리성의 커튼 뒤를 볼 수 있게 합니다.

명상의 장점은 다음과 같이 많습니다. 불면증 · 우울증 · 정신적 콤플렉스 등을 극복하게 하고, 기억력 · 집중력 · 자제력 · 의지력 · 자기 존중 · 관용을 증가시키며, 평화의 마음 · 지혜 · 자비 · 조건 없는 사랑을 계발합니다. 이런 장점들에 관심이 가지 않습니까?

오늘날 수많은 과학적 연구가 건강과 관련된 명상의 효능을 증명합니다. 예를 들어 폴 그로스맨과 다른 학자들은 마음 챙김 명상을 이용한 20개의 건강 관련 연구에서 설득력 있는 논문과 메타 분석을 수행했습니다. 명상을 하는 사람들은 심장 질환을 겪을 위험이 87% 낮았고, 종양이 생길 확률은 55%, 입원할 확률은 50%, 정신 질환은 30%, 감염성 질환에 걸릴 확률은 30% 낮은 것으로 밝혀졌습니다.[21] 다른 연구에서는 명상 기반 치료가 만성 통증,[22] 불안 및 우울증,[23] 물질 남용[24] 및 자살 재발 습성 행동[25] 등에 대해 효능이 있음을 보여줍니다. 오늘날 많은 의료인들과 과학자들은 명상을 추천합니다.

명상이 대중적인 인기를 끌고 있는 것은 많은 유명 인사가 명상을 하기 때문이기도 합니다.[26] 미국 질병통제예방센터(CDC)의 2012년 국가건강인터뷰 조사(NHIS)에 따르면 미국에서 1800만 명의 성인과 100만 명이 조금 안 되는 어린이들이 명상을 수련했습니다.[27] 이 수치는 명상 수련이 주류가 되어 감에 따라 전 세계적으로 계속 늘어날 것입니다.

자아초월심리학은 전통적인 정신 수련에서 일곱 가지의 공통된 요소를 찾아냈습니다.[28]

1. 윤리: 이타심에 초점을 맞춘 윤리적 행동은 개인의 인격을 정화하고 친절과 자비, 평화와 같은 건강한 습관을 기릅니다.
2. 감정적 변화: 명상은 행복, 사랑, 자비심과 같은 긍정적인 감정을 강화시켜

두려움, 분노와 증오 등의 부정적 감정을 극복하게 해 줍니다. 가장 고도의 변화는 평정심을 기르고 어떤 장애에도 긍정적인 태도를 견지하며, 고통 속에서나 기쁠 때나 정신적 평화를 경험할 수 있게 합니다.

3. 동기의 방향 재설정: 명상은 개인으로 하여금 점차 물질적인 부의 상태보다 미묘하고 내적인 자아실현과 자기초월, 그리고 나 없는 봉사에 더 관심을 기울이게 만듭니다.

4. 집중훈련: 심리적 행복을 위해서는 마음을 집중하는 훈련이 필수입니다. 요가 수행자들은 "당신은 당신이 생각하는 대로 됩니다."라고 합니다. 명상은 마음을 다스리고 변화시키기 위해 마음을 어떻게 가라앉히고 집중시키며 바르게 하는지 가르쳐 줍니다.

5. 인식의 연마: 명상은 모든 순간의 신선함과 경이로움을 더 잘 인식하고 예민하게 느끼며 그것을 찬탄할 수 있게 합니다. '지금 이 순간을 살기'와 '지금 여기에 머무르기'는 일상의 지루함과 정서적 불안정, 마음대로 되지 않는 것에 대한 갈망을 극복하는 것을 도와줍니다. 명료함은 곧 치유이자 변화입니다.

6. 지혜: 지혜를 기르는 것은 우리 삶의 의미와 목적, 그리고 인간이란 무엇인가에 대한 더 깊은 통찰을 찾는 것을 의미합니다. 지혜로운 사람과 함께하는 것을 추구하며 그 가르침을 배우고 깊은 명상을 수행하는 것을 통해 우리는 보편적 진리를 실현하는 방향으로 한 걸음 더 나아가고 타인에 대한 조건 없는 사랑을 기릅니다.

7. 이타성과 봉사: 관용은 개인적인 행복감을 느끼기 쉽게 만들어 줍니다. 우리의 심장을 밝혀 주고 마음을 확장시킵니다. 이것을 때로는 '공간의 기쁨'이라고 합니다. 심리치료사인 쉘던 콥이 말하기를 "당신은 당신이 베푼 것만을 간직할 수 있습니다."나 없는 봉사는 다른 사람의 모습을 한 우주에게 봉사하여 사회에 환원하는 방법입니다.

이 일곱 요소는 어떤 정통 명상 수행에서도 필수적인 요소입니다. 이것들은 또한 개인의 영적 발전과 사회적 변화 사이의 연결을 잘 보여줍니다.

IV. 자본주의 이후의 새로운 사회를 어떻게 만들 것인가

1. 멘토 되기와 세상 바꾸기

정기적인 명상 수행으로 우리는 내부 및 외부 세계에 모두 편안하고 능숙해집니다. 물질과 정신의 균형을 가지면서도 집착하지 않고 머무릅니다. 그러면 우리는 멘토가 되어 수행을 가르치고 지혜를 공유할 수 있습니다. 진정한 교사는 다른 사람으로 하여금 스스로의 힘으로 성장하게 합니다. 그들은 학생들의 의견을 진지하게 듣고 그들을 격려하고 그 성취를 칭찬합니다. 다른 사람에게 명상과 영적 철학, 그리고 다른 훈련법을 가르침으로써 언젠가 피어날 영적인 씨앗을 심습니다.

불행하게도 사람들의 인생에서는 끔찍한 일들이 발생합니다. 그러나 이야기와 신화와 같은 세계의 문학들 속에서 이야기는 거기에서 끝나지 않습니다. 오히려 주인공은 극복하기 위해 노력하고 마침내 승리합니다. 우리들 역시 극복하고 승리할 사명이 있습니다.

우리들에게는 오늘날 큰 희생이 요구됩니다. 쉽고 편안한 길을 선택할 수도 있고 용감하게 두려움과 어둠에 맞설 수도 있습니다. 저는 우리가 안락함에서 떠나 이방인들과 우리의 철학에 대해 이야기하며 수행하고 봉사하는 길에 우리 스스로를 계속해서 밀어 넣어야 한다고 생각합니다.

우리 모두는 멘토와 영웅이 되어야 합니다. "훌륭한 스승들만 그런 일들을 할 수 있어." 혹은 "누구도 나를 해칠 수 없을 정도로 완벽해지면 나는 그렇게 할 거야."라고 생각하며 준비하고 있을 수 있습니다. 하지만 이런 일은 결코 일어나지 않습니다. 완벽한 사람들의 이야기는 우리에게 감동을 주지 않습니다. 평범한 사람들이 비범한 일을 감히 하고자 노력할 때 우리들은 더 감동합니다.

교육의 목표는 해방이어야 합니다. 그것은 정신적 속박과 제한으로부터 사람들을 자유롭게 하고 연대를 촉진하는 것입니다. 타인의 복지에 대한 책임 의식을 학생들에게 각성시킴으로써 기본적인 인간의 가치를 가르치는 것은 매우 중요합니다. 우리의 교육은 서로 다른 관점과 사상에 대한 상호 존중에서 시작해야 하며 알아차림과 각성된 의식을 증대시키기 위해 노력해야 합니다.

어떻게 세상을 바꾸겠습니까? 우리의 일에 모든 창의력과 경험과 지식을 쏟아부어야 한다고 생각합니다. 그리고 누구에게나 또, 모두에게 도움을 요청해야 합니다. 머리가 모이면 하나의 머리보다 훨씬 더 똑똑해집니다! 함께라면 무엇도 불가능하지 않습니다.

세계는 큰 전환의 순간에 와 있습니다. 글로벌 경제가 변하면서 지구 행성의 생명 유지 시스템을 전대미문의 속도로 위협하고 있습니다. 이 엄청난 위급 상황은 인류에게 이 자기파괴적인 진로를 반전시킬 수 있는 실용적이고 생태학적인 대안과 결합된 영적인 전망을 제공하고 있습니다. 인류의 생존이 도박판 위에 있습니다.

2. 자본주의 이후의 새로운 리더십

자본주의하의 기업들에서 행한 설문조사에 따르면 직무만족도의 80%가 상사와의 관계에 달려 있다고 나타납니다. 긍정적이든 부정적이든 간에 관리자는 일에 대한 생각에 큰 영향을 미칩니다.

이익과 사적인 욕망이 자본주의의 주요 목적이기에 많은 사람들이 부자가 되고 유명해지고 권력을 얻기 위한 목적으로 정치 · 경제 · 사회의 지도자가 되려고 합니다. 이상주의자들조차도 돈이 선거 승리에 결정적인 영향을 준다는 것을 배우게 되면 비관론자가 되거나 타락하곤 합니다.

프라우트 사회의 목표는 어떤 개인이 최선을 다해 부유해지는 것이 아닙니다. 생태적으로 지속 가능하게 모든 사람의 삶의 질을 높이는 것입니다.

이상적이고 도덕적인 지도자는 다른 사람들의 본보기가 되어 그들이 향상을 위해 노력할 수 있도록 가장 높은 수준의 모범을 보여야 합니다. 장애와 도전을 만났을 때 정신적인 균형을 유지하기 위해서는 영적인 수행이 꼭 필요합니다.

영적 지도자의 자질은 다음과 같습니다.

진실됨　도덕성　부지런한　책임감　봉사정신　용기　힘을 주는
겸허함　비전을 가진　평화로운　연민 어린　건강한 영성　지혜로운

스스로를 불의와 착취에 맞선 도덕적 용기의 모범으로 삼아 자기를 갈고 닦으면 누구나 이러한 자질을 계발할 수 있습니다. 그들은 모두의 복지를 위해 기꺼이 인류를 이끌고 나가야 합니다.

사카르는 네 가지 심리적 수준 또는 유형을 발견하고 이상적인 지도자는 이 네 가지의 최고의 자질들을 모두 계발해야 한다고 주장했습니다.

노동자: 성실함, 단호함, 겸허함
전사: 용감함, 훈련된, 순종함
지식인: 진실에 대한 두려움 없는 탐구, 성찰하는, 예술의 배양자
기업가: 자원과 사람들을 잘 조직하는, 세부 사항에 주목하는, 검소함

도덕적인 사람이 되는 것은 고귀한 목표이지만 오늘날의 복잡한 세계에서는 그것만으로는 부족합니다. 왜냐하면 대부분의 사람들이 뇌물의 액수가 작을 때는 유혹을 거부할 수 있지만 그 규모가 엄청나게 큰 경우 그 유혹을 거부하기가 어렵습니다. 이것이 바로 영성이 새로운 리더를 생성하는 과정에서 핵심적인 역할을 하는 이유입니다.

영적인 관점에서 바라보는 사람은 조화 속에 살면서 모든 생명체에 대한 봉사로 함께하고 더 높은 목적을 위해 자신의 삶을 바칩니다. 물질적인 쾌락에서 행복을 찾는 물질주의자는 물질적 부에 유혹받게 되고 사회의 리더로 신뢰받지 못합니다.

모든 영성주의자들은 이것을 귀한 소명으로 받아들여야 하고 가장 고귀한 행실의 모범을 세워 다른 사람이 닮고 싶어 하도록 영감을 주어야 합니다. 함께, 우리는 세상을 바꿀 수 있습니다.

노동해방

- 마르크스의 약속

강신준*

* 동아대학교 교수

I. 문제 제기: 자본주의의 유효성과 전환의 계기

영원히 지속되는 경제체제란 존재하지 않는다. 경제체제를 만드는 인간이 유기체로서 언젠가 생명이 끝나듯이 사회제도도 그런 유기체의 운명을 그대로 따르기 때문이다.(Marx, 1979: 26쪽) 역사는 우리에게 이 사실이 진리라는 것을 확인시켜 준다. 인류가 만든 경제체제는 역사적으로 원시공산제·노예제, 봉건제의 여러 형태를 거쳐 왔고, 지금 우리는 그 형태의 가장 최근의 모습으로 자본주의라는 경제체제와 맞닥뜨리고 있다. 그런데 이 자본주의도 이제 그 유기체적 생명이 다하고 있는 모습을 보이고 있다. '점령하라' 운동의 확산과 미국 대선의 '샌더스 돌풍'에서 볼 수 있듯이 이 체제에 부정적인 견해와 태도를 보이는 사람의 숫자가 점점 늘어나고 있고, 체제 그 자체도 자신의 모순을 이기지 못하고 분명한 위기의 모습을 보이고 있다. 2008년 금융위기 이후 자본주의는 아직 출구를 찾지 못하고 있고, 이제 사람들은 우리가 지금까지 알고 있던 자본주의가 명백히 끝났다는 얘기를 공공연히 하고 있다. 『자본주의 4.0』(Kaletsky, 2010: 1)과 같은 담론은 바로 그런 현상을 잘 대변해 주고 있다.

하지만 역사적으로 자본주의가 체제적 위기를 맞은 것이 이번이 처음은 아니다. 자본주의의 첫 번째 위기는 1857년에 닥쳤고 이 위기는 당시 세계 자본주의의 중심이던 영국에서 은행법의 정지와 자유무역주의에 의해 극복되었다. 위기를 극복할 복음은 '자유'였고 그것은 고전경제학에서 나왔다. 애덤 스미스의 '보이지 않는 손'에 의한 조화로운 해결책이 그 원천이었다. 두 번째 위기는 1929년 찾아왔다. 고전경제학의 처방이 효력을 잃었고 새로운 위기 상황에서 케인스가 등장하였다. 그는 시장이라는 '보이지 않는 손' 대신 국가라는 '보이는 손'으로 위기를 해결하였다. 케인스는 노동시간의 획기적인 단축과 인류 공동의 번영을 약속하였고, 그 약속은 제2차 세계대전 이후 30여 년의 장기번영을 통해 부분적으로 이루어졌다. 하지만 그의 약속도 1970년대 접어들면서 빛을 잃었고 자본주의는 다시 위기를 맞았다. 이번에는 국가 대신 화폐를 신봉하는 사람들이 '모두의 번영'을 약속하면서 1980년대에 등장하였지만 그 약속 또한 실현되지 않았고 오히려 현실은 정반대의 환멸을 키워갔다.

2005년 징후가 나타나기 시작하였고 2008년 결정적인 형태로 파국이 밀어닥쳤다. 위기는 구조적인 것이었고 많은 처방이 제시되었지만 백약이 무효였다. 징후가 나타난 지 10년이 넘었지만 아직 뚜렷한 대안이 전혀 제시되지 못하고 위기의 출구는 불투명한 상태다. 자본주의는 그동안 세 번의 위기에서 세 번의 약속을 제시하였고, 그들 약속은 모두 단기적인 처방이거나 아예 공수표에 불과하였다. 그나마 이제 네 번째 위기에서는 어떤 약속도 더 이상 제시되지 못하고 있다. 현재의 위기가 앞서의 위기들과 다른 이유이다. 그렇다면 이제 자본주의를 위기에서 구출할 대안은 정말 더 이상 없는 것일까? 우리는 이 위기를 고스란히 감내하고 마치 태풍이 지나가기만을 기다리듯이 마냥 손을 놓고 자연이 그것을 수습해 줄 때까지 기다리고 있어야만 하는 것일까?

하지만 이 문제와 관련해서 많은 사람들이 알고 있으면서도 애써 외면하려고 하는 불편한 진실이 한 가지 있다. 1857년 최초의 위기가 닥쳤을 때 자본주의의 위기를 해결할 대안은 이미 제시되어 있었다는 사실이다. 해답을 제시한 사람은 마르크스였고 그 해답은 그의 주저인 『자본론』에 담겨 있다. 하지만 여기에도 문제는 있었다. 마르크스는 생전에 『자본론』을 완성하지 못하였고 따라서 그의 해답도 미완성인 채로 단서만 남기고 있을 뿐이다. 게다가 나중에 살펴보겠지만 그가 제시한 해답은 당장 실천하기도 쉽지 않다. 그래서 지금까지 해답이 완전히 실현된 곳은커녕 그의 해답을 막상 실행에 옮긴 곳조차 그다지 많지 않으며, 그나마 실행에 옮긴 곳에서도 매우 더디게 나아가고 있을 뿐이다. 그러나 우리가 지금 당면하고 있는 상황은 다른 선택의 여지를 허락하고 있지 않다. 마르크스의 해답은 지금 우리에게 남겨진 유일한 약속이기 때문이다.

마르크스의 약속은 '노동해방'으로 압축된다. 그의 약속이 우리에게 던지는 함의는 분명하다. 자본주의의 미래에 대한 대안이 더 이상 남아 있지 않은 상태에서 현재 지구상에서 대안의 단서를 발견할 수 있는 유일한 곳은 북유럽이며 이들 북유럽의 현재는 바로 마르크스의 약속을 실현한 결과물이라는 것이다. 그러나 물론 현재 북유럽의 상태가 마르크스 약속의 최종적인 결과는 결코 아니다. 마르크스의 약속은 그가 스스로 밝혔듯이 하나의 '과정'(Marx, 1979: 26)일 뿐이고 북유럽은 바로 그런 과정의 길 위에 서 있기 때문이다. 그런 의미에서 그의 약속은 완성된 해답으로 주어져 있는 것이 아니라 오히려 미래에 만들어 나가야 할 하나의 과제로 남겨져 있다. 이런 사정 때문에 그의 약속은 많은 오해와 망설임을 불러일으키곤 한다.

게다가 특이하게도 마르크스는 자신의 진면목보다는 제3자를 통한 풍문으로 더 많이 알려져 있다. 많은 사람들은 마르크스를 언급하면서도 의식적으로 그를 회피하려는 경향이 보였고(원, 2007) 그의 약속은 갖가지 정치적 의도로 왜곡되어 논란의 대상이 되곤 하였다. 게다가 그가 남긴 글은 아직 전집으로는 물론 정본으로도 모두 출판되지 않았다. 그의 글에 대한 유일한 정본인 『MEGA(Marx-Engels Gesamtausgabe, 마르크스-엥겔스 전집)』는 아직 114권의 목표 분량 가운데 겨우 62권(2015년 말 기준)밖에 출판되어 있지 않은 상태이다. 요컨대 그는 아직 전모가 드러나지 않은 학자이다(Kautsky, 1955: 457; 정문길, 2008: 633). 마르크스는 우리에게 가장 잘 알려진 학자이면서 가장 덜 알려진 학자이기도 한 것이다. 우리나라에서는 이런 사정이 분단이라는 특수한 상황 때문에 더욱 그러하였다.

자본주의의 미래와 대안의 논의에서 마르크스의 약속이 유일하고 최종적인 것이 될 수 없는 것은 당연한 일이다. 그의 시대와 우리의 시대 사이에는 인간의 능력을 벗어나는 시간적 간격이 존재하기 때문이다. 그러나 우리가 지금 몸담고 있는 자본주의라는 경제체제는 그가 살던 시대로부터 이어져왔고 이 체제의 미래는 그것의 과거로부터 자유롭지 않다. 그래서 마르크스의 약속도 이 체제의 역사적인 궤적을 따라 지금 우리에게 이어지고 있는 부분이 있다. 2013년 유네스코가 그의 원고를 〈인류의 기록유산〉으로 선정한 것도 그의 약속이 시대를 뛰어넘는 이런 보편성을 담고 있다고 인정했기 때문일 것이다. 이 글에서는 150년 전에 만들어진 마르크스의 약속이 시대적인 한계에도 불구하고 여전히 우리에게 던지고 있는 함의가 무엇인지를 정리하고, 그것이 자본주의의 미래를 위해 우리에게 어떤 과제를 제시해 주고 있는지를 찾아보고자 한다.

II. 왜 노동해방인가?

마르크스의 약속은 왜 '노동해방'이었을까? 그의 약속이 최종 목표로 내세웠던 이 말의 의미를 이해할 수 있는 단서는 그의 연구의 출발점에서 찾아볼 수 있다. 마르크스가 경제문제에 대한 연구를 시작할 당시 그에게 출발점을 제공해 준 것은 고전경제학이었다. 마르크스는 고전경제학의 가장 중요한 과학적 성과가 부의 실체를 최초로 찾아낸 것에 있다고 보았다.(Marx, 1979:

50/51) 고전경제학의 창시자라고 할 수 있는 애덤 스미스는 그것이 곧 인간의 노동임을 밝혀내었다.(Smith, 2007: 28-29) 우리가 대개 노동가치론이라고 부르는 것이다. 그런데 마르크스는 이 과학적 진리가 당시 그가 당면해 있던 경제적 현실과 일치하지 않는 사실에 주목하였고 그것을 자신 연구의 출발점으로 삼았다.

마르크스가 목도하고 있던 19세기 중반의 자본주의에서는 부를 직접 만들어 내는 노동자들이 지독하게 가난하였다. 이른바 '노동빈곤'이라는 현상이다. 최근 우리나라에서 유행하고 있는 '헬조선'이라는 말도 바로 노동하는 사람들이 먹고살기 어려운 상황을 대변하고 있다는 점에서 마르크스의 출발점은 우리의 현실과 일치하고 있다는 것을 확인할 수 있다. 부의 실체가 인간의 노동이라는 과학적 진리와 정작 그 부를 만들어 내는 노동자들이 가난하다는 현실의 충돌이 마르크스의 연구의 출발점이 되었다. 그것은 곧 다음과 같은 의문으로 이어졌다. "노동자들은 왜 자신이 만들어 낸 부로부터 분리되는가?"

그것은 경제구조의 변화에서 비롯된 것이었다. 자본주의 이전 경제체제는 자급을 목표로 하고 있었고, 이런 경제구조에서는 생산과 소비가 일치한다. 따라서 생산에 들어간 노동의 크기가 부의 크기를 결정하고 그것이 그대로 소비를 결정한다. 따라서 많은 노동을 생산에 투입한 사람은 많은 부를 소비한다. 이른바 '개미와 베짱이의 우화'가 그대로 실현되는 것이다. 하지만 자본주의가 되면서 자급적 경제구조는 교환에 의존하는 경제구조로 변화한다. 교환경제에서는 생산과 소비가 분리되고 중간에서 교환이 양자를 매개한다. 이런 경제구조에서는 당연히 생산에 투입된 노동이 소비되는 부와 분리된다. 부를 생산한 노동자가 부로부터 분리되는 것이다. 이것이야말로 노동빈곤을 만들어 내는 자본주의의 특징이라고 마르크스는 생각하였다.

그러나 물론 생산과 소비가 분리된다고 해서 저절로 노동빈곤이 발생하는 것은 아니다. 그것은 하나의 가능성을 제공할 뿐이다. 노동빈곤이 실제로 이루어지기 위해서는 노동자들이 만들어 낸 부가 노동자들의 손에서 빠져나가야 한다. 그것은 어떻게 이루어지는 것일까? 마르크스는 노동빈곤의 가능성을 만들어낸 것이 생산과 소비를 분리시킨 교환이라는 점에 주목하였다. 교환에 어떤 비밀이 숨겨져 있는 것이다. 그러나 교환은 원래 같은 것끼리 바꾸는 것이다. 교환을 수식으로 표현할 때 등호(=)로 표기하는 것도 그 때문이다. 그런데 어떻게 교환을 통해서 노동자들이 생산한 부가 그들의 손에서 빠져나갈 수 있을까? 먼저 여기에서 문제가 되는 것이 부, 즉 인간의 노동이라는 점에 주목할 필요가 있다. 교환되는 것은 부이고 부의 크기는 인간의 노동량에 의해 결정된다. 인간의 노동량은 노동시간으로 계산된다. 즉 교환에서 노동자들의 손에서 빠져나가는 것은 노동시간인 것이다.

그런데 인간의 노동시간은 모든 인간에게 동일하게 주어져 있다. 인간은 누구나 똑같이 하루에 24시간이라는 자연적으로 부여된 시간을 가지고 있다. 노동시간은 이 시간 가운데 노동에 사용하는 시간이며 그것은 모두에게 거의 비슷할 수밖에 없다. 주어진 시간을 모두 노동에 사용할 수 없으며 일정 시간은 휴식이나 기타 생리적으로 필요한 용도에 사용해야 하기 때문이다. 그렇다면 누구나 똑같이 가진 것을 똑같이 교환하는데 어떻게 노동자들의 손에서만 노동시간이 빠져나간다는 말인가? 그것은 사실 교환을 통해서 빠져나가는 것이 아니다. 교환에서는 그런 것이 불가능하기 때문이다. 마르크스는 그 교환의 배후에 생산이 숨겨져 있고, 그것이 노동자들로부터 노동시간이 빠져나가도록 만든다고 밝혀내었다. 마르크스의 주저 『자본론』은 바로 이 과정을 엄밀하게 과학적인 방식으로 논증한 것이다.

마르크스의 설명을 요약하면 다음과 같다. 노동을 통해 부를 생산하기 위해서는 두 가지 요소가 필요한데 하나는 인간의 노동력이고 다른 하나는 자연적 요소이다. 후자를 마르크스는 생산수단이라고 부른다. 자본주의 이전에 이들 두 요소는 노동자가 모두 가지고 있었지만, 자본주의가 되면서 이들 두 요소는 분리되어 두 부류의 사람이 각기 한 가지씩을 나누어 갖게 된다. 노동력만을 가진 사람과 생산수단을 가진 사람으로 나누어지는 것이다. 그런 다음 노동력을 가진 사람은 생산수단을 가진 사람에게 자신의 노동력을 제공하여 노동시간을 만들어 낸다. 이 노동시간 가운데 일부는 노동력을 제공한 사람에게 임금으로 지불되고 나머지는 생산수단을 제공한 사람이 갖는다. 즉 노동하는 사람의 노동시간을 두 사람이 나누어 갖는 것이다(Marx, 1979: 207~208).

이처럼 자본주의에서 노동시간은 두 부분으로 나누어져서 한 부분은 그것을 생산한 사람에게, 다른 한 부분은 노동하지 않은 다른 사람에게 돌아간다. 노동시간이 이처럼 두 부분으로 나누어지는 것, 바로 이것이 '노동빈곤'의 원인인 것이다. 그것이 빈곤인 까닭은 노동자에게 돌아가는 노동시간이 너무 적기 때문이며 그것은 곧 노동하지 않는 다른 사람에게 돌아가는 노동시간이 너무 많기 때문이다. 결국 모든 문제의 원인은 타인에게 돌아가는 노동시간에 있다. 마르크스는 이것을 잉여가치라고 불렀다. 자본주의에서 부의 실체가 되는 노동시간을 가치라고 부르며 타인에게 빼앗기는 노동시간은 노동자에게 돌아가는 부분을 공제하고 남은 부분이기 때문이다. 마르크스의 약속은 바로 이 노동시간으로부터의 해방이었다. 그의 약속이 '노동해방'이라고 불리는 까닭이다. 그것은 바로 타인에게 빼앗기는 노동시간으로부터의 해방을 뜻하는 것이다(Marx, 1987: 827).

하지만 여기까지만 놓고 보면 노동해방은 단순히 잉여가치를 빼앗기는 노동자들의 이해와 관련된 문제로만 보인다. 잉여가치를 빼앗는 사람의 이해는 여기에 반영되어 있지 않다. 무엇보다도 경제적 이해에 있어서 한 사람의 이해를 위해 다른 한 사람이 쉽사리 양보를 할 수 있을까? 그래서 그것은 도덕적인 문제로만 보일 수 있다. 그러나 경제문제에서 이런 도덕적 관점이란 얼마나 비현실적인 것인가? 마르크스 자신도 바로 이 점을 지적하고 있다.(Marx, 1979: 249) 마르크스의 약속을 대개 '유토피아'와 구분하여 '과학'이라고 부르는 이유는 그가 이 문제를 단순히 도덕적인 문제로만 돌리지 않았다는 점에 있다. 마르크스는 노동해방이 노동자들의 주관적인 희망이 아니라 자연의 필연적인 법칙 때문에 이루어질 수밖에 없다는 점을 논증하였다.

그는 두 개의 노동시간이 각기 사용되는 용도에 주목하였다. 두 개의 노동시간 가운데 노동자에게 지불된 부분은 노동자의 소비에 사용된다. 그런데 나머지 한 부분, 즉 잉여가치를 이루는 부분은 노동하지 않는 사람에게 돌아가는데 이 사람은 잉여가치를 자신의 소비에 모두 사용하지 않는다. 그가 애초 노동자와의 교환에 참여한 목적은 돈을 더 많이 버는 것에 있다. 돈을 더 많이 벌기 위해서는 노동력을 더 많이 구매해야 한다. 노동력이 잉여가치의 원천이기 때문이다. 그래서 그는 잉여가치 가운데 일부만 자신의 소비에 사용하고 나머지는 모두 생산에 투입한다. 결국 생산된 노동시간은 모두 소비에 사용되지 않고 일부는 다시 생산에 투입된다. 이것은 곧 생산이 소비에 비해 과잉인 상태를 의미한다. 이처럼 생산이 과잉인 상태는 부분적으로는 경제 내부의 각 부문별 생산과 소비의 시차 때문에 상쇄되기도 하지만 전체적으로는 불일치의 상태를 벗어날 수 없다. 경기가 상승할 경우 생산은 더욱 확대되어 이 불일치는 더욱 심화되고 결국 불일치가 더 이상 조정될 수 없는 상태가 온다. 파국이 닥치는 것이다. 이것이 바로 자본주의 위기의 본질이다.

자본주의 초기 이 위기는 '보이지 않는 손'에 의해 해결되었는데, 그것은 곧 자유무역이라는 상업의 확대를 통해 부족한 소비를 계속 채워 넣었기 때문이다. 더 이상 상업의 확대가 불가능해지면서 두 번째 위기가 발생하였고 케인스는 부족한 소비를 국가가 담당하도록 함으로써 위기를 해소하였다. 정부 지출의 확대였던 것이다. 그러나 정부의 재정 적자가 한계에 이르면서 세 번째 위기가 발생하였고, 빚을 통해 부족한 소비를 채워 넣으려고 한 것이 신자유주의라고 부르는 것이었다. 그러나 누구나 알다시피 빚은 결국 갚아야 하는 것이기 때문에 빚을 무한히 늘릴 수 없었고 자본주의는 다시 위기를 맞은 것이다. 이들 위기의 공통된 점은 모두 생산의 과잉과 소비의 부족에 있고 마르크스는 그것이 자본주의 체제의 본질과 관련된 잉여가치에서 비롯된 것이라는 점을 밝혔던 것이다.

마르크스는 도덕적인 관점이 아니라 구조적인 관점에서 자본주의가 위기로부터 벗어나기 위해서는 잉여가치의 생산으로부터 벗어나야 한다고 주장한 것이다. 그러므로 노동해방이라는 마르크스의 약속은 주관적인 것이 아니라 객관적인 것이며 자의적인 것이 아니라 필연적인 것이기도 하다. 마르크스의 약속이 과학인 까닭이 바로 여기에 있다. 이 노동해방이 바로 다른 사람에게 빼앗기는 노동시간의 철폐, 다시 말해 노동시간의 단축에 있다는 점을 마르크스는 『자본론』에서 분명하게 밝히고 있다(Marx, 1987: 828).

III. 약속은 어떻게 이루어지는가: 실천의 과학

마르크스는 잉여가치로부터 벗어나는 노동해방이 자본주의의 위기를 구출할 수 있다고 약속하였다. 그런데 해답을 찾아내는 것도 쉬운 일은 아니지만 해답을 실현하는 것은 더더욱 어려운 법이다. 마치 고양이 목에 방울을 다는 것이 문제인 것과 마찬가지이다. 마르크스는 약속만 한 것이 아니라 그 약속을 실현할 수 있는 방법을 함께 제시하였고, 그 점에서 19세기의 다른 모든 사상가들을 앞지르고 있다. 그는 사신이 제시한 약속이 실현되기 위해서 두 가지 요소가 필요하다고 얘기하였다. 대개 변증법적 유물론이라고 불리는 그의 방법론이다. 하나는 약속을 실현할 주체의 의지이고 다른 하나는 실현의 과정을 지배하는 객관적 자연법칙이다.

첫 번째 요소인 주관적 의지는 노동해방의 목표가 되는 잉여가치가 노동자 자신의 노동시간 속에 포함되어 있다는 점과 관련되어 있다. 잉여가치는 노동자 자신이 만들어 내는 것이며 따라서 이것으로부터의 해방은 노동자 자신이 그것을 더 이상 만들지 않음으로써만 이루어질 수 있다는 것이다. 이와 관련된 하나의 일화가 있다. 마르크스가 자신의 딸과 주고받은 노트 속에 '역사상 가장 존경하는 인물'이 누구인지를 묻는 항목이 있었는데 마르크스는 여기에 '스파르타쿠스'라고 기록하였다.(강신준, 2014: 172) 그 이유는 이 검투사 노예가 자신의 발목에 채워진 족쇄를 주인이 풀어 주기를 기대한 것이 아니라 자신의 힘으로 풀어 버렸다는 점에 있다. 해방은 외부의 메시아가 기적을 행하여 이루어 주는 것이 아니라는 것이다. 해방은 거기에 예속되어 있는 사람 자신이 스스로의 노력과 힘에 의해서만 이루어진다는 것이다.

그런데 의지는 이런 노동해방을 어떻게 이루어 낼 수 있을까? 노동해방이 필요한 이유는 노동빈곤에서 비롯된 것이며, 자본주의는 노동자의 노동시간을 두 부분으로 나눔으로써 노동빈곤을 만들어 냈다. 노동시간이 두 부분으로 된다는 것은 그것이 두 사람 사이의 관계로 이루어져 있다는 것을 의미한다. 즉 노동하는 사람과 노동하지 않는 사람의 관계인 것이다. 마르크스는 자본주의의 본질을 바로 이 관계로 파악했으며 주체적 의지가 이 관계를 새로운 관계로 만들어야 한다고 보았다. 노동빈곤은 이 두 사람 사이의 관계가 상호 적대적인 성격을 띠고 있기 때문에 발생한다. 즉 자본주의적 관계는 한 사람의 몫을 다른 한 사람이 빼앗아 가는 구조인 것이다. 그래서 한 사람의 몫이 커지면 다른 한 사람의 몫은 줄어들고, 노동빈곤은 노동하지 않는 사람의 몫이 지나치게 크기 때문에 발생한다.

그렇다면 노동빈곤을 해결하기 위해서는 노동하지 않는 사람의 몫을 줄이거나 없애고 노동하는 사람의 몫을 늘리면 되는 것일까? 사람들은 보통 그렇게 생각하기 쉽고 마르크스가 살던 시기에도 그렇게 생각하는 사람이 많았다. 그러나 마르크스는 그것이 해법이 아니라고 보았다. 그는 이 적대적인 관계 그 자체를 바꾸어야만 진정한 해법이 만들어진다고 보았던 것이다.(Marx, 1979: 793) 적대적인 관계를 바꾸지 않으면 두 사람의 자리만 바뀔 뿐 '노동빈곤'이라는 현상은 여전히 그대로 남는다. 역사는 이것을 숱한 사례로 보여준다. 마르크스 자신이 경험한 1848년 혁명의 실패, 20세기 중반 캄보디아에서 크메르루주에 의해 저질러진 대학살의 비극, 20세기 말 민주주의를 갈망하는 '중동의 봄'이 아무런 사회문제도 해결하지 못하고 오히려 시리아 내전의 비극을 만들어 낸 것 등이 모두 그런 것들이다.

마르크스는 두 사람의 관계의 성격이 바뀌어야 한다고 보았고, 그것은 두 사람의 의지가 대립적인 성격에서 통일적인 성격으로 바뀌는 것을 의미한다. 즉 두 사람이 서로의 차이를 강조하는 관계에서 서로 공통된 부분을 강조하는 관계로 바뀌는 것을 의미한다. '나'와 '너'라는 차이에서 '우리'라는 공통의 관계로 바뀌는 것이다. 이런 공통된 부분을 마르크스는 유적 본질(Gattungswesen)이라고 불렀다. '우리'는 '나'와 '너'가 없어지는 것이 아니라 이들 둘을 전제로 하고 있으며 동시에 이들 둘을 하나로 합치는 개념이다. 즉 그것은 차이를 인정하면서도 그것을 보다 넓은 의미로 통합하는 의미가 있다. 이처럼 차이를 통합으로 끌어올리는 것을 지양(Aufheben)이라고 부르며, 이런 변화를 변증법이라고 부른다. 마르크스가 노동해방을 위한 요소로 이야기한 주체적 의지는 바로 이런 관계의 변화를 의미한다. 즉 해방을 스스로의 힘으로 이룩한다는 말의 의미는 타인에 대해서 적대적인 의지를 타인과의 통일적 의지로 바꾼다는 것이다(Marx, 1979: 28).

"세상은 내 의지대로 변하지 않아!" 우리가 흔히 하는 이 말은 의지만으로 세상이 바뀌지 않고 노동해방도 역시 마찬가지라는 것을 직설적으로 나타내고 있다. 마르크스가 두 번째 요소를 얘기한 것은 바로 그 때문이다. 의지가 달성하려는 노동해방은 사실상 자본주의라는 경제체제를 바꾸는 일이고, 경제체제는 인간의 의지와는 무관하게 자신만의 독자적인 변화의 법칙을 따르기 때문이다. 마르크스는 인간의 의지가 이 법칙을 뛰어넘을 수 없고 오히려 의지가 이 법칙을 따라야만 의지를 실현할 수 있다고 보았다. 즉 의지가 이 법칙과 결합해야만 한다는 것이다. 대개 우리가 유물론이라고 부르는 것이다(Marx, 1979: 26). 그렇다면 도대체 이 법칙은 무엇인가? 마르크스는 모든 사물은 변화하며 그 변화에는 일정한 방향으로 나아가는 자연의 법칙이 존재한다고 보았다. 그 법칙의 원리는 우리가 방금 의지를 논의하면서 잠깐 보았던 변증법이라는 것이다.

마르크스는 무엇보다도 이 법칙이 유기체의 발전 법칙과 일치한다고 보았다(Marx, 1979: 27). 유기체는 탄생과 성장, 그리고 쇠퇴와 소멸의 길을 밟는다. 유기체는 처음 어머니의 몸을 빌려 탄생하고 부모의 도움을 받아 점차 성숙해간다. 성숙의 일정 단계에 이르면 그는 부모를 능가하면서 부모로부터 독립한다. 하지만 이런 성장은 결국 정점에 이르고 그다음에는 쇠퇴의 길로 접어들어 최종적으로 소멸에 이른다. 하지만 성숙의 정점에서 유기체는 자신의 내부에서 새로운 유기체를 낳고 이것이 그의 소멸을 대신하여 새로운 과정을 밟아 간다. 마르크스는 사회체제도 이와 꼭 마찬가지의 과정을 밟는다고 보았다. 그래서 그는 자본주의가 선행하는 경제체제인 봉건제의 내부에서 탄생하여 봉건제 내에서 점차 성숙해 가다 결국 봉건제가 몰락하면서 그 뒤를 이어 독립된 경제체제로 자리를 잡았다고 보았다(Marx, 1979: 789).

그렇다면 자본주의는 이제 결국 성숙의 정점을 거쳐 쇠퇴의 길로 접어들 것이고 동시에 자신의 성숙의 정점에서 자신의 뒤를 이을 새로운 사회체제를 키우고 있을 것이다. 마르크스는 바로 이 새로운 경제체제에 노동해방의 의지를 결합시켜야 한다고 보았다. 그렇다면 그런 새로운 경제체제는 과연 어떤 것일까? 부모에게서 태어난 유기체는 반드시 부모를 닮아 있다. 성숙이라는 것은 결국 부모를 닮아 가는 과정이기도 하다. 경제체제의 경우도 마찬가지이다. 그렇기 때문에 자본주의의 성숙은 자본주의 이후 경제체제의 성격을 결정한다. 자본주의가 봉건제의 뒤를 이어 성숙해 간 법칙을 마르크스는 생산력의 증가로 파악하였다. 자본주의는 봉건제에 비하여 생산력을 더욱 높일 수 있었고 그것을 통해서 봉건제의 뒤를 계승하였다는 것이다.

봉건제는 원래 자급을 목표로 하는 경제체제이고 이를 위해 장원이라고 부르는 자급 단위의 생산력을 이루고 있었다. 각 장원은 자신의 생산력을 오로지 자급을 위해 조직하였고 따라서 그것은 각기 개별적으로 독립되어 있었다. 다른 장원과의 교류는 거의 없었다. 그런데 자본주의는 이들 장원의 독립성을 해체하고 이들을 교환을 통해 연결하면서 시장으로 통합한 경제체제이다. 각 장원의 생산력은 다른 장원의 생산력과 결합되었다. 장원에 소속된 생산자들은 혼자서 생산하다가 여럿이 함께 모여 생산하게 된 것이다. 역사적으로는 독립 수공업자가 매뉴팩처로 조직되어 집단적 생산력을 이루게 된 것이다. 개별 생산력은 집단적이고 사회적 성격으로 바뀌게 되었다. 그런데 사회적 생산력은 개별 생산력에 비해 훨씬 높은 생산력을 발휘한다. 다른 사람과 비교되면서 생산력을 높일 유인이 발생하고, 혼자서는 할 수 없던 일을 할 수 있게 되었으며, 특히 분업이라는 작업 조직은 생산력을 획기적으로 높여 주었다. 자본주의의 성숙은 바로 이런 생산력의 증가로 이루어진 것이다(Marx, 1979: 458; Marx, 1987: 827).

그렇다면 자본주의 이후의 경제체제는 어떤 것이 될 것인가? 무엇보다 생산력이 더 높아야 한다. 노동해방의 의지가 실현되기 위해서는 자본주의보다 더 높은 생산력을 발휘할 수 있는 경제체제와 결합해야 하는 것이다. 마르크스는 주체적 의지에서 찾아낸 '우리'라는 개념 속에서 그 해답을 찾고 있다. 생산력은 부를 생산할 수 있는 힘인데 자본주의에서 부는 인간의 노동시간이다. 그렇다면 부의 증가를 의미하는 생산력의 증가는 바로 이 노동시간의 증가를 의미한다. 자본주의는 노동자의 노동시간을 두 부분으로 만들어 잉여가치라는 부분을 증가시킴으로써 바로 이런 생산력의 증가를 이룩했던 것이다. 하지만 자본주의의 위기에서 우리가 보았듯이 바로 그 잉여가치는 생산과 소비를 불일치시켜 위기를 만들어 내는 원인이기도 하였다. 자본주의 생산력의 한계는 바로 이 점에 있다. 따라서 자본주의 이후의 경제체제는 바로 이 잉여가치를 소비로 연결할 수 있는 것이어야 한다. 그것만이 생산과 소비를 일치시킬 수 있고 자본주의의 위기를 해결하는 방법이기 때문이다.

그런데 우리는 그 해답을 쉽게 찾을 수 있다. 노동자의 노동시간 가운데 곧바로 소비와 연결되는 부분은 노동자 자신에게 지불되는 임금부분이다. 즉 노동하는 사람의 노동시간은 소비와 직접 연결되는 것이다. 그것은 생산과 소비의 불일치와 아무런 관련이 없다. 하지만 잉여가치는 노동하지 않는 사람의 몫이고 이 사람은 노동하지 않고 계속 돈을 벌기 위해 자신의 몫을 소비하지 않고 생산에 사용한다. 생산과 소비의 불일치는 바로 여기에서 발생한다. 따라서 이 잉여가치가 노동하는 사람의 몫으로 바뀌면 생산과 소비의 불일치를 해소할 수 있고 그것은 자본주의가 한계에 부딪친 생산력을 더욱 발전시킬 수 있다. 그러면 잉여가치는 어떻게 노동하는 사람의 노동시간으로 바뀌는가? 잉여가치를 가져가는 노동하지 않는 사람이 노동하는 사람으로 바뀌면 된다. 즉 노동하는 사람과 노동하지 않는 사람으로 구별되던 관계가 둘 모두 노동하는 사람의 공통된 성격으로 바뀌면 되는 것이다(Marx, 1979: 791). 마르크스는 이런 방식으로 주관적 의지와 사회체제의 자연법칙을 일치시킬 수 있다고 그 방법을 제시하였다. 19세기 말 마르크스의 해답을 전해 받은 유럽의 노동자들 가운데 일부는 이 해답을 실천에 옮겼다. 그러나 그 실천에도 많은 문제들이 있었다. 그 실천은 우리에게 어떤 교훈을 남기고 있을까?

IV. 약속은 얼마나 이루어졌는가

마르크스의 약속이 '불편한 진실'이 된 것은 그것의 실천적 경험과 상당 부분 관련이 있다. 그 경험이 모두 충분히 만족할 만한 것이 아닌 데다 서로 매우 다른 결과를 보여주고 있어서 약속의 평가를 둘러싸고 혼선이 빚어지고 있기 때문이다. 실천적 경험은 크게 두 가지 유형으로 나누어진다. 하나는 러시아혁명이고 다른 하나는 독일혁명에서 시작되어 북유럽으로 확대된 경험이 바로 그것이다. 하지만 이들 두 경험 모두 마르크스의 약속이 실현된 것으로 보기는 어렵다. 전자는 실패하였고 후자는 아직 미완의 상태에 머물러 있기 때문이다. 그러면 마르크스의 약속은 이루어질 수 없는 것일까? 이들 두 실천적 경험을 통해서 그 답을 찾아보도록 하자.

러시아혁명과 그 결과로서의 소비에트연방공화국(소련으로 줄여서 부르기로 한다)의 역사적 경험은 마르크스의 약속에 가장 부정적인 영향을 미쳤고 지금도 여전히 그런 작용을 하고 있다. 이 경험을 이해하는 데에는 소련의 성립 초기에 있었던 하나의 논쟁을 떠올리는 것이 중요한 길잡이가 될 수 있다. 당시 마르크스주의 진영 최고의 이론가로 손꼽히던 카를 카우츠키(Karl Kautsky)와 러시아혁명을 통해 소련을 건설한 볼셰비키 지도자 레닌 사이에 전개된 '프롤레타리아 혁명' 논쟁이 바로 그것이다(Kautsky, 1918a, 1918b, 1919, 1921; Lenin, 1918; Trotzki, 1920). 논쟁의 핵심은 소련이 마르크스의 약속을 실현할 수 있을지의 여부에 대한 것이었다. 카우츠키는 마르크스의 약속이 실현되기 위해서는 주체적 의지와 객관적 자연법칙이 결합할 수 있는 조건이 필요하며, 당시의 러시아는 이 조건이 아직 충분히 성숙하지 않았기 때문에 약속이 실현될 수 없다고 주장하였다. 반면 레닌은 그런 조건이 반드시 필요한 것이 아니며 러시아의 조건에서도 약속은 실현될 수 있다고 주장하였다.

이 논쟁은 두 가지 교훈을 남겨 주고 있다. 하나는 약속의 실현 조건이란 것이 정말 반드시 필요한 것인지의 여부와 그런 조건이 갖추어지지 않은 경우 약속의 실천은 어떤 결과를 만들어 내는지에 대한 것이다. 논쟁의 해답은 소련의 역사적 경험이 잘 말해 주고 있다. 1917년 제1차 세계대전의 여파로 러시아에서는 혁명이 발발하였고 뚜렷한 혁명의 주도 세력이 없는 상태에서 마르크스주의자들인 볼셰비키가 권력을 잡았다. 볼셰비키는 차르가 통치하던 제정에서 공화정으로 이행하기 위해 제헌의회를 구성할 선거를 실시하였다. 그런데 선거 결과는 볼셰비키의 기대를 저버렸다. 볼셰비키는 25%밖에 지지를 받지 못하였고, 볼셰비키의 정적이라고 할 수 있는 사회혁명당이 57%의 지지를 받아 다수당이 된 것이다(이완종, 2004: 72). 볼셰비키는 권력을 넘겨주어야만 했다.

하지만 사회혁명당은 당시 러시아의 정치적 · 사회적 · 경제적 혼란을 수습할 능력이 없는 것이 분명하였다. 권력의 이양은 러시아를 다시 혼란에 빠뜨릴 것이 틀림없다고 볼셰비키는 생각하였다. 볼셰비키는 권력을 넘기지 않기로 결정하였다. 이듬해 1월 소집된 제헌의회는 볼셰비키에 의해 강제로 해산되고 볼셰비키에 의한 독재가 시작되었다. 그런데 독재란 소수가 다수를 강제로 이끄는 체제이다. 이를 위해서는 다수의 의견을 억압할 수 있는 수단이 필요하고 그것은 폭력과 공포이다(Thompson, 2004: 207/208). 이런 상태에서 볼셰비키는 마르크스의 약속을 실현하고자 하였다. 노동하지 않고 타인의 노동시간을 빼앗는 것을 금지하고 모두가 노동을 하도록 만들었고, 이를 위해 어떤 개인도 생산수단을 갖지 못하도록 하였다. 생산수단은 모두 국유화되었다. 사회적 생산력을 실현하기 위해 모든 노동은 집단적으로 이루어지고 작업장에서 어느 누구도 다른 사람에게 지휘나 명령을 행사하지 못하도록 만들었다(Altrichter, 1997: 43ff. ; 김광수, 1990: 92ff).

그러나 약속은 기대를 배반하였다. 주체적 의지는 적대적인 성격에서 통일적인 성격으로 바뀌지 않고 오히려 반대 방향인 적대적 성격으로 변하였다. 과거에 노동하지 않고 타인의 노동시간을 빼앗던 사람들은 모든 사회적 권리를 박탈당하고 사회 활동에서 배제되었다. 사회적 생산력은 생산을 증가시키기는커녕 오히려 대폭 감소시켰다. 노동빈곤은 사라진 것이 아니라 오히려 사회 전반으로 확대되었다(Dobb, 1989: 90~93). 마르크스의 약속은 실현되지 않은 것이다. 이유는 이미 논쟁에서 카우츠키가 지적했던 바로 그것이었다. 볼셰비키가 권력을 잡았을 당시 러시아는 봉건제에서 자본주의로의 이행을 갓 시작한 상태였고 따라서 주관적 의지도 생산력도 자본주의 이후로 넘어갈 준비가 되어 있지 않았던 것이다(Dobb, 1989: 51). 아직 자본주의도 성숙하지 않은 상태에서 어떻게 자본주의 이후로 넘어간단 말인가?

카우츠키는 이런 사태를 예견하고 있었고, 따라서 이런 상태에서 약속의 실천은 왜곡된 형태가 될 수밖에 없을 것이라고 지적했던 것이다. 그래서 그는 볼셰비키가 실현하려고 했던 것은 마르크스의 약속이 될 수 없다고 단언하였다(Kautsky, 1919: 37). 실제로 볼셰비키는 생산력의 후퇴를 감당할 수 없었고 어쩔 수 없이 약속을 모두 취소하였다. 1921년에 시작된 NEP라고 불리는 것으로 그것은 자본주의로의 회귀를 의미하는 것이었다(Dobb, 1989: 146, 150). 자본주의적 발전이 진행되었고 생산력은 회복되었다. 하지만 1924년 레닌이 사망하고 이어진 권력투쟁에서 이 정책은 쟁점으로 떠올랐고 결국 레닌을 계승한 스탈린에 의해 1930년대에 폐기되었다. 이후 소련은 서방의 생산력을 따라잡기 위해 갖은 노력을 기울였으나 결국 실패하였고 자본주의로 되돌아갔다(Cliff, 2011: 4).

1991년 소련의 붕괴는 곧바로 마르크스 약속의 실패로 규정되었다. 하지만 2008년의 경제 위기는 마르크스의 약속이 아직 유효하다는 것을 사람들에게 다시 인식시켰다. 사실 위의 논쟁에서 카우츠키가 이미 예견하고 있었듯이 소련의 실패는 예정된 것이었고 그것은 마르크스의 약속과는 거리가 먼 것이었다. 오히려 소련의 실패는 주관적 의지와 객관적 자연법칙이 변증법적으로 일치해야만 한다는 마르크스의 약속이 옳다는 것을 확인시켜 주었을 뿐이다. 소련에서 시도되었던 것은 마르크스의 약속이 아니었고 실제로 그것은 마르크스주의가 아니라 그것의 변형인 마르크스 · 레닌주의, 혹은 마르크스 · 레닌 · 스탈린주의라고도 불린다.

또 하나의 실천적 경험은 마르크스의 고향 독일에서 시작되었다. 독일 노동운동은 1863년과 1869년 각기 설립된 두 개의 조직으로 출발하여 1875년 통합하였다. 독일 사회민주당이 바로 그것이다. 이 조직은 처음부터 마르크스의 약속을 목표로 내걸었고, 그것은 당시 독일 자본주의의 '노동빈곤' 현실과 부합하여 노동자들의 대중적 지지를 받아 급속히 성장하였다. 하지만 이런 성장에 위협을 느낀 독일 자본가들은 1878년 사회주의자 탄압법(Sozialistengesetz)을 제정하여 마르크스의 약속을 불법으로 규정하였다. 이 법은 이후 12년간 지속되다 1890년 폐기되었고, 독일 사회민주당은 다시 급속한 발전을 이어 갔다. 하지만 이런 발전은 곧바로 한계에 부딪치게 된다. 당시 독일은 산업화가 진전되고 있기는 했지만 1895년까지도 농촌인구가 50%를 넘는 상태였다.

그리하여 여기에서도 약속의 조건이 문제로 떠올랐다. 자본주의는 아직 충분히 성숙하지 않았고 이런 조건에서 약속을 어떻게 실현해 갈 것인지가 문제된 것이다. 당장 약속을 실현할 수는 없었다. 무엇보다 전체 인구의 절반이 그 약속에 찬성하지 않았다. 독일 사회민주당은 도시에서는 절대다수를 이루는 노동자들의 적극적인 지지를 받았지만 나머지 인구의 절반을 차지하는 농촌에서는 거의 지지를 받지 못했던 것이다. 당시 독일 농업은 아직 봉건제의 잔재를 안고 있었고 농민의 대다수는 봉건제로부터 벗어나는 것을 당면의 과제로 간주하고 있었기 때문이다. 그렇다면 지금 무엇을 해야 할 것인가? 독일 노동운동은 두 가지 의견으로 갈라졌다. 약속을 유예시키고 일단 농민들의 요구를 받아들여 자본주의로의 과제를 실천하자는 견해가 있었고,

약속을 유예시키는 것은 약속을 포기하는 결과가 되기 때문에 약속을 견지하면서 조건이 충분히 성숙할 때까지 기다리자는 견해가 바로 그것이었다.

그리하여 논쟁이 벌어졌다. 1894년의 '기회주의 논쟁'과 1899년의 '수정주의 논쟁'이 바로 그것이다(강신준, 1991, 1996). 그런데 논쟁은 아무런 결론도 내지 못하였다. 접점을 찾지 못한 두 견해는 결국 조직의 분열을 가져왔다. 약속을 유예하자는 견해가 다수파를 이루고, 끝까지 견지하자는 견해가 소수파를 이루었다. 1918년 역시 제1차 세계대전의 여파로 독일에서도 혁명이 발발하여 제정은 공화정으로 이행되었고, 이 과정에서 다수파는 자신들의 견해에 따라 자본가 정당과 연합하였다. 소수파는 고립되어 소멸하고 말았다. 그것은 노동운동의 약화와 마르크스 약속의 후퇴를 의미하는 것이었다. 전쟁 이후에 밀어닥친 혼란으로 자본가 정당은 과격해졌고 다수파도 자본가 정당에게 밀려났다. 노동운동에 대한 대대적인 탄압과 제2차 세계대전의 혼란이 뒤따랐고 독일 노동운동은 거의 궤멸되고 말았다.

제2차 세계대전이 끝난 이후 동서 냉전이 시작되면서 서방 진영의 마르크스주의자들에게는 다른 선택의 여지가 없었다. 소련이 마르크스의 약속을 공개적으로 내걸었기 때문에 '유예된 약속' 외에는 아무런 여지가 남아 있지 않았기 때문이다. 전쟁 이후 조직을 복원한 독일 사회민주당은 1959년 '고데스베르크 강령'을 통해 공식적으로 마르크스의 약속을 무기한 유예시켰다. 서방 진영의 마르크스주의 정당들, 특히 북유럽의 사회민주당들은 대부분 독일 사회민주당의 이런 변화와 보조를 맞추었다(홍기빈, 2011). 이들은 전후의 자본주의 번성기 동안 이를 이끈 케인스주의와 '달콤한 동거'(Merkel, 1992)에 빠졌으며 케인스주의가 위기에 빠지자 신자유주의와 다시 결합하는 '제3의 길'(Giddens, 1998)도 모색하였다. 기회주의 논쟁이 시작될 때 우려하던 일이 그대로 드러난 것이다. 약속의 유예는 약속의 포기로 이어질 수 있는 것이다.

이처럼 마르크스의 약속을 실현하려던 두 가지 실천적 경험은 모두 약속의 실현과는 거리를 보이고 있다. 그렇다면 그 약속은 실현될 수 없는 것일까? 우리는 그것을 섣불리 속단해서는 안 될 것 같다. 처음부터 마르크스의 약속에서 이탈한 소련의 경우는 더 이상의 판단이 필요 없을 수 있겠지만, 약속이 유예된 북유럽의 경우는 그렇게 속단해 버리기에 곤란한 면을 가지고 있기 때문이다. 사실 약속의 유예는 그것이 포기된 것이 아니라 아직 미완성의 과정에 있다는 것을 의미할 뿐이다. 그리고 그런 점에서 볼 때 이들 북유럽은 마르크스의 약속을 완전히 실현하지는 못했지만 거기에 가장 가까이 다가서 있는 것으로 평가된다.

이들 나라는 약속의 핵심인 노동시간이 지구 상에서 가장 짧은 나라들이며(2014년 기준 독일 1,302시간, OECD 평균 1,706시간, 미국 1,796시간, 한국 2,327시간), 주체적 의지에서도 적대적인 성격을 벗어나 유적 본질에 근거한 통일적 성격에 가장 가까이 가 있으며(경쟁을 배제하고 협력을 지향하는 핀란드의 교육체제, 2011년 노르웨이 우토야 섬에서 발생한 정치 테러에 대한 노르웨이 국민들의 관용성) 생산과 소비의 불일치에서도 2008년 경제 위기의 영향을 가장 적게 받은 나라로 알려져 있다(독일은 위기 이후 OECD 가운데 최고의 성장을 이루고 있다). 마르크스의 약속에 가장 가깝게 다가서 있는 것이다. 그래서 이들 나라에서 유예된 약속은 아직 여전히 열려진 채 남겨져 있는 것으로 판단된다.

V. 남겨진 과제

마르크스의 약속이 주어진 지 한 세기 반이 흘렀다. 그 약속은 아직 실현되지 않았지만 그것의 유효성은 여전히 남아 있는 것으로 생각된다. 자본주의는 위기에 빠져 있고 그것을 해결할 대안이 마르크스의 약속 외에는 더 이상 남아 있지 않기 때문이다. 마르크스의 약속이 정말 현재의 위기에 대한 최종적인 해답이 될지는 확실하지 않다. 그 약속은 한 번 실패하기도 했고(비록 왜곡된 방식 때문이긴 하지만) 유예된 곳에서도 가까이 다가서긴 했지만 여전히 실현된 것은 아니기 때문이다. 그래서 마르크스의 약속은 우리에게 확정된 해답으로 주어져 있는 것이 아니다. 그것은 단지 우리에게 가능성으로만 열려 있을 뿐이다. 이 가능성이 실현될 수 있을지의 여부는 마르크스 자신이 말했듯이 우리 자신에게 달려 있다. 그런 점에서 그의 약속은 자신이 보여주고 있는 가능성을 통해서 우리에게 과제를 제시하고 있다. 우선 쉽게 떠올릴 수 있는 과제만 정리해 본다면 다음과 같은 것을 들 수 있을 것이다.

첫째는 주체적 의지의 과제이다. 그것은 적대적 성격의 인간관계를 통합적이며 유적 성격으로 지향할 것을 요구한다. 이런 관계의 혁신은 해방을 필요로 하는 노동빈곤의 당사자인 노동자들 자신에 의해서 시작되어야 한다. 이를 위해서는 노동자 조직의 성격에 변혁이 이루어져야 한다. 우리나라의 경우에서 본다면 그 첫걸음은 노동자계급 전체가 차이를 두지 않는 계급적 조직의 건설에 있을 것이다. 노동조합은 정규직과 비정규직은 물론 남녀·국적·나이 등 모든 차이를 뛰어넘고 예비노동자와 실업자까지를 모두 포괄하는 산업별 노동조합으로 개편되어야 하고 이를 바탕으로 노동자 정당이 건설되어야 할 것이다.

둘째는 객관적 자연법칙과 관련된 과제이다. 사물의 변화가 유기체적 성숙의 자연법칙을 따른다는 것을 받아들인다면 노동해방의 실천에는 기본적으로 두 가지가 필요하다. 최종적인 목표와 그 목표에 도달하기까지의 수단이 바로 그것이다. '노동해방'이라는 목표는 유기체적 성숙 과정을 거쳐야 달성될 수 있는 것이기 때문이다. 이들 두 요소는 내개 노동자 조직의 강령을 통해서 대표되고 독일 사회민주당의 1891년 에어푸르트 강령은 그것의 모범적 사례를 보여주고 있다. 노동운동을 강령에 따라 실천하기 위해서는 지도부의 선출이 강령을 기준으로 이루어져야 하고 그것을 위해서는 지도부에 입후보하는 활동가 조직이 각자 독자적인 강령을 갖춘 정파 조직이어야 한다. 그리하여 선거는 인물이 아니라 이들 정파의 강령에 대한 것이 되고 이것이 바로 정책선거이다.

이들 두 과제의 실현을 위해서는 두 가지 과제가 부수적으로 필요하다. 하나는 제도적으로 지속될 수 있는 교육이다. 약속의 실현은 유기체적 성숙 과정을 필요로 하기 때문에 그것은 장기간의 실천을 필요로 한다. 핀란드의 교육개혁이나 독일 금속노조의 생산직 사무직 통합 작업이 모두 수십 년 소요된 경험이 바로 그것을 잘 말해 준다. 그러나 인간은 생명이 짧고 살아 있는 동안에도 갖가지 변수 등에 영향을 받아 변덕이 잦다. 따라서 장기간의 실천은 결국 한 사람이 아니라 여러 사람의 손을 거쳐서 이루어진다. 그래서 선행한 사람의 생각과 성과가 후속 사람에게 온전히 전달될 수 있는 체계가 필요하고 그것은 곧 지속적이고 제도적으로 보장된 교육체계이다. 북유럽 국가들의 노동자 조직들이 얼마나 교육체계를 잘 갖추고 있는지는(독일의 교육휴가 Bildungsurlaub를 대표적으로 들 수 있다) 우리에게 많은 함의를 던져 주고 있다.

다른 하나는 장기적인 정책의 실현을 위해 반드시 필요한 물질적 기반이다. 방금 얘기한 지속적인 교육체계는 당장 많은 교육 비용과 교육 시설을 필요로 한다. 노동해방을 실천하는 노동자 조직은 이런 물질적 기반을 스스로의 힘으로 마련해야 한다. 스파르타쿠스의 예에서 보듯이 해방을 외부에서 구걸하지 않고 자신의 힘으로 이룬다는 것이 마르크스의 약속이기 때문이다. 우리의 경우 노동자들이 지불하는 각종 사회적 기금(의료보험·고용보험·국민연금 등)이 바로 이런 물질적 기반의 단초가 된다. 따라서 이들 조직에 대한 적극적인 개입이 필요하고 독자적인 기금과 기구를 갖출 필요도 있다. 유럽 노동자 조직들에서는 독자적인 산업별 연금이나 산업별 고용보험을 가지고 있는 경우가 많다는 점을 유념할 필요가 있다.

분단이라는 특수한 조건 때문에 우리나라에서 마르크스의 약속은 아직 매우 생소할 뿐만 아니라 거리가 먼 얘기이기도 하다. 그것은 곧 우리 사회가 자본주의의 모순인 '노동빈곤'의 해결을 위한 노력을 미루어 왔다는 것을 의미한다. '헬조선'이라는 용어가 우연히 만들어진 것이겠는가? 그만큼 우리에게 마르크스의 약속은 더욱 절박하다. 하지만 이 약속은 노동자 자신에게서 출발해야 하는 조건을 안고 있다. 우리 노동운동이 이 약속에 자신의 운명이 달려 있다는 것을 깨달을 수 있기를 간절히 희망한다.

세계경제 대공황과
자본주의의 종말

칫다다*

* 아난다 마르가

I. 서론

20세기 후반에 들어와서 지구촌은 정치·경제·사회·종교·문화·환경·기후 등 거의 모든 분야에서 많은 갈등과 급격한 변화를 보여 왔다. 이와 같은 큰 변화와 갈등은 과거에는 볼 수 없었던 규모로 이루어지고 있으며, 특히 21세기에 들어와서는 그 정도가 매우 빠르게 진행되고 있다. 20세기를 살다 간 인도 출신의 영적 지도자이며 사상가인 피 알 사카르(P. R. Sarkar)는 이러한 변화가 지구촌의 모든 생명체가 한 차원 더 높이 진화되는 과정에서 일어나는 현상이라고 밝혔다. 그에 의하면 이러한 총체적인 변화는 지구 회전축의 이동으로 인한 인간을 포함한 생명체의 의식이 급격이 변화되고 있는데 비해서 기존에 가지고 있던 체제가 그러한 변화를 수용하지 못하기 때문에 일어나는 하나의 현상이라고 한다. 따라서 그에 의하면 20세기 후반부터 시작된 변화들은 지구촌에 새로운 가치관을 기반하여 새로운 질서로 나아가는 과정에서 일어나는 필연적인 현상들이라고 볼 수 있다. 그는 특히 인간의 물질적인 삶을 지배하는 기존의 정치·경제 체제와 정신적인 삶을 인도해 온 종교·문화 등 삶의 전 분야에서 지대한 변화기 올 것이라고 예측하였다.[1]

기본적으로 개인의 이기적인 의사결정에 바탕을 둔 자본주의 경제체제는, 도입 초기의 완전경쟁적인 환경에서는 자원의 효율적인 배분을 가져오는 등

많은 순기능을 발휘했다. 그러나 점차 자본이 소수에 집중되면서 역기능이 발현되어 오다가, 특히 20세기 후반의 신자유주의적 경제사상의 만연으로 부와 소득의 극단적인 편중이 이루어지면서, 경제체제는 실물시장의 침체 속에서 금융시장은 과열되는 불균형이 심화되어 왔다. 1997년의 IMF 위기, 2008년의 미국 금융 위기 등은 이러한 금융시장의 과열로 인한 부작용이 노출된 사건이라고 볼 수 있다. 사카르는 부와 소득의 편중되고 화폐의 순환이 제대로 이루어지지 않을 때 경제가 침체하게 되며, 이 부와 소득의 편중이 극단적으로 되고 화폐의 순환이 대중이 아닌 일부에서만 이루어질 때, 경제가 공황을 맞게 된다고 하였다. 그는 나아가서 이와 같은 경제의 침체 내지 공황은 자본주의 체제하에서는 피할 수 없으며 주기적으로 온다고 하였다.[2]

한편 인간 지성의 발달과 과학기술의 발전 그리고 지구 축의 이동으로 인한 의식의 진화는 기존의 도그마적이고 맹목적인 믿음이 주축을 이루는 구태의연한 종교가 주장하는 가르침을 배척하게 되며, 과학적이고 이성적인 가르침과 높은 의식의 체험을 통한 깨달음이 바탕을 이루는 영성(spirituality)을 받아들이도록 할 것이다. 즉 미래는 과학과 영성을 접목하고, 인간을 포함한 모든 생명체의 조화로운 공존을 지향하는 새로운 운동이 의식이 진화되는 인간들에게 호응을 받는 시대가 될 것이다. 바로 이런 운동을 새로운 미래 종교라고 할 수 있다.

II. 세계경제 대공황으로 인한 자본주의의 붕괴

1. 사카르의 경제공황 이론

1) 경제공황은 경제적 착취로 야기된 경제적 억압이 파열되는 현상

사카르는 공산주의와 자본주의는 모두 그 체제가 지니고 있는 타고난 억압적이고 착취적인 '정체성(staticity)'으로 인하여, 주기적으로 경제적 침체를 초래할 수밖에 없다고 하였다. 이 착취적인 억압적 정체성의 정도가 극에 달하게 되면 경제의 활동과 역동성이 거의 사라지게 되며, 피할 수 없이 폭발이 일어나는데 이것이 바로 경제공황이라고 하였다. 그는 자본주의에서는 소수의 자본가들에 의해 자본의 집중이 이루어지며, 공산주의는 국가(당의 소수 엘리트들)에 의해 자본의 집중이 이루어지는 것으로서, 양자 모두 자본의 소수에 의한 집중이라는 면에서 동일하며, 자본의 집중은 자본이 적은 민중이 착취당하는 부익부 빈익빈이라는 현상을 일으키게 되고, 이와 같은 착취가 결국 공황을 유발시킴으로써 자본의 집중이 일시적으로 끝나게 된다는 것이다. 그러나 시간이 지나면서 다시 자본의 집중과 그로 인한 자본가의 착취가 일어나게 되고 그로 인해 다시 공황이 오게 된다고 하였다. 즉 그는 자본의 독점이 인정되는 한, 양 체제에서 공황은 주기적으로 반복될 수밖에 없다고 하였다.[3]

2) 경제적 억압(착취)을 가져오는 두 요인

(1) 소득과 부의 편중

자본이 소수의 자본가들 또는 당의 엘리트들에게 집중되면, 대부분의 사람들은 이들 소수의 자본가들 및 엘리트들에게 착취당하게 된다. 즉, 부의 집중, 특히 부의 가치가 소수에 집중되면—부에 대한 규제가 없는 한—부의 속성인 부익부 현상이 야기되어, 일반 대중들의 부가 이들 소수의 부유층으로 점진적으로 전이된다. 그리하여 자본(부와 소득)이 더욱더 소수에 집중되고, 인구의 절대다수인 보통 사람들이 충분한 자본(부와 소득)을 지니지 못하게 되면, 생산물에 대한 대중들의 구매력이 줄게 되며, 국가 전체적으로 볼 때 실물시장에 대한 수요가 침체된다.

즉 부와 소득이 소수에 집중될 때 실물시장의 수요가 위축되게 된다. 쉬운 예로, 다수 시민의 주머니에 돈이 있어야 이들 다수가 실물시장에서 이것저것을 구매할 것이며, 그로 인하여 실물시장의 수요가 유지되고, 실물경제가 잘 돌아갈 것이다. 그러나 돈이 소수의 손에 집중되게 되면, 이들 소수의 사람들이 실물시장에서 구매를 하는 양에는 한계가 있으므로 실물시장의 수요가 위축된다. 경제적 용어로 말하면, 평균소비성향(소득 대비 실물시장 구매액)이 부유층의 경우에는 낮은 것이다. 예를 들면, 보통 사람들의 주머니에 돈이 있으면, 이들이 시장에서 옷도 한 벌 사고, 냉장고도 하나 사고, 외식도 한 번씩 할 것이다. 한편 부와 소득이 집중되어 있는 소수의 사람들은 시장에서 구매를 증대시키겠지만, 옷을 수십 벌 사지는 않을 것이고, 냉장고 역시 수십 대나 사지는 않을 것이고, 외식을 날마다 하지는 않을 것이다. 따라서 소득과 부의 편중이 심화될수록 국가 전체적으로 볼 때 실물시장의 수요는 줄어들게 된다.

한편 부와 소득이 집중된 소수의 사람들은 그들이 가진 돈을 실물시장에서의 구매보다는 투기적 상품이나 금융상품의 구매에 집중할 것이다. 이로 인하여 금융시장은 크게 활성화되면서 과열될 것이고 마침내는 실물시장과 금융시장의 불균형이 극대화되어 금융시장의 파열이 발생하는 것이다. 그리고 금융시장이 파열되면 소수 부유층이 보유하고 있던 금융상품의 가치도 붕괴되면서 금융시장과 실물시장 모두 침체 내지 공황으로 들어가는 것이다.

(2) 화폐순환의 장애

자본주의 사회나 공산주의 사회에서 일부의 부유층 또는 국가 엘리트층에 집중된 돈의 순환이 제대로 되지 않게되면 경제가 침체하게 된다. 국가의 총생산(GNP)이란, 돈이 사람들의 손을 순환하면서 경제적 거래를 유발시킬 때 발생하게 되는 소위 부가가치의 총합이다. 그러므로 경제를 활성화하는 데 화폐의 순환은 매우 중요한 역할을 한다. 쉬운 말로, 돈은 그 주인을 더욱 많이 바꿀수록 돈의 경제적 가치를 증진시킨다. 반면에 돈이 금고에서 잠자게 되면 그만큼 돈의 효용성을 상실하게 된다. 이것은 경제의 가장 기본적인 원칙이다.

그런데 자본가들의 속성이란 돈을 그들의 부를 더욱 증진시키기 위해서만 사용하는 것이다. 비록 돈의 순환이 다수의 경제적 혜택을 불러올 수 있는 경우에도 자본가들은 자신들이 기대하는 만큼의 수익이 오지 않는 경우에는 자신들이 지닌 돈을 순환시키지 않는다. 예를 들면, 은행가들은 돈을 순환(대출 등)시켜 그들이 원하는 만큼의 수익을 올릴 수 없다고 판단하면, 비록 돈의 순환이 실물경제를 활성화하여 국민 다수의 경제적 복지를 증진시킬 수 있는 경우에도 돈을 실물시장 쪽으로 순환시키지 않을 것이다. 이러한 자본가들의 속성으로 인하여 돈의 실물시장에서의 순환이 정체되며, 그로 인하여 생산시설 투자가 줄어들고 생산과 고용이 줄며, 소득이 줄어 구매력이 감소되어 실물경제가 침체하게 된다. 이 상황이 심각하면 공황이 되는 것이다.[4]

2. 세계경제의 현황

1) 세계경제의 위험 상황

위에서 살펴본 경제적 침체 내지 공황의 원인인 부와 소득의 편중 및 화폐 순환의 장애 상태가 현재 어떤 상황에 있는지를 살펴보자. 우선 부의 편중도를 잘 나타내 주는 로렌츠 곡선을 보면 그 모양이 L 자의 대충 모양이어서, 지난 수십 년간 지속적으로 부가 극단적으로 편중되어 온 상황을 잘 나타내 주고 있다.

1980년 취임한 미국의 레이건 대통령의 신자유주의적 자본주의가 심화되면서 20 대 80의 사회라는 말이 회자되기 시작했으며, 1990년대에 들어서는 글로벌 금융자유화가 시작되면서 부가 급격이 편중되어 왔다. 그리고 2000년대에 들어서는 더욱 그 편중도가 심화되며 여러 가지의 빈부 갈등 현상이 야기되었고, 드디어 2010년에는 '월가를 점령하라(OWS: Occupy Wall Street)' 운동이 부의 상징인 뉴욕의 월가에서 시작되었다. 이 운동은 당시의 부의 편중도를 1 대 99로 표현하였다. 즉 1%에 해당하는 소수의 부유층이 99%의 부를 점유하고 있으며, 99%에 해당하는 민중들은 1%의 부를 소유하고 있다는 주장이다. 자본주의의 문제점을 지적하는 세계적 지성인인 노암 촘스키 교수는 2013년에 말하기를, 다국적기업의 CEO, 은행가들, 그리고 펀드 매니저들인 1%의 10%에 해당하는 0.1%의 극소수인들이 전 세계의 부의 99%를 차지하고 있다고 주장하였다.[5]

한편 신자유주의적 자본주의가 심화되면서 소득의 편중도도 극단화되어 왔다. 미국을 포함한 많은 국가들의 경우, 국민적 합의로 이루어졌다고 볼 수 있는 능력과 형평성이 동시에 고려되는 합리적인 공직 사회의 임금체계를 보면, 가장 높은 임금(예를 들면 대통령)과 가장 낮은 공직자의 임금 차이가 통상 10배 정도이다. 미국이 10배이며, 한국도 10배이고, 노르웨이는 5배에 불과하다. 그런데 이와 같은 공적 부문의 합리적인 임금 격차에 비해서 사적 부문의 임금차이는 가히 천문학적이다. 1994년 세계최고의 급여를 받은 모턴 인터내셔널의 CEO는 2천 9백만 달러로서 당시 최저 임금의 2천 배에 달했다.[6] 2009년의 글로벌 경제 위기 상황에서도 최고 급여자인 다나허의 CEO는 1억 4천 1백만 달러를 받았다.[7] 2015년의 최고 급여자는 디스커버리 커뮤니케이션의 CEO로서 1억 6천만 달러였다.[8] 부유층의 이 같은 급여증가에 비해 최저 급여는 큰 변화가 없었다.

현재의 세계 경제 상황을 보면, 위에서 언급된 바와 같이 소득과 부의 극단적인 편중이 심화되어 오면서 재원이 투기적인 금융시장으로 집결되는 반면에, 실물시장에 대한 수요와 투자는 부족하게 되어 양 시장이 극단적인 불균형 상태에 도달했다. 다시 말하면, 금융시장의 버블이 실물시장의 지지 부족으로 터지기 직전에 있는 상황이라고 할 수 있다. 그런데 더욱 심각한 문제는 이와 같은 어려운 경제 상황을 극복할 만한 실효성 있는 경제정책 수단이 없는 상황이라는 것이다.

1997년의 아시아 금융 위기로 시작된 경제의 위기는, 금융시장의 투기성과 불안정성을 적절히 조절할 수 있는 규제 수단을—소수의 투기적 자본가 및 금융가들과 그리고 이들의 재정 후원으로 당선된 정치인들의 미온적인 태도로 인하여—마련하지 못한 상태에서 다시 2008년의 미국 금융 위기로 이어졌다. 이 미국발 금융 위기는 다행히도 미국과 함께 자본주의라는 같은 배를 탄 중국이 그간의 급속한 수출 위주의 경제성장 기간에 축적한 막대한 외환 보유고를 활용하여 미국의 채권을 구매함으로써 미국을 금융 위기로부터 구제하였다.

그러나 2008년의 미국발 세계적인 금융 위기를 겪었음에도 불구하고, 여전히 세계의 투기자본과 금융기관을 규제할 수 있는 장치를 마련하지 못한 상황에서 다시 2014년 후반부터 금융시장의 버블이 형성되어 왔다. 2015년에 들어 세계경제의 성장 견인차 역할를 해 오던 중국의 경제활동이 위축되기 시작하였고, 세계의 실물시장이 매우 어려운 상황에 돌입하였다. 드디어 2016년에 들어서는 금융시장의 버블이 붕괴되는 조짐을 보이고 있다. 이번에 금융시장이 붕괴될 경우에는 과거와는 달리 아무런 경제정책도 효력을 발휘할 수 없는 처지이다.

2) 효과적인 경기 부양 정책 수단의 부재

일반적으로 경제정책 수단에는 금융통화정책과 재정정책이 있는데, 이들 양 정책 수단이 모두 효력을 발휘할 수 없는 것이 현실이다. 먼저 금융통화

정책을 보면, 2008년 이후 세계의 거의 모든 나라들이 경기회복 수단으로써 이자율을 매우 낮은 수준으로 끌어내렸으며, 심지어는 마이너스 이자율 정책으로 들어간 나라도 있다. 따라서 이자율을 더욱 낮추어서 경기를 활성화하는 방법은 그 한계가 명확하다. 동시에 각국의 중앙은행은 2008년 이후 막대한 화폐를 발행하여 경기 활성화를 도모하여 왔으나, 이 팽창된 통화는 실물시장의 투자로 연결되어 경제를 활성화하기보다는 오히려 투기적 자본가들과 은행가들의 수중에 들어가서 금융시장을 더욱 과열시키는 결과를 초래하였다. 따라서 각국의 금융정책의 실효성은 한계에 다다랐다고 볼 수 있다.

한편 재정정책을 보면, 세계를 회자하고 있는 말이 '국가 부채(Sovereign Debt)'가 될 정도로 모든 나라들은 2008년 이후에 막대한 국채를 발행하여 경제 회복을 추진하였으나, 여전히 실물경제는 매우 낮은 성장 내지 마이너스 성장에 머물고 있으며 회복의 기미도 보이지 않는다. 더군다나 모든 나라들이 스스로의 국가 부채로 고민을 하고 있으며, 과거에 미국을 도와준 중국마저 지방정부의 극심한 재정 부채로 시달리고 있는 상황이어서, 앞으로 어느 나라에서 경제 위기가 발생하였을 경우에 국채 발행을 통한 재정정책으로 경제 위기를 수습한다는 것은 거의 불가능하다고 할 수 있다.

현재 미국을 중심으로 한 서방 국가들의 러시아 및 중국에 대한 정치 군사적 압박과 중동에서의 전쟁 활동들은, 단순히 헤게모니적 목적을 넘어서 현 상황에서의 금융 및 재정정책의 경기회복 수단으로서의 한계를 충분히 알고 있기 때문에, 경제회복의 최후의 수단으로 전쟁을 준비하고 있다고 볼 수도 있다.

3) 임박한 세계경제 대공황

러시아 출신의 경제학자인 콘드라티에프(Nikolai Kondratiev)는 경제의 침체와 공황이 주기적으로 왔음을 보여주었다. 그에 의하면 경제는 대략 45-60년의 확장-정지-침체의 사이클을 가지고 나아간다고 보았다. 따라서 그의 설에 따르면, 다음의 공황은 1929년에 시작된 대공황이 제2차 세계대전으로 회복된 1939-1940년으로부터 45-60년 기간이 되는 대략 1985-2000년이 된다.

　사카르는 경제의 침체와 공황은 자본의 집중으로 인하여 발생할 수밖에 없는 주기적인 경제적 착취 내지 억압이 파열되는 현상으로서, 이 파열로 인하여 자본의 집중(주식 등 금융자산 및 기타 투기자산의 붕괴로)이 완화된다고 하였다. 그는 경제의 침체는 짧게는 3년 주기로, 길게는 30년에서 350년 주기로 오며, 그 주기가 길수록 공황의 정도가 심하다고 하였다. 그는 1987년에 예측하기를, 이미 1930년대의 공황과 같은 상황이 일어날 시점에 도달했으며, 앞으로 빠르면 2년 늦어도 10년 이내에는 분명히 도래할 것이라고 하였다. 그리고 이같은 공황은 모든 산업국가들에서 일어날 것으로 보았다. 또한 그는 이번에 올 공황은 과거와는 달리, 세계 교역의 중심 통화의 가치 불안정으로 인한 교역의 장애로 심각한 인플레이션을 동반한 공황이 될 것으로 예측하였다.[9]

　한편 역사적으로 보면, 1650년대에 네델란드에서 시작된 세계적인 '튤립 공황'이 있었으며, 그 후 1870년대에 미국에서 시작된 대공황, 역시 미국에서 1929년(1870+60=1930) 말에 시작된 대공황이 있었다. 이 역사적인 통계와 사카르의 주기설을 결합하여 추정한다면, 매우 심각한 공황이 있은 1650년으로 부터 350년 또는 360년이 되는 2000(1650+350=2000)년 또는 2010(1650+360=2010)년경에 시작된다고 볼 수 있다.

4) 경세직 취약 계층의 입장에서는 경제공황이 이미 시작

　우리는 여기서 시각을 약간 바꾸어서, 보통 사람들의 경제 상황을 보기로 하자. 보통 사람들의 입장에서 볼 때, 많은 나라에서 경제는 이미 심각한 공황을 겪고 있다고 본다. 대학생 등 젊은층이나 중고령층 그리고 소규모 자영업자 등 취약 계층의 입장에서는, 취업의 어려움이나 고용조건의 악화와 실질 소득의 감소를 감안한다면, 이들의 경제적 삶의 상황은 공황상태라고 볼 수 있다. 많은 대학생들이 취업의 어려움으로 졸업을 늦추거나 대학원에 진학하고 있으며, 젊은층들이 경제적 어려움으로 연금에 의지하고 있는 어려운 부모와의 합가를 하고 있는 것이 세계적으로 일어나고 있는 일이다. 또한 많은 소규모 자영업자들이 자국에 입국한 다국적기업의 박스식 염가 판매 전략으로 인하여 도산하고 있다. 이런 현상을 기회비용이라는 관점에서 보면, 이들 취약 계층의 경제는 매년 마이너스 성장을 보여 왔다.

이런 취약 계층의 입장에서 경제를 본다면, 일본은 이미 1989년의 버블 붕괴로 인한 자산 가격의 하락과 종신고용제의 해체로 젊은층이나 사회취약 계층은 이미 경제공황으로 진입하였으며, 근년의 아베노믹스 정책도 경기회복이나 이런 취약 계층의 구제에 아무런 효력을 발휘하지 못하고 있는 상황이다. 한국을 포함한 아시아의 많은 국가들과 남미 국가들은 1997년의 IMF 위기를 시점으로 공황에 진입하였다고 볼 수 있으며, 특히 아르헨티나, 브라질·베네수엘라 등 남미의 경제 주축을 이루던 나라들의 경우에는 최근에 들어와서 물가 상승이 동반되는 극심한 경기 침체로 접어들어 민중들의 경제 상황은 폭발 직전의 매우 위험한 지경이다. 한편 2008년의 미국발 금융 위기로 인하여 서양에서도 선진 경제권 중, 미국과 독일을 제외한 대부분의 국가들에서는 실물경제의 침체와 아울러 높은 실업률 및 고용조건의 악화, 실질임금의 하락, 사회보장제도의 후퇴 등으로 특히 젊은층이나 고령층들의 삶이 매우 어려운 처지이다. 이러한 취약 계층의 어려움은 비교적 경제가 건실히 유지되어 온 미국과 독일에서도 예외는 아니다.

한편 사람들의 체감 경기가 매우 차가워서 지금의 경제 생활은 대공황에 맞먹는 수준임에도 불구하고, 왜 통계상으로 보면 공황이라고 할 수 없는가? 그것은 국내총생산(GDP) 내지 국민총생산(GNP)이라는 우리가 사용하고 있는 지표가 국민들 전체의 삶을 제대로 나타내지 못하는 한계성 때문이다. 이들 지표는 국가 전체의 경제활동 단위들이 만들어 낸 부가가치의 총합인데, 국가의 대경제적 비중이 매우 높은 대자본가 및 대기업군과 금융산업군 그리고 기술을 선도하는 기업군 등이, 신자유주의적 무한경쟁이라는 이들에게만 유리한 여건에서 높은 성장을 하고 있기 때문에 국가 전체의 GDP나 GNP는 플러스 성장으로 나타나는 것이다. 따라서, 인구수적으로는 절대다수를 차지하지만 GDP나 GNP의 기여도에서는 미미한 존재인 보통 사람들이나 취약 계층의 경제는 매년 마이너스 성장을 해서 삶의 질이 대공황보다도 어려운 상황이 되었는데도, 통계상으로는 국가의 성장률이 플러스로 나타나고 있는 것이다. 바로 신자유주의 아래에서 일어날 수밖에 없는 부익부 빈익빈 현상이 이들 GDP나 GNP 지표는 나타내 줄 수 없기 때문이다. 그러나 부유층이 체감할 수 있는, 그리고 GDP나 GNP상의 경제공황도, 버블화된 금융시장의 붕괴의 임박성을 감안할 때 시간의 문제로 본다.

3. 사카르의 사회순환이론과 자본주의의 종말[10]

1) 사카르의 사회순환의 이론

사카르는 인류 사회가 정-반-합적인, 소위 변증법적인 순환 과정을 밟으면서 나아간다는 사회순환이론(Social Cycle Theory)을 발표하였다. 그의 이론에 의하면, 인류가 지구 상에 출현한 이후 상당 기간은 아무런 조직을 형성하지 못한 채 산이나 계곡들을 중심으로 무질서한 상태(무질서한 사회: 수드라 사회)에서 사연 및 자연현상을 두려움과 경배의 대상으로 삼으며 살았다. 그 후 육체적인 힘이 강한 자를 구심점으로 하는 씨족 및 부족 중심의 사회조직(무사적 사회: 크샤트리아 사회)을 만들어 살았다. 시간이 흘러 육체적인 힘보다 지성이라는 정신적인 힘이 더 중요시되는 시대가 오면서, 지성이 뛰어난 자들,

예를 들면 현자나 종교가들이 군주의 배후에서 사회를 실질적으로 지배하였다고 한다. 이와 같이 지성이 중요한 역할을 하는 시대를 지식인 사회(비프라 사회)로 본다. 이 지식인 사회에서는, 무사적 사회에서 만연하던 영웅이나 조상 숭배적인 믿음을 벗어나, 절대자와 사랑과 진리 등이 강조되는 소위 신 중심적인 종교가 사회를 지배하게 된다. 이런 지식인 내지 성직자들이 지배하던 사회가 후기에 들어와서 도그마들로 여러 가지 역기능이 만연되는 반면에, 물질과 과학 그리고 인간이 그 중심에 자리하는 기술 및 상업 중심적인 자본주의적 시대를 맞이하게 되며, 물질이 가치 판단의 기준이 되는 사회(자본가 사회: 바이샤 사회)가 된다. 그의 이론은 나아가서 이와 같은 4단계적인 사회가 순환적으로 반복된다고 보는 것이다.

그의 이론에 의하면, 현재의 자본주의 사회의 붕괴 이후에는 무질서한 상태를 거친 다음에 무사적인 가치관이 중심이 되는 사회가 들어서게 된다고 할 수 있다. 이와 같이 자본주의 이후에 무사적인 사회가 정착하게 된다는 이론은 역사의 정-반-합적인 변화라는 변증법적인 역사관과 유사하다. 즉, 자본주의는 초기에는 생산의 효율성과 교역의 활성화 및 고용의 증대 등으로 물질적으로 많은 기여를 하였다. 그러나 말기에 오면서 자본주의의 역기능인 빈부의 극심한 격차, 도덕성의 타락, 물질 만능적 개인주의의 팽배, 취약 계층의 경제적 어려움이 만연하게 되면서 자본주의 사회의 가치관이 크게 도전받게 된다. 이러한 역기능이 지배하는 말기적 자본주의를 정(thesis)이라고 하면, 이에 대립되는 가치관인 도덕성의 강조, 함께 나누는 정신, 약자의 보호 등이 강조되는 무사적 사회 이념이 반(antithesis)으로 등장하여 서서히 대중들로부터 호응을 받기 시작할 것이다. 이 호응이 커지는 반면에 자본주의의 가치관이 거부되는 시기가 오면 무사적 사회의 가치관이 자본주의의 기능 중에서 순기능을 흡수하는 식으로 합(synthesis)이 이루어지고 드디어 무사적 가치관이 중심이 되는 사회로 나아갈 것이다.

2) 자본주의의 종말

사카르는 자본주의 사회가 자본가 그룹과 이들에 의해서 착취당하는 여타 그룹들인 노동자 성향, 지식인 성향, 그리고 무사적 성향을 지닌 사람들의 그룹으로 양분될 때, 즉 사회가 착취층과 피착취층으로 양분될 때에 바로 자본주의 시대가 종말을 고하게 된다고 하였다. 그는 이런 양분 시대에 들어서면, 경제적 착취와 억압의 파열 현상이라고 본 경제 대공황이 필연적으로 발생하고, 이 경제 대공황이 심화되면서 비록 무사적 성향과 지식인 성향을 가졌지만 생존을 위해서 마치 노동자 성향의 사람들처럼 살아가야만 하는 '불만에 가득 찬 노동자 계층들'이, 원래부터 노동자 성향을 지닌 '단순한 노동자'들이 가지고 있는, '눈이 먼 힘(blind force)'을 이끌어 자본주의를 붕괴시키게 된다고 하였다. 그는 또한 자본주의 사회가 붕괴기로 들어가면 '사이비 자본가'들의 활동이 활발해진다고 하였다. 여기서 '사이비 자본가'란 원래 지식인 성향을 가진 자들이 자본가적 성향에 물들게 되어 일종의 복합적인 성향을 갖게 된 자들을 말한다. 이들이 전위 그룹으로 등장하여 사회를 표면적으로 주도하지만, 자본가들은 여전히 무대의 뒤에서 이들을 실질적으로 조정하면서 실리를 추구한다. 자본주의가 붕괴된 이후에는 앞에서 언급한 사회순환의 이론처럼 무사적 가치관이 지배하는 무사적 사회로 들어가게 된다. 사카르는 자본주의 사회의 붕괴 이후에 오게 될 무사적 성향의 사회의 모습을 구체적으로 제시하였는데 바로 그것이 프라우트(PROUT: 진보적 활용론)적 사회이다.

III. 결론: 자본주의 이후의 사회(프라우트 사회)[11]

프라우트 체제에서는 개개인이 다른 사람들을 착취하지 못하도록 하면서 스스로의 삶을 향상시킬 수 있도록 제도적 장치를 만들어서, 개인과 전체가 공동으로 진전하는 것을 목표로 한다. 이와 같은 목표를 구현하는 방안으로 다음과 같은 정치경제적 수단들을 제시하고 있다.

첫째, 부의 집중을 제한하고, 최저생계를 보장한다. 어느 사회가 조화와 발전을 이루기 위해서는 연대감과 동기부여의 두 가지 가치관의 정립이 매우 중요하다. 공산주의는 연대감은 강화시키지만 동기부여를 하지 못하며, 자본주의는 그것과 반대라고 할 수 있다. 프라우트에서는 소득과 부의 상한선을 무제한으로 인정하지 않고 적정한 수준에서 설정함으로써 동기부여를 배제시키지 않는다. 또 한편으로는 모든 사람들에게 최저생계를 보장함으로써 연대감을 강화시킨다. 노동이 가능한 모든 사람에게는 노동의 기회를 제공하고, 그 노동으로부터 받는 급여가 적어도 최저생계를 유지할 수 있도록 최저임금 수준을 설정해야 한다. 중증장애인이나 고령자 등 노동이 불가능한 경우에는 정부에서 최저생계에 필요한 현금과 현물을 직접 공급해야 한다.

둘째, 경제력의 지방 분산과 경제의 민주화를 확립한다. 경제적 의사결정권을 지방으로 분산하고, 지역 주민들의 손에 의해서 생산·판매·분배가 이루어지게 되면, 지역 내의 생산이 이윤 극대화를 목표로 하지 않고 주민들의 적정한 소비를 목표로 하게 되어, 가격 안정, 과소비 근절, 지역의 균형 발전 등이 이루어진다. 또한 그 지역에 풍부한 원자재를 사용할 수 있는 산업을 개발하고 그 지역 주민의 고용을 증대시킨다. 지방 분산으로 지역 경제가 균형 발전되면, 지역 컴플렉스로 인한 지역 갈등이 해소된다. 프라우트의 특별한 관점은 경제적 민주주의가 확립되지 않은 상태에서의 정치적 민주주의란 무의미한 것이라고 보는 것이다.

셋째, 효율적인 생산구조와 합리적인 배분을 위한 방법으로 협동조합이 산업의 근간을 이루는 피라미드식 산업구조를 만든다. 즉, 맨 아래층에는 기간산업, 중간은 주로 필수적 생산품 및 서비스를 중심적으로 생산하는 협동조합 체제의 기업들, 그리고 맨 위는 소규모 개인사업으로 하는 산업 구조이다. 맨 아래층인 기간산업은 사회 전체의 생산과 소비 및 비용에 직접적으로 영향을 미치는 것으로 국가나 지방 정부의 관할 아래에 두되 경영은 독립적인 기구가 맡도록 하며, 가격의 책정이 수익성을 목표로 결정되어서는 안되며 비용을 보상하는 수준에서 이루어져야 한다. 현재와 같은 신자유주의적 자본주의 아래에서 모든 공기업을 민영화하는 정책과는 정반대라고 할 수 있다. 중간 영역은 의식주·의료·교육 같은 필수적 재화와 서비스를 생산하는 산업, 기타의 소비재 산업, 경공업, 대규모 농업을 포함하며 해당 지역의 주민들이 협동조합 방식으로 자본의 투자와 경영에 직접 참여해야 한다. 맨 위층인 소규모 사업의 영역에는 소규모의 협동조합이나 순수한 가족 중심의 자영업의 형태로 미장원, 식당, 전문업종 등이 들어선다. 그러나 이 소규모적 영업체도 종업원이 5인 이상이 되면 협동조합 방식으로 유도한다.

넷째, 정당정치를 지양한다. 정당정치는 자칫 '정치꾼'들을 중심으로 한 정치적 기득권을 형성시켜, 양심적이고 유능한 새로운 인물의 성장을 어렵게 한다. 한편 선출된 공직자들의 행동을 감시하고, 공직자와 주민들과의 의사소통의 역할을 담당하는 '원로 위원회'를 기초단체부터 광역단체까지 둔다. 그리고 이 위원회의 독립성과 기능을 강화하는 방법으로 위원회 구성원은 주민의 선거로 선출되어야 한다. 한편 부도덕하고 부패한 사람들이 다수를 차지하는 사회에서는 프라우트에서 제시하는 정치 및 경제체제의 도입이나 정착이 불가능하므로, 주민들의 도덕성의 고양이 매우 중요한 선결 조건이다.[12] 사카르는 지구 축의 이동으로 인한, 환경 변화와 지자기장(geo-magnetic field)의 변화로 인간의 의식 수준 점프가 이루어지게되며, 프라우트와 같은 높은 가치 체계를 가신 정치경세 제제가 받아들여지게 된다고 하였다. 특히 그는 이와 같은 프라우트 사회는, 도덕성과 희생정신을 구비하고 노동자적·무사적·상인적 능력도 갖춘 지식인 성향의 사람들이 사회의 각 분야에서 나와 연대함으로써 이루어지게 된다고 하였다. 이런 사람들을 산스크리

트어로 사드비프라(Sadvipra)라고 부르는데, 사드(Sad)는 '다양한 성향을 갖춘' 이라는 뜻이며, 비프라(Vipra)는 '지성인'이라는 뜻이다.

생명의 눈으로 본
한국 농업
- 한국 농업의 위기와 대안의 모색

윤병선*

* 건국대학교 교수

I. 들어가는 말

100여 년 전 일본 제국주의의 조선 침탈로 가장 먼저 희생된 지역은 농촌이었다. 1910년대 일제에 의해서 이루어진 토지조사사업은 토지의 약탈과 쌀의 수탈을 위한 작업이었다(고준석, 1989). 한 손에는 총을 들고, 다른 한 손에는 측량 도구를 들고 진행되었던 토지조사사업으로 수많은 농민들은 농지에서 쫓겨나 남부여대(男負女戴)로 유랑의 길을 떠났다. 일본 제국주의하에서 소작농민들은 일본인 지주가 결정한 농업경영규제를 따라야만 했다(박경식, 1986). 종자와 품종 선택도 소작농민들은 마음대로 할 수 없었고, 60%에 이르는 고율의 소작료를 납부해야 했다. 전체 농민의 3/4을 넘었던 소작농민들은 주거의 제한을 받기도 했고, 소작쟁의단체에 가입하거나 반항적 언행을 할 경우에는 소작 계약은 해지되었다. 그리고 품종의 보급이나 농경 방식에 대한 지도가 관에 의해서 획일적, 강제적으로 수행되었다. 우리 농민들의 창의나 지혜가 발휘될 수 있는 여지는 전혀 없었다. 먹을 양식을 키우겠다는 농민들에게 강제로 뽕나무를 심게 했고, 고리대의 수탈도 더해졌다.

일제의 억압에서 벗어난 해방 공산은 새로운 진기를 만들어 낼 수 있는 계기가 될 수 있었지만, 분단으로 그 희망은 순식간에 무너졌다. 일제하에서 식량 반출 기지의 역할을 했던 조선은 해방 이후에도 식량 부족 문제를 겪게 되었고, 이를 국내 생산의 확대라는 근원적인 정책보다는 미국의 잉여농산물에 의존하는 시스템이 만들어지면서 한국의 농업이 황폐화되는 시초가 되었다. 더욱이 미국의 잉여농산물 원조는 원조로 끝나는 것이 아니라, 장차 미국의 농산물 소비처로서의 기반을 확고히 하는 데 기여했다.

70년대부터 진행되어 온 녹색혁명형 농업의 강압적인 이식 과정과 80년대 신자유주의의 확산, 농산물 수입개방 정책은 한국의 농업을 이전과는 전혀 다른 모습으로 만들어 버렸다. 첫째, 자본의 농업 지배가 강화되어 농업 생산에 필요한 농자재의 상당 부분을 외부에 의존하는 시스템이 되었다. 이로 인해 농업 경영비가 증대되어 농업 소득이 정체되었고, 농가 소득에서 농업 소득이 차지하는 비중이 급격하게 하락하였다. 둘째, 이러한 과정에서 상업적 농업으로의 전환이 급속도로 진행되었고, 소수의 경제 작물로 재배가 집중되면서 식량 작물의 생산은 축소되고 대신 채소와 과수 및 축산의 생산이 확대되었다. 셋째, 도시와 농촌 간의 사회경제적 격차가 확대되면서 이농 및 탈농현상이 심화되었고, 이 과정에서 농촌인구의 고령화와 여성화가 뚜렷해졌다.

녹색혁명형 농업에 의거한 대규모 단일경작은 지역의 시장을 지향한 것이 아니었기에 유통자본의 개입이 없다면 판로의 확보도 어렵게 되었다(윤병선, 2008). 농사의 연장에서 각 지역에서 이루어졌던 농산 가공도 가공 자본의 몫으로 되어 버렸고, 제도와 법은 농민의 소규모 가공을 제한하고 식품 자본에게 유리하게 적용되었다. 지역이나 국가 단위에서 순환이라는 체계 속에서 이루어졌던 먹거리의 생산과 소비는 생산 단계에서부터 거대 자본의 지배를 받게 되었다. 종자·농약·비료에서 시작해서 가공과 유통에 이르는 거의 전 과정이 거대 종자업체와 농화학업체, 유통업체, 가공업체의 지배를 받게 되었다. 그 결과, 소비자가 지출한 식품비 중에서 생산농민의 주머니에 남는 몫은 계속 줄어들었고, 소비자는 소비자대로 획일화된 '질 나쁜 값 비싼' 먹거리를 선택할 수밖에 없는 상황에 놓이게 되었다.

이런 점에서 볼 때, 해방 후 한국의 농업이 걸어온 길은 미국 중심의 먹거리 체계와 초국적 농식품복합체가 지배하는 먹거리 체계로 요약되는 세계 농식품 체계(global agri-food system)로 편입되는 과정이었다. 미국 중심의 먹거리 체계란 미국 주도의 세계무역질서를 바탕으로 한 농산물무역 체계이면서, 포디즘에 입각한 대규모 단작, 농자재의 외부조달 체계이며, 녹색혁명(green revolution)이라는 이름하에 이루어진 생명파괴형 농업이다. 또한 초국적 농식품복합체가 지배하는 먹거리 체계란 카길(Cargill)과 같은 곡물메이저, 몬산토(Monsanto)와 같은 종자 및 제초제 생산기업이 먹거리의 생산과 유통을 주도하는 체계이다. 따라서 해방 이후 한국 농업은 농민들의 자기결정권과 자율성이 상실되고, 순환의 체계에 입각한 영농 체계가 무너지고, 농촌의 공동체성이 파괴되고, 먹거리의 신뢰도 깨지는 길을 걸어왔다고 할 수 있다.

이 글에서는 한국 농업의 산업화 과정에서 나타난 농업·농촌의 변화과정을 살펴봄으로써 현재 한국 농업의 위기적인 상황을 짚어 보고, 농업을 죽임의 산업이 아니라, 살림과 생명의 농업으로 만들기 위해 전개되고 있는 운동들을 개관하면서 앞으로의 과제에 대하여 살펴보고자 한다.

II. 한국 농업의 산업화와 농촌의 변화

1. 잉여농산물로 인한 농업·농촌의 황폐화

해방과 함께 일제의 지배에서는 벗어났지만, 농촌 지역을 억누르고 있었던 봉건적 속박에서 벗어난 것은 아니었기에 봉건적 소작관계와 고율의 소작료에서 벗어나기 위한 농민들의 요구는 해방과 함께 봇물처럼 터져 나왔다. 특히 소작료율의 인하 요구는 봉건적 소작관계를 청산하는 농지개혁 요구에 앞서서 제기되었다. 이에 미군정은 1945년 10월 5일 자 미군정법령 제9

호로 소작료 3·1제를 공포하였다. 즉, 소작료는 원칙적으로 물납제(物納制)로 하고, 소작료가 당해 경지 수확물 총액의 1/3을 초과하지 못하도록 한 것이다. 1945년 12월 전국농민조합총연맹은 결성대회를 통해서 3·7제를 주장하고, 금납제(金納制)와 이모작 소작료 적용반대를 제안했다. 농민들의 이러한 주장에도 불구하고 3·1제가 시행되었고, 금납제는 실현되지 못하였다(김병태, 1992). 한편 농민들의 강한 요구에도 불구하고 농지개혁은 지연되었고, 농지개혁이 지연되는 사이에 지주들은 농지개혁을 예상하고 소작권을 박탈하여 자작으로 전환하기도 하고, 토지를 강매하거나 사실상의 소작을 자작으로 위장하기도 했다.[1] 지주들의 지속적이고도 조직적인 반대로 농지개혁이 실행되지 못하고 있는 가운데 미군정은 과거 일본인 지주가 소유했던 농지(귀속농지)를 대상으로 한 농지개혁만이라도 추진하기 위해서 1948년 3월 22일 남조선과도정부법령 제173호로 귀속농지에 대한 농지개혁을 단행하였고, 이는 정부수립 이후의 농지개혁의 기초가 되었다. 한편, 미군정기에 실시되었던 부분적인 농지개혁은 1950년 4월 28일 농지개혁 시행규칙의 공포로 실시 단계에 돌입하였으나, 한국전쟁의 발발로 농지개혁사업은 곤란에 직면하게 되었다. 결국 1945년의 소작 면적 144만 7,000ha 중에서 농지개혁면적은 60만 4,847ha(귀속농지의 매각 면적 26만 2,502ha 포함)만이 분배되어 1945년 말 총 소작 면적의 41.8%에 불과하였다(한국농촌경제연구원, 1999). 농지개혁을 통한 자작농의 창설과 이를 통한 안정적인 농업생산력의 확보는 해방 이후 중요한 과제였음에도 불구하고 처음부터 달성 불가능한 것으로 되어 버렸다. 더욱이 농산물 가격을 낮은 수준에 묶어 두기 위한 일련의 정책들은 농지개혁을 통해서 해방된 소작농들을 다시 소농적 차지농으로 전락시켰고, 이 과정에서 미국의 잉여농산물에 의존하는 식량농업정책이 지렛대로 활용되었다. 저농산물가격은 농업에서 생산된 경제잉여의 농민 실현을 저지함으로써 농업에서 민부(民富)의 축적을 불가능하게 하고 농업 내부에서 자생적으로 싹트는 진보에의 가능성을 말살하였다(박현채, 1980).

해방 후 들어선 미군정의 경제정책 기조는 일제 말기 전시체제하의 통제적인 요소들을 걷어내고, 자유시장 여건을 빠르게 조성하는 것이었다. 해방 후 두 달도 되지 않은 시점에서 미군정 당국은 양곡배급제를 철폐하고, 양곡 자유시장을 개설했다. 그러나 자유시장이 기능할 수 있는 물적 조건이 갖추어지지 않은 상태에서 급하게 이루어진 정책인 까닭에 시장에서 거래되는 양곡은 턱없이 부족했다(손종호, 1980). 일제의 식량 수탈에서 벗어났는데도 불구하고 국내의 식량 사정이 이처럼 악화된 원인을 당시의 사회적인 혼란과 해외 동포의 귀환이나 북한민의 남하 등에 따른 인구증가를 원인으로 들기도 하지만, 해방 후에도 일본으로 막대한 양의 쌀이 밀반출되었다는 주장에 무게가 실린다. 당시의 농민신문사는 1946-1948년간 쌀 공출량은 933만 석이었으나 배급된 것은 38만 9천 석에 불과했다고 주장하고 있고, 또한 조봉암 초대 농림부 장관도 "1947년산 미곡 중에서 수백만 석은 모리배에 의해 일본으로 밀반출되었고, 도입된 외곡보다 일본으로 밀반출된 쌀이 더 많다."고 주장했다. 당시 이 문제는 한국 내에서 큰 사회적 이슈가 되었지만, 미 군정청은 결국 미국의 원조양곡을 통해서 식량 부족을 해결하고자 하였고, 이것이 식량의 대외 의존의 단초가 되었음은 물론이다.

한국전쟁 종료 이후에 제정된 미국의 공법 480호(Public Law 480, Agricultural Trade Development and Assistance Act of 1954, 농산물무역촉진원조법)는 잉여농산물 원조를 지렛대로 미국의 잉여농산물의 수출 확대를 위한 수단으로 활용되었다. 공법 480호에 의한 잉여농산물의 원조는 대외 원조가 아닌 미국 내의 농업 원조라고 해도 과언이 아니었다.[2] 공법 480호에 의한 잉여농산물원조는 원조를 받는 나라의 식량 사정에 의해서 도입량이 결정되는 것이 아니었기 때문에 국내 생산이 풍작이었음에도 불구하고 양곡을 과다하게 도입하여 초과 공급 현상까지 나타나기도 했다. 또한 미국 잉여농산물의 유입은 국내 생산을 억제하면서 미국에 대한 의존 체질을 강하게 만들면서, 이는 차후에 상업 수출을 확대할 수 있는 기회를 제공하는 것으로 이어진다. 이런 측면에서 식량 원조는 시장 선점으로서의 의미가 있는 것이다.[3]

한편, 미국의 공법 480호의 대상 지역은 1950년대 후반부터 1960년대에 걸쳐 대부분이 아시아, 아프리카, 라틴아메리카의 후진 지역에 집중되었고, 현지 통화 지불을 통해서 적립된 대충자금은 미국 농산물의 시장 개척, 미국이 필요로 하는 전략 자재의 수입, 공동방위를 위한 군사 장비의 조달 등에 충당되었다(保志 恂, 1984). 한국의 경우 대충자금의 80-90%는 국방비에 전입하여 오로지 대미무기류의 구입에 사용하도록 되었고, 나머지 10-20%도 미국 대사관 측의 원화 사용, 미국 유학생의 양성 등에 쓰도록 되어 있었다(이대근, 1987). 미국은 원조물품 판매대금의 사용처를 제한했을 뿐만 아니라, 공여자의 자격으로 한국의 경제 운용 방향에 대해서조차 간섭했다(서울경제신문, 1991.10.22.).

막대한 양의 잉여농산물 도입은 곡물 가격의 억제를 위한 필수 불가결한 수단으로 사용되었다. 국내 생산량을 고려하지 않은 과다한 잉여농산물의 도입은 곡가 파동을 일으키면서 농민의 생산 의욕을 감퇴시켰다. 급기야 1954년산 하곡에 이어 1958년산 하곡에서도 수확 포기 현상까지 나타나게 되었다(손종호, 1980). 미국의 잉여농산물 원조는 국내 식량 가격의 폭락, 농업경시 풍조의 조장, 국내 생산에 기반을 두지 않은 원료 농산물(밀 · 면화 · 원당 등)의 공업 원료 사용 등으로 인해 농업의 자립적인 발전을 봉쇄했을 뿐만 아니라, 공업의 발전이 농업의 발전으로 연결되지 못하는 단절된 경제구조를 만들어 냈다. 미국산 면화에 의존하는 면방직공업은 농가부업적인 성격의 면포 생산과 이중 구조를 창출했다는 점에서 국내적 경제순환을 왜곡시킨 것이기도 했다(新納 豊, 1985).

2. 개발독재와 녹색혁명의 절묘한 결합

1950년대 말부터 서유럽·일본 등 선진 자본주의 국가의 경제 부흥이 이루어짐에 따라 미국은 무역수지 악화에 따른 달러 불안으로 대외 원조 정책, 특히 잉여농산물 원조 정책을 크게 수정했다. 즉, 1960년대에 들어 미국은 달러 방위에 들어가면서 무상 원조를 개별 차관 원조로 변화시킨 대외원조법(Foreign Assistance Act of 1961)에 따라 한국에 대한 원조를 대폭 삭감한다.

이런 가운데 1961년 쿠데타를 통해 집권한 박정희는 강력한 권위주의적 국가기구를 동원하여 '조국 근대화'를 추진했다. 개인에게 집중된 권력, 일사불란한 관료 체계, 경찰과 군·정보부 등을 동원한 강력한 억압 장치 등이 개발주의를 지탱하는 역할을 담당했다(김철규, 2008). 경제성장률, 수출 목표, 1인당 국민소득 등으로 상징되는 개발주의는 1960년대 이후 한국사회의 변화 방향을 결정지었다. 쿠데타 초기에 보여줬던 경제적 민족주의는 농촌지역의 고리채 탕감 정책 등으로 나타났지만, 오히려 부채에 허덕이는 농민들이 그나마 빚을 얻을 곳마저 없어서 쪽박조차 깨 버린 결과를 낳기도 했다.

1966년부터 정부는 고추, 마늘, 양파 등을 중심으로 한 경제성 작물에 대한 주산단지 조성 사업을 진행했다. 그러나 품목 수가 한정되어 있는 경제 작물 중심의 작부 체계는 복합영농을 포기하고, 단작화로 내모는 것이었다. 이 과정에서 다품목 생산에 기초한 복합 영농에서 농가차원에서 이루어졌던 종자의 재생산은 단작화와 함께 점차 사라지게 되었다. 농민의 소득 증대 사업의 일환으로 출발한 축산 정책도 사료를 수입에 의존하는 가공업형 축산을 중심으로 전개되었다(권영근, 1990). 과거의 경종과 축산의 순환은 비효율적인 것으로 되어 버렸고, 사료 곡물의 대부분을 수입에 의존하는 구조가 정착되었다. 한편, 미국의 공법 480호의 잉여농산물 구매 방식이 달러에 의한 구매 방식으로 바뀌게 되면서, 식량 수입을 위한 외화 지출 증대는 외환보유고의 감소 및 공업화의 제약 요인으로 등장하게 되었다. 이에 따라 정부는 주곡(곡물이 아닌)의 자급을 달성하고, 도농 간 소득불균형을 시정한다며 '이른바' '상대적' '고미가 정책'을 실시하게 되었다. 여기에 '이른바'라는 이야기는 정부의 일방적인 이야기라는 것이고, '상대적'이라는 수식어가 붙는 이유는 인상률이 과거에 비해서 높아졌다는 의미이지, 수매가가 생산비를 보장하지는 못했기 때문이다. 즉, 1965-1967년산의 경우 10%에도 미치지 못하던 명목 수매 가격 인상률이 1968년산의 경우 16.9%, 1969년산은 22.6%, 1970년산은 35.9%로 과거에 비해서 크게 높아졌고, 1972년의 식량 위기를 계기로 상대적 고미가 정책은 강화되었다. 그러나 쌀 수매 가격 인상을 방출 가격에 그대로 반영할 경우, 이는 임금 상승으로 귀결되어 결국 자본의 이해와 상충될 수밖에 없었다. 따라서 정부는 식량문제의 악화라는 국내외적 상황과 자본의 이해를 모두 충족시키려는 계산 하에서 이중곡가제(二重穀價制)를 채택하게 되었다.

70년대에 들어서면서 '녹색혁명형 농업에 의한 주곡 증산 정책'이 적극적으로 추진되었다. 이는 '식량 자급'에서 '주곡 자급'으로 정책의 후퇴를 의미하는 것이었고, 통일벼로 대표되는 녹색혁명형 농업의 도입은 비료와 농약 등 외부 자재에 대한 의존성을 높이는 것이었다. 시장에서 선호받지 못하는 통일벼였지만, 일반 벼를 심으면 못자리를 짓밟아 버리는 정부의 강압 때문에 농민들은 통일벼를 심지 않을 수 없었다. 새마을운동이라는 이름하에 실시된 노동력의 강제 동원에 대한 거부와 함께 정부의 억압적인 농정에 대한 농민들의 저항이 없었던 것은 아니지만, 긴급조치하의 대한민국 농촌에서 이를 되돌리는 것은 불가능했다. 대신 다수확품종을 재배하는 과정에서 화학비료와 농약에 대한 의존은 높아질 수밖에 없었다. 1970년 ha당 162kg이었던 화학비료의 사용량은 1990년에는 458kg으로 크게 늘어났고, 농약 사용량은 1970년의 1.6kg에서 1990년에는 10.4kg으로 늘어났다. 특히 1970년대 이후 농약 사용량이 가파른 상승세를 보인 것은 녹색혁명형 농업의 보급과 함께 이농의 가속화에 따른 노동력 부족 문제를 농약 사용의 증가로 해결한 결과이기도 하다.

<표 1> 면적(ha)당 농약 및 화학비료 사용량 추이(단위: kg)

	1970	1975	1980	1985	1990	1995	2000	2005	2010	2013
화학비료	162	282	285	311	458	434	382	376	233	262
농약	1.6	2.7	5.8	7	10.4	11.8	12.4	12.8	11.2	10.9

자료: 국가통계포털(http://kostat.go.kr).

3. 신자유주의 개방 농정과 농업 위기의 심화

제1차 오일쇼크 이후 세계 자본주의가 만성적 불황에서 헤어나지 못한 상황에서 한국에 대한 수입자유화 압력이 거세졌다. 또한 대내적으로는 해외 부문의 통화팽창으로 인한 인플레이션 압력에 시달리게 되면서 농산물 수입 자유화론이 1970년대 중반 이후 계속 대두되기 시작했고, 급기야 1978년 2월에는 '수입자유화 기본 방침'이 확정되고 농산물 수입자유화 조치가 이루어지게 되었다. 이는 이중곡가제 실시에 따른 재정 부담이라는 정부의 이해와 중화학공업 및 사회간접자본 부문 등과 같은 비농업 부문의 자금 수요 급증 등 독점자본의 이해와 일치하는 것이었다. 농산물의 수입자유화 조치는 미곡의 실질 수매 가격의 하락과 함께 이루어졌다. 이에 따라 식량 작물에 대한 경작 면적은 크게 감소하기 시작했고, 대신 고추, 마늘, 양파 등 경제 작물의 경작 면적이 급승했다. 이로 인해 경제 작물은 주기저인 가격 파동에 빠지게 되었다. 더욱이 작황 부진 등으로 생산량이 감소하여 시장가격이 상승하는 경우에는 외국으로부터 대량의 농산물 수입이 신속하게 이루어졌고, 농산물 가격은 항상 낮은 수준에 묶여지게 되었다. 소득 증가에 따른 과일류

수요 증가는 외국산 과일의 수입 확대로 이어져 국내산 과일에 대한 수요 확대를 위축시켰다. 1970년대 중반 이후 물꼬가 터진 미국산 소고기의 수입은 국내 한우의 소고기 가격뿐만 아니라 연쇄적으로 돼지고기 · 닭고기 가격의 급락을 초래했고, 이 과정에서 축산 부문의 생산 집중이 현저하게 되었다. 80년대 초에는 가속되는 개방 농정을 이용해서 절대 권력이 개입된 농민 사기극이라고 할 수 있는 수입 소 파동이 일어나기도 했다.

1987년 민주항쟁 이후 정부는 농어가부채경감 특별조치법의 공포 · 양곡유통위원회의 신설 · 농어촌발전종합대책 수립 등의 조치들을 취하기는 했지만, 신자유주의 개방 농정을 멈추진 않았다. 바나나 수입개방을 필두로 소고기 시장이 열리고, 쌀 시장도 열리게 되었다. 1995년 WTO가 출범하고, 뉴라운드의 다자 간 협상이 지지부진한 사이 정부는 양자 간 협상을 서둘렀다. 2002년의 한 · 칠레 FTA 타결을 필두로 2007년에는 한 · 미 FTA가 타결되는 사이에 추곡수매제도는 폐지되었다. 계속 이어진 한국의 FTA 체결은 인도, EU, 페루, 터키, 호주, 캐나다, 뉴질랜드, 베트남, 그리고 중국에까지 이어졌고, 최근에는 TPP(환태평양 경제동반자협정)로까지 이어질 기세다.

이런 상황에서 우리의 농업 · 농촌과 관련된 여러 수치들은 암담한 현재의 상황을 그대로 보여준다. 곡물자급률은 1970년의 80.5%에서 2014년에는 24.0%로 추락했다. 같은 기간 동안 경작지의 25%가 사라졌고, 특히 식량작물의 경작 면적은 1/3수준으로 줄어들었다. 경지이용률도 142%에 108%로 급락했다.

또한 농업생산액의 구성에서도 큰 변화가 나타났다. 1970년에는 식량작물 생산액이 농업생산액에서 차지하는 비중이 55%였지만, 2010년에는 19%로 크게 줄어들었다. 대신 축산이 차지하는 비중은 같은 기간 동안 15%에서 42%로 증가하였고, 더욱이 축산의 상당 부분은 수입 사료에 의존하는 기형적인 구조로 되어 버렸다.

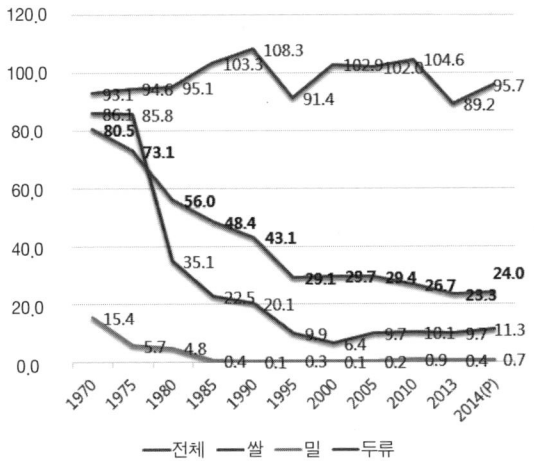

〈그림 1〉 곡물자급률 추이(%)

자료: 국가통계포털(http://kosis.go.kr)

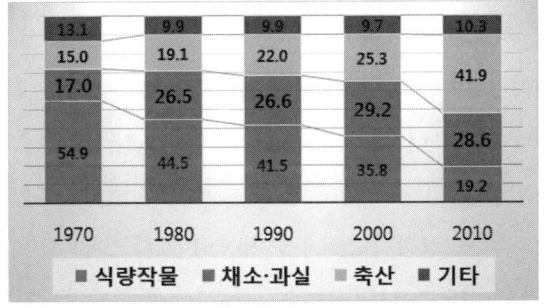

〈그림 2〉 농업생산액 구성 추이(%)

자료: 국가통계포털(http://kosis.go.kr).

　수입 개방 등에 의해서 농산물 가격이 낮은 수준에서 억제되면서 농업소
득이 농가소득에서 차지하는 비중은 크게 하락하였다. 농업소득으로 가계비
를 충당하는 비율(농업소득의 가계비 충족도)은 1970년에는 93.4%였지만, 2013
년에는 33.7%로 낮아졌다. 1970년에는 3,000평 농사를 지으면 가계비를 거
의 충당할 수 있었지만, 2012년 이후로는 30,000평을 지어도 가계비를 충당
하지 못하는 상황이 되어 버렸다.

(단위: %)

연도	0.5ha미만	0.5-1.0ha	1.0-1.5ha	1.5-2.0ha	2.0ha이상*
1970	54.3	88.3	103.6	119.3	112.4
1980	39.6	75.1	89.9	101.5	124.4
1990	33.5	56.3	84.3	96.5	105.5
2000	17.2	42.8	69.4	77.8	93.3
2010	9.6	31.6	38.2	36.5	41.2
2013	7.3	17.1	40.7	63.1	57.2

주 : *2000년 이후는 2.0-3.0ha 자료 : 국가통계포탈(http://kosis.go.kr)

이런 가운데 도시가구소득과 농가소득 사이의 격차는 확대되었다. 농가소득을 도시가구소득과 비교해 보면 1980년대 중반에 농가소득은 도시근로자 가구소득에 비해 110%정도였지만, 1990년에는 97.4%, 2000년에는 80.6%, 2013년에는 62.5%로 격차가 확대되고 있다.

상황이 이러다 보니 농업의 지속 가능성을 담보해 내는 것은 거의 불가능한 상태다. 1960년만 하더라도 농가 인구가 전체 인구의 58.3%였고, 1970년에도 44.7%에 달했지만, 지금은 겨우 5%대를 유지하고 있다. 이와 함께 농업경영주의 고령화도 심각하다. 65세 이상의 고령농가의 비율은 1970년에는 4.9%에 불과했지만, 2013년에는 37.3%로 크게 증가하였다. 더 우려되는 것은 고령농의 비중이 앞으로 더 증가할 것이라는 사실이다. 또한 농사일의 50% 이상을 담당하고 있는 여성이 66.2%를 차지하고 있다.

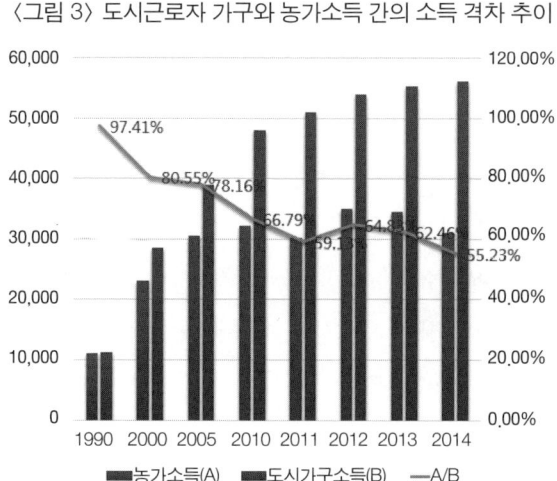

〈그림 3〉 도시근로자 가구와 농가소득 간의 소득 격차 추이

자료 : 국가통계포털(http://kosis.go.kr)

Ⅲ. 대안농식품운동의 전개와 과제

이런 가운데 농업·농촌을 지켜 내고, 식탁의 안전도 지키려는 다양한 형태의 노력이 운동적 차원에서 전개되었다. 그동안 신자유주의 개방 농정에 대한 폐해를 적극적으로 알리고, 이를 저지하기 위해 다양한 운동이 농민운동 단체의 결성 등을 통해서 조직화되었다. 물론 농민운동 단체의 주장과는 전혀 다른 방향으로 개방 농정이 일사천리로 진행되었지만, 전국여성농민회총연합(전여농)의 사례에서 보는 것처럼 토종종자사업과 꾸러미사업 등 구체적 운동을 통해 도시의 노동자, 소비자들과의 연대 강화가 현장에서 실천되고 있다. 특히 1970년대 녹색혁명형 농업을 강제하는 공권력에 맞서서 유기농업운동은 농업 문제를 단지 생산 농민의 문제가 아니라, 사회가 함께 풀어야 한다는 공감을 불러일으켰고, 이는 1980년대 한살림과 가톨릭농민회의 생명공동체운동, 한국여성민우회생협 등을 시발점으로 한 소비자생활협

동조합운동의 확산으로 이어졌다. 특히 이러한 과정에서 한국의 생협운동이 단지 소비자만의 이익을 옹호하는 결사체가 아닌 대안농업운동과의 연대라는 의미 있는 전통도 만들어졌다.

초국적 농식품 복합체의 주도하에 전개되고 있는 세계농식품체계(global agri-food system)는 사회적·경제적·환경적 측면에서 다양한 위기를 초래해 왔다. '농장에서 입까지(from land to mouth)' 또는 '종자에서 식탁까지(from seed to table)' 이르는 과정에 개재하는 자본들의 영역 확대로 먹거리의 안전성과 농업의 지속 가능성, 농촌공동체의 유지 등이 동시에 위협받고 있는 것이 현실이다(윤병선, 2004). 더욱이 세계 농식품체계는 에너지와 자원을 과소비하는 녹색혁명형 농업에 기반을 두고 있으며, 대규모 단작과 지역적 특화에 기반을 두고 있는 환경훼손형 농업일 뿐만 아니라, 거대 자본이 주도하는 생산자재에 의존하여 이루어지는 자기수탈형 농업이기도 하다. 녹색혁명형 농업의 극복은 농민적 영역으로부터 자본에게로 넘어간 투입재·가공 부문·유통 부문에서 농민적 대응력·대항력의 확보를 통해서 이루어질 수 있다. 유기농 운동이 내적인 순환을 중시하고, 농의 주체로 농민을 세우려고 하는 것도 이러한 문제의식에 바탕을 두고 있다고 할 수 있다.

1. 유기농업운동

녹색혁명형 농업은 종자에서부터 수확에 이르기까지 자본의 집약적인 사용을 전제로 하는 단일 경작과 인공적으로 만들어진 화학비료·농약의 광범한 사용 등을 특징으로 하는 '죽임의 농업'일 뿐만 아니라, 각종 농기계와 기술집약적 시설 등을 사용하여 대량으로 농산물을 생산·가공·공급하는 포디즘적 시스템에 기반을 두고 있다. 대안농업은 농업내의 자기의존(self-reliance) 구조를 복원하고, 인간과 인간·인간과 자연과의 관계를 회복시키고자 하는 운동이라고 할 수 있다. 대안농업은 인간과 자연, 생태계가 균형을 이루면서 자원의 순환 고리를 유지하는 것을 지향하는 농업이다. 대안농업은 지역성과 소규모성, 합성물질 투입재의 사용 회피, 지역 자원의 순환이용 등을 위주로 하는 농업이라 할 수 있다. 이에 따라 대안농업은 지역 여건에 따라 경종농업과 원예, 축산이 각각 조사료와 천연 유기질 비료 등과 같은 물질을 매개로 하는 연계를 지향하며, 이를 통해 외부로부터의 물질 공급과 외부로의 부산물 배출을 최소한으로 억제하는 지역 내 순환을 도모한다는 특징이 있다.

1970년대 중반에 시작된 한국의 유기농업운동은 정농회와 가톨릭농민회 등이 중심이 되어 '농'에 대한 새로운 가치 인식과 공동체를 회복하고자 하는 취지에서 태동하였다(윤병선, 2010). 즉, 우리나라의 유기농업은 농업의 의미를 새롭게 보고 농업을 본래의 자리로 되돌려 놓으려는 농민들의 움직임에서 시작되었다고 할 수 있다. 최초의 유기농업생산자단체라고 할 수 있는 정농회가 1976년에 설립된 데 이어서 1978년에 한국유기농업협회가 설립되었고, 1980년대 후반부터는 한살림이나 가톨릭농민회의 생명공동체운동이 전개되었다. 또한 1994년 11월에는 유기농업생산자 단체와 소비자단체가 '환경보전형농업 생산소비단체협의회를 구성한 이후, 1998년 친환경농업육성법이 제정되면서 친환경농업이 양적으로 성장할 수 있는 계기가 마련되었다.

그러나 정부가 친환경농업육성정책을 시행하는 과정에서 유기농 투입재인 토양개량제와 작물보호제 등 외부에서 조달되는 유기농자재에 의존하는 시스템이 고착되었다. 또한 제3자에 의한 인증 자체에 치중하다보니 정부의 〈목록공시〉에 등록된 고가의 자재를 구입하여 사용하는 것이 일반화되었다. 더욱이 정부는 친환경농업육성정책을 추진하면서 '산업적 농업'에 적용되는 생산력주의와 경쟁력주의에 입각하여 양적 지표의 성장에만 몰두했고,

정부의 친환경농업 관련 예산도 친환경 농자재 지원에 집중되었다. 농업생산의 물적 순환을 원활하게 하는 '유기적 시스템'의 구축이라는 과정에 대한 고민보다는 '안전한 농산물'이라는 결과만이 중시되는 전혀 유기적이지 못한 구조가 만들어진 것이다. 정부의 정책이 인증에 중심을 두고, 농자재 지원에 예산이 집중되다보니 유기농업은 '유기농자재를 활용한 농업'으로 정착되어 버린 것이다. 그 결과 유기농이라는 라벨도 여전히 에너지 집약적인 대규모 단작에 기반을 두고 있다는 특징을 가지게 되었다. 여기에 더해서 농기업들, 특히 농자재업체들이 전혀 유기적이지 않으면서 이를 기업의 이윤추구 수단으로 활용하는 '기업의 기회주의적 녹색화'도 진행되었다.

다른 한편으로는 생태성과 대안성, 관계성의 복원을 꾀하기 위해 시작된 유기농업이 농업 위기에 대한 농가의 경제적 생존 전략 차원으로만 축소되어 인식되고 있다. 망가진 땅과 사람의 관계를 되살리는 '과정을 조직하는' 운동의 부재는 필연적으로 수익만을 좇는 생산자와 먹거리의 안전만을 찾는 소비자들을 양산한 측면이 있다. 생산자들은 수익을 좇아서 친환경 유기농업을 선택하고, 소비자는 식품의 안전만을 추구하면서 유기농산물을 찾는 경향이 심화되면서 유기농업이 본래 갖고 있는 생태적 의미나 사회운동으로서의 의미가 퇴색하고 있는 것이다. 따라서 유기농업이 기존의 녹색혁명형 농업을 대체한다는 좁은 개념을 넘어서서 지속 가능한 지역사회발전이라는 관점에서 농업의 다원적 기능이 충분히 발휘되고, 농업뿐만 아니라 지역까지 살려 내려는 노력이 담겨져야 할 것이다.

2. 소비자생활협동조합운동

한국의 소비자생활협동조합(이하 생협)운동은 유기농산물 직거래운동과 함께 발전해 왔다고 해도 과언이 아니다. 한살림과 가톨릭농민회의 생명공동체운동 등을 시발로 1980년대 후반부터 시작된 우리나라의 생협운동은 친환경유기농업을 육성하고 뒷받침하면서 생산자와 소비자의 유기농산물 직거래운동을 사회적으로 정착시켜 왔다. 녹색혁명의 폐해를 몸소 체험한 생산자들의 자주적인 실천으로 유기농업운동이 이루어졌으며, 생산자는 유기농업의 가치를 소비자에게 직접 알리는 교육을 통하여 유기농산물의 직거래사업을 전개했다.

생협을 통한 직거래사업은 정농회, 한국유기농업협회, 한국자연농업협회 등 유기농업생산자단체의 회원을 비롯하여 농민운동에서 시작된 한살림, 여성운동단체인 한국여성민우회생협(현재 행복중심생협연합회), 노동운동에서 지역운동으로 전환한 활동가들이 주도한 지역생협 등 다양한 운동 주체들에 의해 추진되었다. 초창기에는 열성적인 생산자·소비자·운동가들의 헌신에 의존하던 생협들이 1990년대에 들어서면서 낙동강 페놀오염사건, 시화호 오염사건 등 대형 환경 관련 사건들이 터져 나오고, 식품오염사고들이 계속 이어지고, 먹거리의 영향을 많이 받는 식인성질병이 확산되면서 시민들의 호응에 힘입어 성장의 기반을 마련하게 되었다. 농산물은 생산 과정에 관한 정보를 소비자가 육안으로 확인하기 어렵기 때문에 생산자와 소비자 사이의 정보의 비대칭성이 매우 높다는 특징이 있다. 일반 관행농산물의 경우보다 훨씬 더 많은 노력을 필요로 하는 친환경농산물을 생산하는 농민의 입장에서도 자신이 생산한 농산물을 소비자가 신뢰하는 유통 방식을 선호하게 된다. 이런 점에서 생협은 소비자와 생산자의 조직화를 통해서 신뢰에 기반을 둔 거래 관계를 구축하고, 정보의 비대칭성 문제를 해결했다고 할 수 있다. 한편 생협조합원은 우리쌀 지키기나 우리밀 살리기, 한미FTA나 미국산 쇠고기 수입 반대집회를 주도적으로 진행하는 등 먹거리의 단순한 소비자에 머물지 않고, 농업을 지키기 위한 적극적인 행동에 나서기도 했다.

현재 생협의 조직 현황을 살펴보면, 한살림연합(21개 회원조합, 2013년 말 현재), 아이쿱생협연합회(78개 회원조합), 두레생협연합회(28개 회원조합), 행복중심생협연합회(11개 회원조합) 등의 공급액은 2004년 1,700여 억 원에서 2013년에는 8,600여 억 원으로 급증했다. 2004년 20만 명을 조금 넘었던 조합원 수도 2013년에는 80만 명 수준에 이르렀다. 2000년대 중반 이후 식품·유통 자본들이 유기농식품까지 수입을 확대하면서 유기농산물에 대한 생협의 독점적 지위는 크게 약화되었으나, 2008년 4월 이후 미국산 광우병의심 쇠고기 파동과 10월 이후 멜라민 파동 등 먹거리의 안전성을 둘러싼 굵직한 사회적 이슈가 등장하면서 생협의 조직 및 사업이 급격하게 확대되었다.

<표 3> 생협의 조직 및 사업 실적 현황

(단위: 백만원, 개, 세대)

구 분		2004	2006	2008	2010	2013
공급액	한살림연합(21)	70,202	93,592	132,598	190,940	304,452
	아이쿱생협연합회(78)	42,813	73,407	130,150	280,000	427,900
	두레생협연합회(28)	25,013	31,707	36,815	70,260	101,649
	행복중심생협연합회(11)	6,607	7,479	11,352	20,529	16,900
	기타	21,651	18,107	23,839	33,548	7,952
	합계	166,286	224,292	334,754	595,277	858,853
조합원수	한살림연합	99,761	132,787	170,793	242,916	410,211
	아이쿱생협연합회	31,950	30,725	54,660	110,000	194,856
	두레생협연합회	29,856	37,670	44,575	85,000	142,359
	민우회생협	11,155	12,911	17,187	24,900	30,170
	기타	31,612	31,795	37,420	49620	7,587
	합계	204,334	245,888	324,635	512,436	785,183

주: 1) 농산물, 축산물, 수산물, 가공식품, 생활용품을 포함한 금액. 2) 괄호 안의 숫자는 회원조합수

그러나 최근에 들어서면서 매장이 가능한 입지가 부족하게 되고, 특정 입지 내에서는 생협 간의 경쟁이 심화되고, 유기농산물 전문 매장의 개설도 확대되면서 생협운동은 새로운 상황을 맞이하고 있다. 또한 생협들이 규모의

경제를 실현하기 위해 만들어 낸 전국적인 물류 체계는 생산자와 소비자의 연대와 신뢰를 바탕으로 하는 생협운동의 기본적인 토대를 훼손하기도 했다. 생협의 사업 확장이 끊임없는 먹거리의 위험이라는 외적인 요인에 영향을 많이 받은 상황에서 생산자와 소비자의 관계성보다는 물류 효율을 중시하는 사업 전개는 생협의 운동성을 빈곤하게 만들 수 있다. 이런 과정에서 생협운동이 출발할 당시 지니고 있던 사회운동으로서의 문제의식이 퇴색하고, 생협운동이 현실의 단선적인 유기농산물 직거래사업으로 귀착되어 버릴 가능성도 커지고 있다.

실제로 전국적인 물류 구조를 가진 일부의 생협들이 지역의 생산자들을 줄 세우고 있다는 최근의 비판들은 이런 상황과 무관하지 않다. 따라서 현재 전국 단위로 편재되어 있는 구조를 광역 단위 중심이나 더 나아가 지역 단위 중심으로 확대하여 구축할 필요가 있고, 단선적인 전국 단위의 물류 구조가 아닌 지역 물류를 보다 확대할 필요가 있다. 그동안 생협조직이 물류사업 확대에 몰두하면서 정작 지역사회 내에서 먹거리와 관련된 활동을 소홀히 한 측면도 간과할 수 없다. 과거에는 지역 내 소모임 활동을 통해서 조직과 소비자 간의 일상적인 의사소통 채널을 구축함으로써 생협의 운동성을 확보하고 사회적 존재 가치를 높여 왔으나, 최근에는 시장적 도구성에 집중하여 사업체적 성격에 매몰되는 경향이 보이기도 한다. 이로 인해서 운동체와 사업체의 모순적 통일체이면서 결사체인 협동조합이 지향해야 할 부분을 놓치고 있는 것은 아닌가라는 비판이 제기되기도 한다.

3. 지역먹거리운동과 도시농업운동, 도시징터

현대의 농식품 체계의 문제 자체가 다층적이기 때문에 대안적 고민도 매우 다양한 층위에서 이루어질 수밖에 없다. 이는 현대 농식품 체계의 문제가 더욱 심각해졌을 뿐만 아니라, 그 영향이 다양한 계층에 다양한 형태로 미치기 때문이기도 하다.

　로컬푸드운동으로도 일컫는 지역먹거리운동은 현대의 농식품 체계하에서 발생한 먹거리의 공간적·시간적·장소적·형태적 괴리의 확대를 극복하고자 하는 운동이라고 할 수 있다(윤병선, 2008). 직거래를 통해서 농업문제를 해결하고자 하는 시도는 농민운동 차원에서도 그 사례가 많았지만, 지역먹거리운동은 단순한 직거래운동을 넘어서서 농업의 지속 가능성을 담보해내기 위해서는 농(農)과 식(食) 사이의 단절된 관계를 극복하고 지역 내 자원의 선순환을 꾀함으로써 지역의 재생도 도모하자는 목표가 있다. 따라서 지역먹거리운동이 농과 식의 관계를 좁은 물리적 공간 안에서 소통되도록 하자는 의미로 해석하는 잘못은 범하지 말아야 한다. 지역먹거리운동의 '로컬'은 세계농식품체계의 '글로벌'이라는 추상성에 대응한 용어라는 점에 주의해야 한다.

　지역먹거리운동이란 순환의 체계를 만들어 가고자 하는 운동이고, 화학비료나 농약의 대량 살포, 공장식 축산 등이 가져온 생태적 재앙과 먹거리 불안을 극복하는 운동이기 때문에 지역먹거리운동의 대상은 안전하게 생산된 먹거리일 수밖에 없다. 지역먹거리운동을 시작할 때에는 여건상 어쩔 수 없이 관행재배 농산물도 당분간 대상에 포함시키더라도, 일정한 경과조치를 둔 후에는 강화된 기준을 충족하는 농산물이 운동의 대상으로 되어야 한다. 또한 대규모 단작 혹은 특화 단지에 의해 주도되고 있는 농업 현실에서 지역의 다양한 먹거리 수요를 지역에서 생산된 먹거리로만 충족하는 것은 불가능하기 때문에 '물리적 거리'에 근거한 지역 설정은 운동 방향의 설정에 오히려 장애가 될 수 있다. 좀 더 유연한 자세로 '사회적 거리'를 축소시킬 수 있도록 노력해야 할 것이고, 이 경우에는 가까운 인근 지역을 묶어 내는 일종의 제휴 산지의 개념을 도입할 필요도 있다. 아울러 지역의 품목별 생산 현황을 파악하여 지역먹거리운동의 출발로 삼을 주요 품목을 무엇으로 설정할 것인가를 고민하면서, 지역의 다양한 수요에 상응하는 다품목생산을 유도해야 한다. 또한 농민과 소비자 사이의 소통의 확대를 꾀하는 구체적인 작업을 전개함으로써 먹거리의 생산으로부터 철저하게 유리되어 있는 도시민들이 먹거리에 대하여 올바르게 인식하도록 하는 일도 중요하며, 지역의 생산자·소비자·자치단체 등의 참여를 끌어내야 한다. 개별 생산자와 소비자가 분산되어 있는 상태에서 동력을 만들어 내기 힘들기 때문에 마을별·품목별로 생산자조직을 묶어 내고 이를 바탕으로 지역협의체를 구성하는 작업이 필요한 것은 말할 것도 없다.

도시농업은 도시민이 직접 농산물을 생산·소비한다는 점에서 현대의 농식품 체계가 만들어 놓은 농과 식의 단절을 극복하는 직접적인 대응이라고 할 수 있다. 도시농업을 통해 소비자는 직접 생산에 참여함으로써 생산과 소비 사이의 간격을 줄일 수 있으며, 농산물의 공급 이외에도 도시민들의 농업에 대한 이해와 관심을 높일 수 있다. 도시농부시장은 서울 시내와 근교에서 키운 농산물이나 가공품을 도시의 장터에서 판매하는 것으로, 농업이나 먹거리뿐만 아니라 지속 가능한 사회에 대한 사회적 공감을 확산하는 공간이라고 할 수 있다.

IV. 전망

신자유주의 세계화로 먹거리의 생산·가공·유통 및 소비 체계는 세계적 규모로 급속하게 통합되고 있으며, 이 과정에서 선진국과 후진국을 막론하고 농업 생산과 관련한 전 과정이 초국적 농식품복합체의 직간접적인 지배 하에 놓이게 되었다. 초국적 농식품복합체들에 의한 지구적 규모의 농업 지배의 강화는 생태학적 문제를 야기하고, 대규모 단작을 중심으로 하는 산업적 영농으로 인해 농약의 남용을 가져오며, 농민들이 운영하는 협동체를 위협하고, 작물의 다양성을 감소시키고, 농촌사회의 불평등을 조장할 뿐만 아니라, 소비자는 값싼 위험식품에 노출된다. 현재의 농식품 체계는 환경적으로 균형 잡힌 영농 체계를 무너뜨리고, 유전적 자원의 다양성을 훼손하기 때문에 소비자의 자유로운 선택을 어렵게 만들고, 재생 불가능한 자원의 다량 투입을 전제로 하기 때문에 지속 가능성을 담보할 수 없다.

대안적인 농식품 체계가 구축되기 위해서는 생산자와 소비자의 단순한 연계에서 벗어나서 '소비자의 생산, 생산자의 소비'를 통해 한 단계 높은 차원의 연대를 구축해야 한다. 또한 지역사회의 생산자와 소비자가 상호 신뢰를 바탕으로 지역사회 공동체를 구현하기 위해 노력해야 한다. 관행농업과 대안농업은 단순히 영농 방식이 다르다는 것을 의미하지 않는다. 나아가 대안적 농식품 체계는 단순히 농산물 체계만이 아니라 사회 전체가 새로운 패러다임을 통해 대안사회를 추구하는 노력을 수반해야 한다. 또한 유기농업은 지역별 환경 요인에 바탕을 두고 생산 규모를 조정하고, 자연순환농법과 저투입농법을 확산시키면서, 사회경제적 정책적 구성 요소들이 서로 유기적으로 관련을 맺는 시스템으로 농촌 구조가 전환을 모색하는 것일 뿐만 아니라, 이를 통한 지속 가능한 지역사회로의 회복과 농촌지역의 인간 권리의 회복까지 포괄하는 것이어야 한다. 공생과 생명의 유기농업운동은 지역 속에서 인간과 자연의 순환을 원활하게 하고, 그 속에서 농업 종사자들의 권리를 회복시키고, 소비자의 식탁에 안전한 먹거리를 공급하자는 것이지만 그 본래의 자리를 찾아가는 일이 생산농민들만의 노력으로는 불가능하다. 따라서 생산자와 소비자가 연계된 대안적인 생활협동조합이나 지역먹거리운동이 실험 범위를 넘어서지 않고 있지만, 이들이 거대한 글로벌 경제에 대한 저항운동과 합류하고 여러 다양한 차원의 존재들과 합류해 나간다면 커다란 운동으로 바뀔 수 있을 것이다.

일본의 저명한 경제학자 우자와 히로후미(2008)는 "농업은 자연에서 생존하는 생물과의 직접적인 관계를 통해 생산은 이루어 내기 때문에 농업을 하나의 산업이라는 관점에서 바라보기보다는 보다 폭넓게 농사라는 인간 본래의 삶의 방식과 관계를 가진 것으로 생각해야 한다."고 주장한다. 이러한 우자와의 주장에 귀를 기울이면서 앞으로 대안농업운동은 다음과 같은 점을 충분히 고민해야 할 것이다.

첫째, 순환의 체계를 만들면서 농사의 외연적 확대를 꾀해야 한다. 1차 농산물의 생산에서 그치는 것이 아니라, 이를 지역에서 가공하고, 나아가 이를 지역에서 판매하는 노력이 필요하다. 이러한 고민은 단지 농민들에게 더 많은 부가가치를 생산할 수 있도록 하는 것에서 그치지 않고, 지역의 다양한 주체들에게 참여할 수 있는 기회를 제공함으로써 지역경제의 활성화에도 기여할 수 있다.

둘째, 현재의 관행화된 유기농업에 대한 진지한 반성도 필요하다. 유기농업은 안전한 먹거리를 지향하는 것에서 끝나는 것이 아니라, 생산 과정에 투입되는 자원도 가능하면 내부에서 조달하는 시스템을 지향한다. 현재와 같이 석유 문명에 기초를 두고 있는 농업생산 체계는 생산물의 안전성과는 별개로 유기적인 것이 아니다. 가능하면 농업생산에 투입되는 농자재를 내부에서 확보하려는 노력이 필요하다.

셋째, 다품종 소량생산 체제를 통해 농사의 내포적 심화를 꾀해야 한다. 대안농업운동은 단지 안전한 먹거리의 생산만을 지향하는 것이 아니라, 생산 과정에서의 생태성도 중요한 가치로 삼고 있다. 이는 소품종 대량생산의 체제로는 달성할 수 없으며, 대규모 선업농이 아닌 건강한 소농들에 의해서 달성될 수 있다. 대안농업운동은 농업의 회생을 통해서 농촌의 회생을 꾀하는 운동이기 때문에 새롭게 농민들을 이 운동에 참여시키는 노력을 게을리하지 않아야 하고, 파괴된 농촌공동체를 회복하기 위해 보다 많은 노력이 필요하다. 아울러 유기적인 관계를 고려한 영농 방식으로 생산한 농산물이 지역에서 가공되고 소비되는 선순환이 만들어져야 한다. 생태적 여건을 고려한 유기농업 생산, 지역공동체를 회복하기 위한 상생의 생활협동조합운동, 지역산 농산물의 가공을 우선적으로 고려하는 순환 체계가 이루어짐으로써 지역 내의 자기의존 체계(self-reliance system)를 공고히 하는 것이 대안농업운동이 지향해야 할 목표라고 할 수 있다.

앞으로는 다양한 층위에서 혹은 서로 다른 영역에서 전개되어 온 대안농식품운동이 서로의 관계망이 중첩될 수 있도록 하는 작업이 필요하다. 유기농업을 비롯한 친환경농업, 그리고 이와 결합된 생협운동, 지역공동체운동, 지역농업운동, 그리고 최근의 지역먹거리운동에 이르기까지 지역을 바탕으로 혹은 생산자와 소비자의 연대를 바탕으로 전개해 온 대안운동을 좀 더 폭넓고 의미 있게 전개할 수 있는 지평을 넓혀 나가야 한다. 최근 세계유기농업협회(IFAOM, 2015)가 유기농 3.0(Organic 3.0)이라는 의제를 통해서 제3자 인증 중심의 체계에 의한 유기농업의 한계를 인식하고, 지역의 다양한 주체들의 참여를 중시해야 한다는 제안은 이러한 문제의식의 연장에서 나온 것으로 평가된다. 다만 유기농업운동, 생협운동, 지역먹거리운동, 슬로푸드운동 등은 대안농식품운동으로서 큰 의미가 있지만, 나름 경계해야 할 지점들이 있다. 안전성만을 최우선의 가치로 두는 유기농업이 과연 온전한 것인가라는 질문에서부터, 지역먹거리운동의 경우에는 이른바 '로컬의 함정'에 빠지지 말아야 한다. 지역먹거리가 세계농식품 체계에서 발생한 여러 가지 사회적·경제적 문제들을 즉자적으로 해결해 줄 것이라는 환상을 갖지 말아야 한다.

보다 중요한 것은 대안농식품운동을 통해서 우리가 달성할 수 있는 가치는 무엇이고, 그 가치를 달성하기 위해서 어떤 형태로 대안농식품운동을 풀어 나갈 것인가에 대한 지속적으로 성찰해야 한다는 것이다. 유기농산물, 생협물품, 지역먹거리, 슬로푸드 등은 목표가 아니라, 수단이라는 점을 인식하고, 목표와 수단, 목적과 전략을 혼돈하지 말아야 한다. 이들 대안농식품운동을 통해서 어떠한 사회적, 경제적, 생태적 관계를 만들어 내면서 전개되는가가 중요한 것이지, 물적인 매개물로서의 먹거리인 유기농산물 혹은 지역먹거리 자체가 중요한 것은 아니다. 대안운동이 운동을 통해서 극복하고자 했던 대상과 동일한 폐해를 가져온다면 그것은 대안운동으로서의 의미를 이미 상실한 것이나 다름없다. 대안운동은 기존의 먹거리체계 속에 뿌리를 두고 있더라도, 스스로가 대안을 내세우며 맞서고 있는 대상과 유사하게 행동하는 것은 피해야 한다. 그나마 우리에게 다행스러운 것은 현대의 세계농식품 체계가 가지고 있는 문제점을 일찍이 인식하고 대안운동을 전개해 온 다양한 주체와 조직들이 우리들 가까이에 존재한다는 점이다. 다양한 갈래의 대안이 제시되고 있지만, 중요한 것은 자본이라는 거대한 괴물이 농업과 먹거리를 지배하는 상황이라고 해서 대안운동 자체가 괴물로 되는 것은 피해야 한다는 점이다.

폴라니의
'거대한 전환'과 다원적 발전

정태인*

* 칼폴라니 사회경제연구소 소장

폴라니는 기본적으로 사회철학자이다. 하지만, 그는 또한 19세기 이래의 자본주의를 분석한 경제학자요, '실체 경제'의 구성을 실증하기 위해 고대와 중세를 연구한 역사학자인 동시에 인류학자였다.

그러나 그가 거대한 전환의 마지막 장(복합사회에서의 자유)이 그려 낸 미래 상으로 현실의 사회를 구성하기는 매우 어렵다. 그의 사회주의란 결국 시장 사회와 시장 정서를 극복하는 일이고 경제를 매우 다양한 제도 속에 착근시 켜서, 결국 사회 안에 다시 묻어 버리는 일, 즉 민주주의에 의해 경제를 규율 하고 그것이 지속될 수 있도록 제도화하는 일일 것이다.

현실 사회에 대한 그의 분석은 후기 저작보다는 오히려 전반기에 쓴 단편 적인 글들에서 찾을 수 있다. 특히 젊은 시절 '붉은 비엔나'의 경험과 사회주 의 계산 논쟁은 그가 현실 문제를 직접 다룬 예이다. 블록과 소머스(Block & Sommers, 2014), 데일(Dale, 2010) 등은 이런 경험을 종합해서 미래상을 그려 내 려 했다. 하지만 그 역시 여전히 추상적이다.

문헌학적으로 폴라니가 그린 미래상을 그려 내기보다 칼 폴라니의 전체 사상에 비추어 현재를 해석하려는 시도들도 있다. 대표적으로 스티글리츠의 발문(Stiglitz, 2001), 폴라니의 딸인 폴라니레빗의 책(PolanyiLevitt, 2013), 그리고 뷰러워이의 논문(Burawoy, 2013) 등이 있다.

먼저 뷰러웨이를 중심으로 폴라니 사상에 입각한 현대의 해석을 살펴본다 (1장). 이어서 폴라니의 다원주의, 또는 다원적 발전 개념을 현대의 행동경제학과 진화생물학으로 해석해 본다. 또한 I, II부에서 사상적 근원을 밝힌 사회적경제의 현실적 지속 가능성을 검토한다. 말하자면 폴라니의 사상에 입각한 미시경제학의 일부를 제시하려고 한다.

마지막으로 폴라니의 가장 큰 약점으로 지적되는 변화의 원리, 그중 가장 중요한 요소인 현재의 거시경제 메커니즘을 밝혀야 한다. 이 부분은 거의 완벽한 공백이라고 할 수 있다. 나(정태인)는 그 가능성을 포스트케인스주의 거시경제학, 특히 최근에 각광받는 소득주도성장론에서 찾으려고 한다. 물론 소득 플로우 위주로 파악하는 케인스경제학이 자산을 포괄하는 이론이 되어야 하고, 단순한 거시 지표의 균형이 아니라, 폴라니가 강조하는 바, 탈상품화[1]와 에너지와 물질의 균형까지 포함되어야 할 테지만(아마도 생태경제학의 과제가 될 것이다) 이는 나의 능력을 한참 넘어선 일이다.[2]

말하자면 III부의 과제는 칼 폴라니의 사상에 기초해서 미래의 비전에 반영하고 나아가서 현실 정책을 설계하기 위해서 현대의 사회과학이론으로 재기술하는 일이다. 두말할 나위 없이 수많은 사람들이 오랜 기간 연구하고 토론해야 하는 일이다. 하지만 그 어떤 장정도 누군가의 한 걸음으로 시작될 것이다. 그 첫걸음마가 아무리 서투르고 엉터리일지라도…

I. 세계 금융위기와 거대한 전환, 그리고 대응운동

케인스의 『일반이론(General Theory)』은 1936년에, 폴라니의 『거대한 전환(Great Transformation)』은 1944년에 출간됐다. '평화의 경제적 귀결'로 이미 대중적 명성을 얻은 케인스의 『일반이론』은 즉각 환호와 격렬한 비판의 대상이 됐지만 『거대한 전환』에는 거의 아무런 반향도 없었다. 하지만 폴라니는 역사학자, 인류학자, 경제학자, 그리고 실천가로서 광범한 족적을 남겼으며 그의 삶의 다양한 경험이 흘러들어 일가를 이루고 또 거기에서 남은 생의 이론과 실천이 비롯된 원천이 바로 『거대한 전환』이다.

『거대한 전환』은 19세기로부터 시작해서 1920년대에 절정에 이른 시장만능주의에 대한 비판이다. 시장의 단일 원리로 사회를 조직할 때 '최대 다수의 최대 행복'을 거둘 수 있다는 믿음은 도저히 상품화할 수 없는 인간·자연·화폐마저 '허구의 상품'으로 만들어 냈다. 물론 그 과정은 고전파 경제학자들의 주장대로 자연스러운 것이 결코 아니었고 기실 '국가 계획'에 의해 진행됐다. 영국의 1834년 구빈수정법(구빈법의 폐지와 노동시장의 확립), 1844년 필 은행법(금본위제의 채택과 중앙은행의 설립), 그리고 1846년 반 곡물법(자유무역주의의 채택)이 핵심 수단이었다. 이렇게 할 수 없는 일을 하는 것이 '이중의 운동'의 첫 번째 운동이며 그 결과 사회는 파멸로 치달았다. 절체절명의 위기에 빠진 사회에서는 당연히 이를 막으려는 움직임이 나타나며 그것이 두 번째 운동이다. 이 두 번째 운동은 물론 사회운동(예컨대 노동조합과 최저임금법)이 핵심이지만, 보수 집단의 저항(예컨대 스피넘랜드법)이나 부작용을 막으려는 관료들의 실용적인 정책(예컨대 보호관세)도 모두 포함된다. 나아가서, 폴라니에 따르면 대공황 이후의 뉴딜과 파시즘 역시 사회를 보호하기 위한 대응운동으로 본다. 『거대한 전환』은 이러한 이중운동에 대한 경제사적 기술이며 시장자유주의의 허구성에 관한 이론적 증명이다.

케인스의 '우리 손자들이 누릴 세상'이 그랬듯이 폴라니 역시 지나치게 낙관적이었다. 『거대한 전환』이라는 책 제목 자체가 19세기의 낡은 경제적 자유주의, 자기조절적 시장이 이제 운명을 다하고 거대한 전환을 하기에 이르렀고 파멸적 시장화는 재연되지 않을 것이라고 생각했다.

하지만 두 번의 전쟁과 대공황으로 파국을 맞아 사멸했던 '시장 유토피아'는 불행하게도 1970년대 중반 이래 글로벌 차원의 신자유주의로 부활했다. 노동 상품화를 한층 진전시킨 노동시장의 유연화(예컨대 한국의 비정규직법), 자연의 상품화와 사적 소유권의 강화(예컨대 투자자국가제소권), 금융화의 급

진전(자본의 완전한 자유이동과 무역자유화) 등이며 이는 워싱턴 컨센서스(개방, 민영화, 긴축), 그리고 이런 이념을 모든 나라에 강제하는 IMF의 대출 조건과 WTO 설립(지적재산권, 서비스, 투자의 자유화), 그리고 한미 FTA를 거쳐 TPP와 같은 거대 FTA 체결로 최고조에 달했다. 2008년 이래 지금까지 지속되고 있는 금융 위기는 폴라니의 관점에서 명백히 '자율조정시장'의 파멸이지만 경제적 자유주의는 여전히 힘을 발휘하고 있다.

뷰러워이(Burawoy, 2013)는 이 과정을 마르크스주의 관점에서 재정리했다.[3] 그는 폴라니의 낙관이 자본주의의 논리를 심각하게 받아들이지 않았기 때문에 비롯되었다고 비판하면서 이 논리에 따라 과거에서 현재까지 시장화(marketization)의 세 파도를 확인했다. 이 과정에서 그는 마르크스의 생산 위주 사고 역시 비판했다.

그림에서 보듯이 세 파도의 주요 계기는 1834년의 빈곤법 개정, 1933년의 금본위제 폐지, 최근의 생태 위기이다. 이 주기에 따라 주요 위기의 성격과

〈그림1〉 시장화의 세 물결

Figure 2.1: Three waves of marketisation

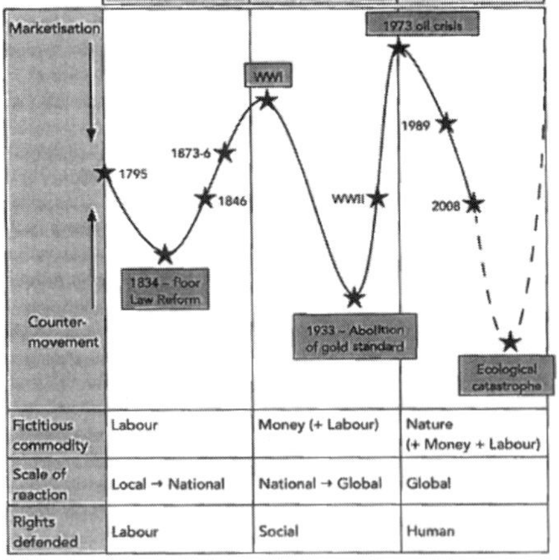

	First-wave (1795–1914)	Second-wave (1914–1973)	Third-wave (1973– ?)
Fictitious commodity	Labour	Money (+ Labour)	Nature (+ Money + Labour)
Scale of reaction	Local → National	National → Global	Global
Rights defended	Labour	Social	Human

출처: Burawoy, 2014, p.40

과제도 달라졌는데, 첫 번째 파도(1795-1914) 때는 주로 노동의 허구적 상품화가 문제였으며, 두 번째 파도(1914-1973) 때는 화폐의 허구적 상품화(즉 금본위제와 노동의 재상품화)가 문제였다. 그리고 현재의 세 번째 파도는(1973-현재) 자연의 상품화(화폐의 재상품화, 노동의 재재상품화)가 진행되고 있다는 것이다.

각각에 대한 대응운동의 규모는 첫 파도에는 지방에서 국민국가단위, 두 번째 파도는 국민국가 단위에서 글로벌 단위로, 그리고 세 번째 파도 때는 글로벌 단위로 확대되었고, 이 대응운동이 지키려 했던 권리는 첫 번째는 노동권, 두 번째는 사회권, 세 번째는 인권 그 자체로 확대되었다.[4]

즉 뷰러워이(그리고 E.O. 라이트)는 (초기) 마르크스주의의 경제결정론을 기각하고 폴라니의 비결정론을 수용한 것이다. 좁은 의미의 계급적 시각을 벗어나 현실적으로 어디에 모순의 중심이 있는지를 '시장화'라는 관점에서 조명하여 노동과 자본의 모순(1파동), 생산과 교환의 모순(2파동), 생산과 환경의 모순(3파동)으로 핵심적인 과제가 변화한다는 것이다.

결국 사회학적 사회주의(라이트와 뷰러웨이 등)의 현실 인식과 실천적 주장은 현대 폴라니주의와 같은 방향을 향한다. 라이트의 현실 유토피아(Real Utopia)는 제도적 다원주의와 이질성을 주장한다는 점에서 폴라니의 다원적 발전과 통한다. 따라서 그는 자본주의를 극복하는 단일한 제도 설계가 아니라 사회적 권력화(empowerment)가 다양한 제도적 형태에 대해 공간을 열고 있다고 주장한다. 그는 다양한 제도 형태의 예로 노동자 협동조합과 사회적 경제 프로젝트, 국영은행과 국영기업, 기업의 사회민주적 규제, 연대 금융, 참여 예산 등을 열거하고 있다.[5] 폴라니의 다원적 발전론을 재구성하려면 이들의 주장에 충분히 귀를 기울여야 할 것이다.

또다시 사회는 파국으로 치닫고 있다. 세계 · 국가 · 지역 등 각 차원에서 진행된 사회의 양극화, 인류의 절멸까지 우려하게 만드는 기후 온난화, 그리고 현재 진행 중인 글로벌 금융 위기와 미국 헤게모니의 쇠퇴가 그것이다.

물론 폴라니의 이중운동도 나타나고 있다. 노동 유연화에 대한 저항, 생태주의 운동, 1999년 시애틀에서 폭발한 신자유주의 반대 운동, FTA 반대 운동 그리고 현재 논쟁 중인 금융규제 방안 및 IMF의 출자 구성 전환, 각국의 자연보호입법 및 사회보호 입법(예컨대 오바마의 건강보험 도입 정책) 등이 그것이다.

위기의 대안이 뚜렷하지 못할 때 발호한 파시즘의 가능성마저 폴라니의 시대를 닮았다. 과연 세계는 어디로 가는 것일까? 더욱이 한국에서 지금 이명박 정부의 4대강 사업에 이어 박근혜 정부가 밀어붙이고 있는 서비스산업 민영화와 비정규직법 개악은 말 그대로 '완전한 파괴를 향해 뛰어드는 것(plunges into utter destruction)'이다. 파국이 증명됐는데도 더더욱 시장 만능의 정책을 사용하는 만큼 인간과 자연의 생명은 바야흐로 절벽 끝에 몰렸다.

폴라니의 후계자들은 그의 아이디어를 발전시켜서 각종 반대 운동에 내재해 있는 제도들을 발견하고 이들을 하위 시스템으로 연결해 나가 결국 전체 시장 시스템에 도전하려는, 광의의 제도주의 작업을 하고 있다(특히 칼 폴라니 정치경제연구소). 이들이 퀘벡을 중심으로 사회적경제와 공공경제의 결합에 심혈을 기울이고 있다는 사실로부터 우리는 폴라니 사상의 현실화가 어느 방향을 향하고 있는지 짐작할 수 있다.

폴라니는 또한 마르크스주의 고유의 난점인 '계급과 대중의 괴리' 문제도 해결해 줄지 모른다. 특히 산업노동자 계급이 자신의 단기 이익에 빠진 현실(로버트 라이쉬가 적절하게 묘사했듯이 대기업 노동자들은 동시에 소비자이며 투자자가 되었다)에서 이들이 공동체 전체의 이익을 대변하지 못한다면 자기 고유의 이익마저 지키지 못하리라는 폴라니의 지적은 날카롭다(제13장, 제15장). 즉 폴라니에게 계급과 그 역할은 고정되어 있는 것이 아니며 다른 이익집단과의 토론과 학습을 통해 시장 시스템의 폐해를 막아 낼 때 비로소 대응운동의 주역(agency)이 될 수 있다.

폴라니에게 사회주의란, '복합사회의 자유'를 더욱 확대하는 (결사체)민주주의에 다름 아니다(제21장). "사회주의는 그 본질에서 자기조정 시장을 극복하기 위해 그것을 민주적 사회의 명령 아래에 의식적으로 복종시키고자 하는 것으로, 이는 산업 문명에 본질적으로 내재하는 경향이 있다. 이는 산업 노동자들에게는 너무나 자연스러운 해결책이었다."(559쪽) 시장을 다시 사회에 '묻어 들어가게 하는 것'이야말로 민주주의가 해야 할 일이며 이는 틀림없이 산업노동자와 시민사회가 해야 할 일이다.

폴라니가 누누이 강조했듯이 경제는 사회에 묻어 들어가야 하며, 동시에 경제학은 윤리와 도덕 안에 묻어 들어가야 한다. 이를 위해서는 인간과 사회, 그리고 자연에 대한 총체적인 비전과, 구체적인 실천에 따라 '거대한 전환'을 이루어 내고 그 전환이 끊임없이 진화하면서도 일정한 균형을 이루도록 해야 할 것이다.

II. 폴라니 사상의 미시적 기초[6]

1. 폴라니의 사회적 통합 양식 - 인간성과 제도의 다양성[7]

> 통합의 형태들, 즉 상호성, 재분배, 교환은 경제의 다양한 수준과 상이한 부문에 병렬적으로 나타날 수 있다. 그것들 중 지배적인 것을 꼽는 것이 불가능할 때도 종종 있을 것이다. 그러나 이들 형태는 경제의 부문과 수준 간에 분화함으로써, 비교적 간단한 방법으로 경제과정을 기술하는 수단을 제공하고 이에 따라 경제의 끊임없는 변화에 질서를 부여하게 된다.(Polanyi, 1957, p255)

폴라니의 이 구절은 다른 문헌에도 반복해서 나타난다. 폴라니가 자기조정시장·경제적 결정론을 비판할 때, 가장 강력한 근거는 인류학과 역사학에서 이미 증명되어 있는 바로 위 문장이었다. 즉 현실의 어느 사회에서도,

심지어 30여 년간 신자유주의가 휩쓸어 제도와 사람이 시장 일변도로 흐른 현재에도 상호성과 재분배에 의한 사회 통합은 엄연히 존재한다.

폴라니가 일관되게 비판한 호모 에코노미쿠스라는 경제학의 인간관은 현대 행동경제학에 의해서 무너졌다. 물론 여타 사회과학에서는 이 인간관을 끝없이 비판했지만 경제학 내부에서 이견이 나타났고 적어도 현실이 그렇다는 점을 경제학자들도 인정하기에 이르렀다. 현실의 일반인들을 향한 실험에서 인간은 이기성과 함께 상호성을 언제나 일관되게 나타낸다. 끝없이 반복되고 있는 최후통첩게임이나 공공재게임의 결과가 이를 증명한다. 그렇다면 폴라니의 사상을 행동경제학(진화생물학과 진화심리학)에 의해서 재해석할 수 있지 않을까? 또는 그의 역사적, 인류학적 증거를 논리적으로 해명할 수 있지 않을까?

수많은 실험과 현장 증거를 통해서 증명된 바지만 협동이라는 인간 행위는 상호성에 입각해서 설명된다. 상호성은 지난 30년 간 생물학, 심리학, 사회학, 경제학의 인기 연구 주제 중 하나였다. 실로 (강한) 상호성은 협동의 기초이며, 따라서 '공공재의 딜레마'나 '공유지의 비극'과 같은 사회적 딜레마를 해결하는 원천이다.

사회적 딜레마는 전체의 합리성과 개인의 합리성이 일치하지 않는 경우로 정의되며, 실로 인류의 윤리와 종교가 해결해야 할 가장 중요한 과제였다. 해서 모든 종교나 윤리에는 황금률이 보편적으로 나타난다. 황금률은 "무엇이든지 남에게 대접을 받고자 하는 대로 남을 대접하라(마태복음 7장 12절)."는 성경 구절이나 "기소불욕 물시여인(己所不慾 勿施於人)(논어 12장)" 공자 말씀, 그리고 불경[8]이나 코란에서도 쉽게 찾을 수 있다.

또한 근대 계약이론의 각종 학설도 결국 이기적 행동에 의한 갈등을 해소하는 다양한 방식으로 요약할 수 있을지 모른다. 홉스의 '리바이어던'과, 스미스의 '보이지 않는 손'은 과거의 상호성에 입각한 윤리학으로부터 다른 방향으로 탈주했다. 즉 국가가 무임승차자를 규제하거나, 또는 시장가격을 조절할 수 있다는 사상이 그것이다. 개인을 발견한 근대가 그로 인한 사회적 갈등을 해결하기 위해 국가와 시장이라는 탁월한 제도를 강조하게 된 것이다. 하지만 국가는 그 자체로 개인을 억압할 수 있으며 시장은 사회적 동물[9]로서의 인간을 악마의 맷돌처럼 갈아버릴 수 있다. 폴라니가 누누이 강조했듯이 인간은 사회적 존재이며 일정한 사회적 규범 하에서 '공동선(common good)' 또는 '좋은 삶'을 누릴 수 있다. 즉 사회의 복귀가 필요한 것이다. 내 생각에 사회의 복귀란 곧 인간의 본성 중 상호성이 다시 제자리를 찾는 길이다.

상호성에 관해서 여기서는 수학으로 표현되어 가장 간명하게 보이는 노박[10]의 이론으로 설명한다.

앞의 두 열은 '죄수의 딜레마'가 5가지 규칙(혈연선택, 직접상호성, 간접상호성, 네트워크상호성, 집단선택)에 의해 '사슴사냥게임'으로 변화한 것을 보여준다.

〈표1〉 협동진화의 5가지 규칙

| | | Payoff matrix | | Cooperation is... | | | |
		C	D	ESS	RD	AD	
Kin selection	C	$(b-c)(1+r)$	$br-c$	$\frac{b}{c} > \frac{1}{r}$	$\frac{b}{c} > \frac{1}{r}$	$\frac{b}{c} > \frac{1}{r}$	r...genetic relatedness
	D	$b-rc$	0				
Direct recipprocity	C	$(b-c)/(1-w)$	$-c$	$\frac{b}{c} > \frac{1}{w}$	$\frac{b}{c} > \frac{2-w}{w}$	$\frac{b}{c} > \frac{3-2w}{w}$	w...probability of next round
	D	b	0				
Indirect reciprocity	C	$b-c$	$-c(1-q)$	$\frac{b}{c} > \frac{1}{q}$	$\frac{b}{c} > \frac{2-q}{q}$	$\frac{b}{c} > \frac{3-2q}{q}$	q...social acquaintanceship
	D	$b(1-q)$	0				
Network reciprocity	C	$b-c$	$H-c$	$\frac{b}{c} > k$	$\frac{b}{c} > k$	$\frac{b}{c} > k$	k...number of neighbors
	D	$b-H$	0				
Group selection	C	$(b-c)(m+n)$	$(b-c)m-cn$	$\frac{b}{c} > 1+\frac{n}{m}$	$\frac{b}{c} > 1+\frac{n}{m}$	$\frac{b}{c} > 1+\frac{n}{m}$	n...groupsize m...number of groups
	D	bn	0				

〈출처〉 Nowak, 2006, p1562

사슴사냥게임이 되었다는 것은 이기적 인간도 해(협력, 협력)를 선택할 수 있다는 것을 의미한다. 단, 상호 신뢰를 할 수 있을 때만 그러하다.

수학적으로 사슴사냥 상태에서도(현실에서 협동의 이익이 모두에게 크다는 것을 인지하게 되었을 때도) 상호 신뢰가 없으면 배반을 택할 수 있다. 이런 상호 신뢰를 돕는 것이 제도, 규범, 네트워크 등이다. 제도는 물질적 인센티브나 물리적 제재와 같은 법과 규칙(노스의 공식적 제도)을 말하며 규범은 위반할 때 수치심이나 죄의식을 느끼게 하는 도덕적 규율(노스의 비공식적 제도)이다. 폴라니가 사회제도와 함께, 시장 정서(market mentality)를 바꿀 수 있는 규범을 강조한 이유가 여기에 있을 것이다. 제도를 강화하면 오히려 규범이 무너져서 역효과가 나타날 수 있다. 예컨대 아이의 심부름에 돈을 줘 버릇하면 돈 없이는 심부름하지 않는 게 당연하다고 생각할 수 있다. 즉 제도가 사람을 만들 수 있다.[11]

한편 〈표1〉에서 r, w, q, k, n/m은 모두 c/b라는 비용/편익의 비율과 비교된다.[12] 각 규칙에 조응되는 특수한 관계의 척도(r=유전자 공유 비율, w=거래의 반복 확률, q=타인에 대한 정확한 파악의 정도, k=이웃의 크기, n/m=집단크기/집단의 수)와 경제적, 또는 생물학적 수익률(의 역)을 비교하는 것이다. 이를 원용해서 시장 관계를 해석하자면 r의 크기를 최소화해서(즉 익명성) 수익률이 낮아도 협동(거래)이 이루어지도록 만드는 제도라고 할 수 있다. 반면 민주주의는 토론을 통해서 (특히) 직간접 상호성에 의해서 협동이 이루어지도록 한다고 할 수 있을 것이다.

협동에 관해 우리가 찾을 수 있는 규칙들을 모아 보면 다음 〈표2〉와 같다.

국제협동조합연맹의 협동조합 7가지 원칙	오스트롬의 공유자원 관리 8가지 규칙	노박의 인간협동의 5가지 규칙
1. 공유와 공동이용 2. 민주적 의사결정 3. 참여 4. 자율성 5. 교육 6. 협동조합 간 네트워크 7. 공동체에 대한 기여	1. 경계의 확정 2. 참여를 통한 규칙 제정 3. 규칙에 대한 동의 4. 감시와 제재 5. 점증하는 제재 6. 갈등 해결 메커니즘 7. 당국의 규칙 인정 8. 더 넓은 거버넌스 존재	1. 혈연선택 2. 직접상호성 3. 간접상호성 4. 네트워크 상호성 5. 집단선택
	*이후 연구를 통해 협동을 촉진 하는 미시상황변수 추가 1. 의사소통 2. 평판 3. 한계수익 제고 4. 진입 또는 퇴장 가능 5. 장기적 시야	*이후 행동/실험경제학과 진화 생물학이 찾아낸 협동촉진 변수 추가 1. 민주주의적 소통 2. 집단정체성 3. 사회규범의 내면화

〈출처〉 정태인, 이수연, 2013, 346쪽

노박은 게임이론을 이용하여 협동이 일어나는 5가지 조건을 추출했고 (Nowak, 2006, 2012), 오스트롬은 전 세계의 공유자원(공동으로 이용하는 숲이라 든가 강) 관리 사례를 경험적으로 연구해서 8가지 규칙을 찾아낸 공로로 노벨 경제학상을 받았다(Ostrom, 2010). 국제협동조합연맹(ICA)의 7원칙은 1840년 대 로치데일의 경험 이래 그동안 쌓인 수많은 성공과 실패의 경험을 정리한 조직·운영원리이다. 위 표는 이들을 병렬한 것인데 자세히 들여다보면 논 리와 경험에서 추론된 여러 차원의 지혜가 일맥상통한다는 것을 발견할 수 있다.

즉, 이 표는 협동에 관한 인류의 지혜를 총집결한 것이라고 할 수 있을 것 이다. 예컨대 협동조합의 제1원칙인 공유와 공동이용은 협동조합에 오스트 롬의 8가지 규칙이 적용된다는 것을 의미한다. 민주적 의사결정(그리고 참여와 교육) 원칙은 자본주의적 기업의 경영에 비해 굼뜨고 중구난방이 되어 비효율적일 것 같지만 오스트롬과 노박의 규칙에서 협동을 촉진하는 필수적 수단들이라는 것을 알 수 있다. 협동조합이 돈과 사람의 동원에서 취약하다는 점을 보완하는 데 필수적인 제6원칙인 협동조합의 네트워크는 오스트롬의 더 넓은 거버넌스의 존재, 그리고 노박의 네크워크 상호성과 집단선택(집단정체성)과 긴밀하게 연결되어 있다. 물론 공유자원 관리의 핵심 주체인 지역공동체는 또한 혈연선택과 집단선택이 일어나는 공간이기도 하니 협동조합의 생존에 필수적이다. 협동의 원리는 시장이나 국가, 공동체에 모두 적용될 것이다. 하지만 국가에는 법에 의한 제도가, 시장에서는 개인 간의 계약이라는 제도가 훨씬 더 강하게 작용할 것이다. 어쩌면 이들 두 영역에서는 애매한 사회규범이 되도록 회피해야 할 존재, 또는 약탈(악용)의 대상이 될지도 모른다. 흔히 말하는 회색지대가 그렇다. 하지만 공동체에서는 암묵적 규범이 훨씬 더 중요하다. 이를 세세히 법이나 계약으로 규정하는 순간 공동체의 사회적 통합은 깨질지도 모른다.

이 세 영역과 자연에 각각 어울리는 인간성과 교류 양식, 추구하는 가치, 그리고 약점을 〈표3〉에 요약했다.

〈표3〉 시장경제, 공공경제, 사회적경제, 생태경제의 관계

	인간본성	상호작용 메커니즘	가치	단점
시장경제	이기성 (Homo Economics)	경쟁(교환)	효율성	불평등, 생태문제, 시장심성
공공경제	공공성 (Homo publicus)	재분배	평등(공정성)	리바이어던, 관료화
사회적경제	상호성 (homo reciprocan)	협동	연대	가부장성, 배제성
생태경제	공생 (homo symblous)	공존	지속 가능성	세대 간 정의의 불가능성

〈출처〉 Jung taein, 2014

이 표에서 밑줄친 글씨가 폴라니의 다양한 사회통합 방식이다. 이 표에서 교환, 재분배, 상호성은 각각 시장경제, 공공경제, 사회적경제의 상호작용 메커니즘이거나 인간 본성이다. 내 나름으로는 이렇게 이해하는 것이 앞으로 폴라니의 뜻대로 시장을 다양한 제도에 의해서 규제하고, 결국 사회에 뿌리박게 하는 데 도움이 된다.

각각의 경제제도는 고유의 상호작용 메커니즘과 가치, 그리고 약점을 지니는데 이들 경제제도를 어떻게 배열하느냐는 사회에서 결정될 것이다. 적어도 이 네 가지 제도를 하나로 일원화하는 것은 사회의 분열 또는 경직화를 낳을 것이다. 예컨대 1920년대와 현재의 신자유주의는 불평등을 낳고 생태문제를 악화시킬 것이다. 과거의 국가사회주의는 공공경제라는 제도로 사회를 일원화함으로써 관료화를 통해 사회를 경직시켰다. 사회적경제 역시 고유의 가부장성이나 외부에 대한 배타성이라는 약점을 안고 있다. 낸시 프레이저(Fraser, 2013)가 이중운동에 해방을 추가한 삼중운동을 제안한 것도 이 때문일 것이다. 여태까지 폴라니의 사상을 현대의 사회이론으로 재해석했지만 이런 최종 목표를 이루기 위해서는 다시 정책으로 해석하는 과정이 필요하다. 이를 위해 어설프게나마 작성한 것이 다음 표다.

〈표4〉 협동의 규칙과 정책 방향

협동의 규칙	장단점과 정책 방향
공유와 민주적 의사결정, 참여와 의사소통	· 사회적경제란 공유자원의 생산과 이용 · 공유 이익과 비용의 공정한 분담 · 토론과 의사소통 참여에 의한 딜레마 극복
지역공동체와 네트워크, 정체성	· 지역공동체는 혈연선택, 반복거래(직접상호성), 평판(간접상호성) 메커니즘이 작동하는 공간 · 집단 정체성의 형성과 제고 · 집단 경쟁에 의한 집단 내 협동 촉진 · 기술혁신을 위한 개방적 학습시스템(open learning system)의 형성 · 지자체 간 규칙의 일관성(시의 정책과 구의 정책)

자율성	· 정책의 공동수립(co-construction)과 공동실천(co-production)은 사회적경제의 자율성을 전제 · 정책 결과에 대한 책임 역시 자율성을 전제, 특히 금융
제도와 규범	· 물질적 인텐시브 등 공식 제도가 사회의 규범, 특히 도덕 규범을 훼손할 수 있다는 점을 정책 수립 시 반영

<출처> 정태인 등, 2014

이 표는 사회적경제를 정책적으로 지원하려고 할 때 염두에 두어야 할 중요한 정책 방향이다. 즉 사회적경제란 공유자원을 지역 주민이 이용해서 사회적 목표와 경제적 목표를 달성하는 경제이며 이는 협동의 규칙을 따라야 한다.

특히 중요한 것은 함부로 보조금이나 상여금 등 물질적 인센티브로 문제를 해결하려고 해서는 안 된다는 점이다. 사회적경제는 규범(민주주의와 협동)에 의해서 운영하는 경제인데, 물질적 인센티브는 그러한 규범을 무너뜨릴 수 있기 때문이다.

그럼 각 경제제도를 적절히 배치해서 각각의 장점을 극대화하고 약점을 최소화하는 한편 사회적 딜레마를 해결해서 사회통합을 이루는 방법이 존재할까? 폴라니의 사회주의는 곧 민주주의에 의한 경제의 규율이다. 이 원칙이 경제제도 통합의 기본 원리일지도 모른다.

2. 폴라니의 경제민주주의와 사회적경제[13]
- 사회적경제, 공공경제, 시장경제의 관계

폴라니는 경제민주주의자로도 불린다. 그의 사상은 결국 민주주의에 의해서 시장을 규율하는 것이기 때문이다.

한국에서 경제민주화란 도대체 무엇일까? "국가는 균형 있는 국민경제의 성장 및 안정과 적정한 소득의 분배를 유지하고, 시장의 지배와 경제력의 남용을 방지하며, 경제주체 간의 조화를 통한 경제의 민주화를 위하여 경제에 관한 규제와 조정을 할 수 있다."는 헌법 119조 2항(김종인 조항)이 그 근거다. 즉 헌법은 소득재분배(복지), 그리고 독점 규제(재벌 개혁)를 허용하고 있는 것이다. 제헌헌법에는 이익균점권이 있었으니 우리 헌법은 유구한 경제민주화의 전통을 지니고 있는 셈이다.

그런데 경제민주화란 경제민주주의를 향하여 간다는 뜻일텐데 경제민주주의라는 목표는 어떤 모습일까? 불행하게도 이 질문에는 한국뿐 아니라 세계적으로도 명확한 답이 없고 그야말로 백화제방(百花齊放)의 상태이다. 경제학자들은 '시장이 곧 민주주의'라는 프리드먼(Freedman, M)의 강변 이래 별 관심이 없었고 정치학자들만 띄엄띄엄 의견을 개진했을 뿐이다.

경제민주주의 하면 떠오르는 학자는 정치학자 달(Dahl, R. Dahl)이다. 그는 적어도 선진 사회의 정치에서는 '1인 1표'라는 (형식적) 민주주의가 규범인데, 경제에서는 왜 '기업 괴물(corporate leviathan)'의 전제주의가 규범인지에 의문을 제기했다. 따라서 정치과 경제가 대칭적이기 위해서는 '작업장 민주주의(workplace democracy)'가 필수적이다.

이런 문제의식은 1980년대 진보적 경제학자들에게도 나타나는데 보울스(S. Bowls) 등의 민주적 기업이 그것이고, 프리먼(R. Freeman)은 30년 넘게 이 문제에 천착해서 공유자본주의론을 완성했다.

기업 내 민주주의를 넘어 롤스(J. Rawls)는 경제에도 자신의 정의론을 적용한 결과 '재산소유 민주주의(property-owning democracy)'를 이상적 사회로 내세우기에 이르렀다(또 하나의 대안은 '자유주의적 사회주의'). 놀랍게도 롤스는 스웨덴의 복지국가를 강하게 비판했는데, 복지국가가 자산 소유(생산 자산, production assets)의 양극화를 용인해서 정의의 원칙인 '기회 평등의 원칙', '차등의 원칙'을 위반했기 때문이라는 것이다(자유의 원칙도 위반했다고 해석하는 학자도 있다). 결국 롤스는 자산 및 자본재분배를 주장한 것이다.

우리 헌법은 사실상 독점의 시정(즉 산업구조상의 문제)을 중심으로 경제주체간의 조화를 국가가 추구해야 한다는 것이고 달과 프리먼은 기업의 민주화를, 그리고 롤스는 재산소유의 민주화까지 주장한 것이다. 이 모두를 일반화한다면 자신의 삶과 자유에 영향을 미치는 모든 차원의 의사결정에 시민들이 참여해서 결정할 수 있는 상황이 경제민주주의라 할 수 있을 것이다.

주류경제학은, 주주(투자자)를 제외한 다른 이해당사자들이 노력과 보상에 대한 계약을 맺었으므로 잉여(또는 잔여, residual)에 대한 아무런 권한도 없고 따라서 그들은 투자자(또는 그 대리인인 경영자)의 지휘, 통제에 따라야 한다고 믿는다. 또한 그럴 때만 이윤극대화라는 기업의 목표가 확실해져서 효율성을 높일 수 있다고 주장한다. 실제로 우리 주위는 이런 믿음과 실천으로 가득차 있다.

하지만 주류경제학의 시각에서 보더라도 모든 계약의 불완전성(모든 상황을 미리 낱낱이 계약서에 반영할 수도 없으며 완벽한 감시와 처벌도 불가능하다) 때문에 이해당사자의 목소리가 반영되어야 한다. 더 근본적으로 최근의 행동경제학·실험경제학에 따르면 인간의 상호성 때문에 기업에서도 이해당사자의 목소리가 반영되어야 더 높은 효율을 달성할 수 있다고 주장한다. 따라서 이해당사자들이 자기 목소리를 내거나(voice), 정 안 되면 회사나 하청관계에서 빠져나갈 수 있도록(exit) 힘을 부여하는 것이 경제민주주의의 핵심 과제가 된다.

노동조합은 자본주의적 기업 안에서 그런 역할을 하는 조직이다. 노동조합의 네트워크인 산별 노조나 전국 노조는, 일부 유럽의 경우 노동자 정당과 결합하여 복지국가의 형성에 결정적으로 기여하였다. 즉 전국적 노조와 사민주의 정당은 경제민주주의를 달성하는 유력한 수단이 될 수 있다. 그런 점에서 민주노총의 조직률이 5% 수준에 머물고 그들이 지지하는 진보당이 자중지란에 빠진 현실 자체만 보면 한국의 경제민주화의 앞날이 매우 어둡다고 생각할 수 있다.

한편 사회적경제는 기업 바깥에서 시작되었으며(소비자 협동조합), 그것이 생산자 조합과 금융부문 조합(협동조합 전문 은행이나 보험 등)으로 발전하여, 스페인 몬드라곤이나 이탈리아의 에밀리아 로마냐, 캐나다의 퀘벡 등에서는 사회적경제의 범주가 주민의 삶을 규정하는 네트워크가 형성되었다. 말하자 면 협동조합을 포함한 사회적경제는 자본주의 시장경제 바깥에 존재하는 경 제민주주의의 보루라고 할 수 있다. 협동조합은 1원(1주) 1표가 아닌 1인 1표 의 원칙에 의해서 중요한 의사결정을 하기 때문에 경제민주주의를 처음부터 내장하고 있는 조직이라고 할 수 있다. 그러나 한국의 사회적경제 역시 이제 막 첫걸음마를 내디뎠을 뿐이다.

정치적 민주주의는 그 자체로 경제민주주의의 토대이다. 무임승차자에 대 한 응징과 구성원 간의 소통이야말로 협동을 이루는 지름길이다. 앞 절에서 보았듯이 민주주의와 소통은 사회적경제를 운영하는 원리일 뿐 아니라, 여 타 경제에도 지대한 영향을 미친다.

최근의 금융 위기 이래 전 세계적으로 사회적경제에 대한 관심이 높아지 고 있다. UN과 ILO와 같은 국제기구도 사회연대경제를 하나의 분과로 다루 고 있다. 이탈리아 등 협동조합이 활발한 나라의 역사를 보더라도 경제위기 시에 협동조합의 숫자나 규모가 증가했던 것이 사실이다.

EU가 90년대부터 사회적경제에 관심을 집중한 것은 복지국가의 한계에 직접 맞닿아 있다. 즉 글로벌라이제이션에 따른 압력과 경제의 서비스화에 따른 생산성 저하, 그리고 출산율 저하와 노인 인구의 증가로 인한 고령화, 이 모든 현실의 귀결로서의 전후 사회시스템의 위기는 사회적경제의 '부활' 과 밀접한 연관이 있다. 첫째로 가난과 사회적 배제 문제를 해결해야 했고 둘째로 시장과 국가가 아닌 영역에서 새로운 기회를 창출해야 한다는 점에 서 사회적경제는 각광을 받고 있다. 한국은 실업과 재정적자라는 면에서는 서구보다 낮지만 기본적인 복지도 갖춰지지 못한 상황에서 양극화가 극단으로 진행되었고 그 결과 세계 최저의 출산율을 보이고 있다는 점에서 마찬가지 처지에 놓여 있다.

또한 1980년대 이후 활발해진 시민 주도 운동과도 연관이 있을 것이다. 공동체운동, 여성운동, 환경운동, 문화 및 지역공동체운동을 이끄는 다양한 결사체가 국가 및 시장에 새로운 관계 정립을 요구했다. 밑으로부터의 자조적(bottom-up, self-help) 발전이 새롭게 추구되었다(chantlier, 2005 참조).

특히 최근의 금융 위기는 폴라니의 진단을 돌아보게 만든다. 시장 만능의 정책으로 사회가 분열되면 이에 대응하는 운동이 발생한다. 결국 21세기 들어 더욱 활발해진 사회적경제(운동)는 신자유주의로 인한 완전한 파괴에 대한 대응이라고 볼 수 있을 것이다.

유럽에서 1970년대 중반 사회적경제라는 용어가 다시 등장한 것은 앙리 드로쉬와 클로드 비네가 오랜 전통의 협동조합, 상호회사와 결사체들의 공통점을 이론화하려는 데서 비롯되었다고 할 수 있다(Laville et. al., 2004). 사회적경제는 나라와 지역에 따라 대단히 다양한 모습을 띠었기 때문에 이 작업이 그리 쉬운 일은 아니다.

그러나 사회적경제의 핵심 요소인 협동조합에 대한 논의는 간헐적이지만 대단히 역사가 깊다. 마르크스 · 레닌 · 그람시 등 좌파 이론가들은 전통적으로 협동조합에 많은 관심을 가지고 있었다. 엥겔스는 『공상적 사회주의에서 과학적 사회주의로의 발전』에서 협동조합운동의 의의와 역할을 명시적으로 부정했지만, 마르크스는 『자본론』 곳곳에서 협동조합을 유력한 이행 대안 중 하나로 상정했다. 레닌도 신경제정책 이후 협동조합의 중요성을 강조했으며, 그람시는 협동조합이 강한 이탈리아의 상황에 영향을 받아 진지전의 유력한 물적 토대로 협동조합을 상정했다.

자유주의 경제학자들 역시 마찬가지였는데 길드 사회주의 등의 영향을 받은 존스튜어트 밀, 그리고 개혁적 케인스주의자인 미드는 물론 한계혁명의 왈라스까지도 협동조합에 커다란 의미를 부여했다. 예컨대 밀의 다음과 같은 문장에서 협동조합에 대한 당시 경제학자들의 태도를 엿볼 수 있다.

"(협동조합 등;역자주) 결사체 형태(the form of association)는, 인류가 계속 발전시킨다면 결국 세상을 지배할 것임에 틀림없다…. 노동자 자신의 결사체가 평등, 자본의 집단적 소유를 기초로, 스스로 선출하고 또한 바꿀 수 있는 경영자와 함께 자신의 일을 수행하는 형태이다(Mill, 1871, Meade, 1989, p ix에서 재인용)".

따라서 사회적경제라는 개념을 어떤 이데올로기적 전통과 곧바로 연결시킬 수는 없다. 국제협동조합(ICA)는 어떤 정치적 성향도 거부했었고, 한국의 생협운동 또한 정치적 중립을 표방하고 있다. 협동조합의 이런 측면은, 최근 중국에서 협동조합운동이 시민사회를 만들어 내는 중요한 역할을 하고 있지만 되도록 정부나 이데올로기와 부딪치지 않은 채 온건한 자유주의적 성향을 보이는 데서도 찾을 수 있다(Zhao, 2009). 이것은 협동조합을 품고 있는 사회적경제라는 범주, 그리고 그 배경이라 할 만한 시민사회가 대단히 넓은 외연을 가진다는 것을 의미한다.

이탈리아에서 주로 쓰는 시민경제(civil economy, Zamagni, 2004, 2005, Porta ed, 2004 등 참조)와 프랑스의 연대경제(solidarity economy) 역시 사회적경제를 설명하는 데 널리 쓰인다. 이탈리아의 시민경제는 대체로 사회적경제와 시장경제 간의 분리에 반대한다. 시장경제 역시 인간의 상호성이 개입되어 있다는 것이다.[14] 반면 프랑스의 연대경제는 공공경제와 사회적경제의 관련을 강조한다. 이에 비해 세 영역을 구분하려는 시도는 지금 더 직접적으로 사회적경제 영역을 독자적으로 키워서 사회 통합과 지역 발전을 꾀하려는 정책, 나아가서 이들 영역에 기초한 전체 경제의 민주화를 노린다고 할 수 있을 것이다. 캐나다의 사회적경제 이론가들이 이 입장에 가깝다고 할 수 있다.

사회적경제는 나라와 시대에 따라 아주 다양한 모습을 취했다.[15] 자본주의 경제가 만족시킬 수 없는 인간의 본성이 표현된 것이라고 할 수 있을 것이고 현실적으로는 자본주의의 원리로 사회가 일원화할 때 발생할 수밖에 없는 '완전한 파괴(폴라니)'에 대응하는 것으로서 형성되고 발전했다고 할 수 있다. 또 국가 부문과 관련해서 사회복지 유형론은 각국이 사회경제와 관련해서 강조하는 바가 서로 다르다는 점을 이해하는 데 일정한 도움을 준다.

영미권에서는 협동조합이나 상호공제회 등을 제외하고 순수한 비영리단체로 구성된 제3부문을 하나의 실체로 여기는 경향이 있다. 이것은 자유주의형 사회복지 체제에서 상대적으로 재단이나 자선단체의 자발적 행위가 중요했다는 것을 의미한다. 그림의 오른쪽 부분이 영미권의 제3부문, 또는 비영리(NPO)부문에 해당한다. 반면 사회(연대)경제는 프랑스어를 사용하는 유럽과 캐나다에서 더 중요한 의미를 가지며(Laville, et.al, 2004), 특히 사회복지 시스템이 대륙이나 북유럽에 비해 제대로 갖춰지지 않았던 이탈리아나 스페인에서는 협동조합과 신용조합, 상호공제회가 상대적으로 중요한 역할을 수행하고 있다.

신사회적경제(new social economy)는 80년대 이래의 유럽의 경제 침체와 이에 따른 국가복지의 한계를 극복하기 위해 주로 교육, 보육, 의료 등 사회서비스 분야에서 생겨난 새로운 사회조직(예컨대 이탈리아, 스페인의 사회적 협동조합, 포르투갈의 사회연대 협동조합, 캐나다의 연대 협동조합, 스웨덴의 보육 협동조합, 덴마크의 프로젝트 개발, 영국과 미국의 사회적 기업, 지역개발기업)들로 과거의 사회적경제에 비해 더 다양한 이해관계자들(회원, 노동자, 소비자, 지역공동체)이 의사결정에 참여한다는 특징이 있다. 그것은 현대의 복잡한 문제에 주민들이 직접 대응하기 위해서 다양한 조직 형태를 만들어 내기 때문이다.

유럽의 경우 국가가 제공했던 사회적 서비스를 민영화하면서 시장이 아니라 협동조합이나 사회적 기업이 민영화 서비스를 담당하게 되었다. 예컨대 이탈리아의 볼로냐 시에서는 민영화 서비스의 70%를 협동조합이 이어 받았다. 사회적 기업(영미권)이나 사회적 협동조합(유럽)들은 장애인이나 노인과 같은 사회적 배제자들의 일자리를 만드는 동시에 지역공동체에 필요한 사회적 서비스를 제공하였다. 최근 2007년 사회적 기업법, 그리고 2012년 협동조합 기본법 중 사회적 협동조합장이 대상으로 하는 부분이기도 하다(한편 최근 영국의 보수당 정부도 큰 사회(big society)를 표방하면서 사회적경제를 강조하고 있다. 과거에 좌우파 경제학자가 모두 협동조합을 예찬한 것처럼 위기의 시대에 사회적경제가 각광을 받고 있는 것이다. 국가와 시장의 이분법을 넘어 지역의 자산과 에너지를 바탕으로 하는 것이라면, 그리고 영국의 국가의료체계(NHS)와 같은 기본 복지 시스템을 무너뜨릴 전략이 아니라면 보수당의 이런 정책 역시 거대한 흐름에 편승하려는 것이라고 볼 수 있다. 하지만 기업 자체의 주요 의사결정을 1인 1표로 하는 등의 민주적 의사결정은 현재의 신자유주의 이념과는 전혀 어울리지 않으므로 보수당의 현 정책은 자중지란을 일으킬 가능성이 높다.).

신사회경제가 제공하는 사회적 서비스는 관계재(relational goods), 연대서비스(solidarity service), 친밀서비스(proximity service)로 불리는데, 이들 서비스는 시장경제나 공공경제가 제공하는 것보다 사회적경제가 제공하는 것이 더 유리할 수 있다. 많은 경우 이런 서비스는 수요자가 돈이 부족하거나 공급자가 수익률을 맞추지 못해서(수요곡선에서 균형 가격 아래 오른쪽 부분) 시장경제에서는 아예 공급이 이루어지지 않는데, 나는 이를 시장의 근원적 한계라고 부른다. 한편 공공경제는 관료적 속성으로 인하여 서비스 전달에서 경직성을 보이므로, 지역공동체에 뿌리박은 사회적경제가 더 유연하고 공정하게 공급할 수 있다. 사회적 협동조합이나 사회적 기업에 관한 한국의 각종 통계도 사회적경제가 사회적 서비스(교육, 보육, 의료, 노인 요양), 환경 관련 서비스(재생 에너지, 쓰레기 처리, 조림 등), 문화 서비스 등에 집중되어 있다는 사실을 보여준다.

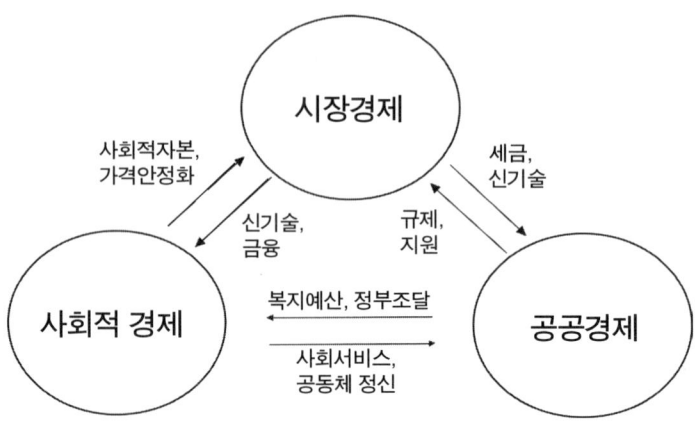

〈그림2〉 시장경제, 공공경제, 사회적경제의 관계

사회적경제의 발전에 시장경제 및 공공경제와의 관계는 결정적으로 중요하다. 〈그림2〉는 각 경제제도 간의 관계를 잠정적으로 도식화한 것이다. 시장경제는 경쟁을 통해 효율성을 추구하므로 기술혁신과 금융 제도의 발전에 유리하다. 반면 사회적경제는 사회적 자본을 형성하여 전체 사회의 (거래)비용을 낮춰 주며, 공공경제에는 재정 절감의 이익을, 시장 경제에는 가격 안정의 이익을 줄 수 있다. 공공경제는 세금으로 운영되므로 보통 안정적인 재정 지원을 할 수 있다. 무엇보다도 국가는 시장경제와 사회적경제의 행동규칙을 제공한다.

현재 사회적경제는 그 비중이 작으므로 시장가격의 영향을 강하게 받을 수밖에 없다. 그러나 사회적경제의 비중이 커지는 경우 시장가격을 억제하는 역할을 할 수 있을 것이다. 사회적경제는 사회적 자본을 공급하므로 시장경제의 생산성을 높일 수 있다. 소비자협동조합은 제품의 질을 보장함으로써 소비자 교육과 보호의 역할을 수행할 수 있다. 즉 사회적경제는 가격이라는 면에서 시장경제에 의존할 수밖에 없지만, 시장경제에 대해서 대안적 경영의 준거가 될 수 있다. 실제로 유럽의 소비자협동조합은 대단히 강해서 월

마트나 까르푸, 테스코 등이 약탈가격 등을 통해 발붙이기 어렵다.

한편 자본주의 역사가 증명하듯 강력한 이윤 동기는 여러 측면의 혁신을 이루어 낸다. 이에 비해 '연대 동기'는 새로운 수요, 새로운 상품의 창출이라는 측면에서는 시장경제에 뒤질 수 있다. 따라서 시장경제에서 일어난 기술 및 제도 혁신을 사회적경제로 수용하는 일은 대단히 중요하다. 에밀리아 로마냐나 몬드라곤이 R&D나 교육을 강조하고 네트워크의 핵심 조직으로 대학과 연구소를 세우는 것은 이런 점과 무관하지 않다. 즉 사회적경제는 시장경제와 분리된 존재가 아니라 동행하거나 보완하는 존재이며 시장경제의 양극화 작용을 억제할 수 있다.

현재 한국에서 사회적경제의 발전 전략에 공공경제, 특히 지방자치체 수준의 공공경제는 매우 중요하다. 사회적경제의 규모와 형태는 나라에 따라 매우 다양하며, 공공경제와의 관계도 마찬가지이다. 특히 복지국가 유형은 각국 사회적경제의 차이를 일정하게 설명해 줄 수 있을 것이다.

복지시스템과 사회적경제의 관계에 관해서는 세 가지 가설이 있다 (Salamon & Anheier, 2000). 첫째는 이질성이론(heterogeneity theory)인데 시장실패와 국가실패가 동시에 발생한 곳에 비영리 부문(사회적경제)이 존재한다는 주장이다. 국가실패란 다수결 원리에 의해 선택되지 못한 부문에 복지가 공급되지 않을 가능성을 의미하며 따라서 이질적으로 구성된 사회에서 소수자에 대한 복지는 적을 것이고, 동시에 비영리부문은 클 것이라고 추론할 수 있다. 그러나 사회적경제의 존재에는 대단히 다양한 요인이 작용할 수 있으므로 이런 추론은 실증적으로 기각된다(Salamon et.al, 2000, Salamon et.al. 2003). 이 주장은 일단 미국을 염두에 둔 것이겠지만, 인종문제가 심각한 후진국에는 두 가지 실패가 모두 존재하면서도 비영리 부문 또한 거의 존재하지 않는 경우가 많다. 둘째로 상호의존론(interdependence theory)은 비영리단체가 국가의 영역에서 활동하지만 국가보다 속도가 빠르고 국가의 개입을 촉진하는 역할을 한다고 주장한다. 그러나 자발성의 실패(voluntary failure) 때문에, 즉 동원 가능한 자원의 부족(자선의 부족, philllanthropie insufficiency이나 자선의 지역 편재성, phillanthropic parochialism) 때문에 비영리 부문의 규모에는 한계가 있으므로 국가는 여전히 필요하다. 셋째는 사회적 기원론(social origin theory)이다. 이 가설은 배링턴 무어의 민주주의론, 에스핑 앤더슨의 복지국가 유형론을 전거 삼아서 각국 사회계급과 제도의 역사적 궤적에 따라 국가와 비영리 부문 간의 관계를 유형화한다.

〈표6〉 복지국가 유형과 비영리 부문의 규모

정부의 사회복지 지출	비영리 부분의 규모	
	적음	많음
낮음	국가주의(statist) 일본, 중남미 국가	자유주의(liberalist) 미국, 오스트레일리아 등 영미형 국가
높음	사회민주주의 (social democratic) 핀란드, 오스트리아	조합주의(corporatist) 독일, 프랑스, 네델란드

출처: Salamon, Sokolowsky, Anheier, 2000, p.15(표3)와 p.18(그림7)에서 재구성

대체로 유럽 국가들은 사회적경제의 전통이 강해서 국가의 사회복지 전달 체계로 남아 있는 경우가 많고(역사적 이유), 사회복지 지출이 많아도 소득수준이 높아서 사회경제의 재원 조달이 일정 규모를 유지할 수 있으며(경제적 이유), 종교와 시민정신에 따라 자선 등이 활발한 것으로 볼 수 있다(사회적 이유). 사회민주주의 모델보다 조합주의 모델의 비영리 부문이 더 큰 것은 20세기 초중반에 노동계급 정당에 의해 철저한 복지 개혁이 이루어지기보다 각 계급의 타협에 따라 전통적 사회경제(구 사회경제)가 '잔존'해서 복지의 전달 체계 역할을 했기 때문이다. 미국으로 대표되는 자유주의 모형은 정치적·

이데올로기적 요인에 따라 정부의 개입을 최소로 억제한 가운데, 개인의 자발성에 의해 사회문제를 일정하게 해결하는 경우로 사회복지와 비영리부문이 일정 정도 대체 관계를 보인다.

물론 한국은 국가주의 유형에 속한다. 1960-1980년대 중반까지의 개발기 동안에 국가는 경제발전에 재원을 집중했고, 사회복지를 공동체(1960년대)와 가족(1970-1980년대)이 떠맡은 결과 지역공동체가 붕괴 상태에 이르렀고, 국민소득이 일정 수준에 다다른 후에는 신자유주의의 물결 속에서 여전히 사회복지가 최소한으로 제약되는 동시에 사회적경제 역시 거의 존재하지 않았다. 나는 1970년대의 새마을운동이 한국의 자생적 사회적경제를 완전히 뿌리뽑았다고 생각한다. 1920-1930년대에 스스로를 보호하기 위한 공동체 내의 각종 협동조합, 상호공제회, 두레 등이 총독부와 관제 협동조합에 의해 해산당했고, 1960년대에 부활한 민간 협동조합(신협, 소비조합)운동은 새마을운동(새마을금고 포함)에 의해 사실상 제거되었다.

한편 한국의 교육이나 의료복지의 확대는 공적 보조금을 받아 시장경제가 전달하는 경로를 따랐다. 1990년대 중반 이래의 '시장화' 기조 속에서 병원이나 학교 등 사적 조달의 주체들은 스스로의 이익 추구를 위해 미국식 제도를 요구하면서도 국가의 보조는 지속되거나 확대되기를 원하는 일견 모순된 입장을 보이고 있다. 반대 진영은 공교육, 공공 의료기관의 확대와 함께 학부모나 환자 등 수요자의 참여를 요구하고 있다. 만일 사적 방식이 사회적경제의 방식으로 바뀔 수 있다면(또는 사회적경제의 비중이 높아진다면) 공공성과 수요자의 참여를 동시에 높일 수도 있을 것이다. 즉 한국에서는 사회민주주의 유형과 조합주의 유형을 동시에 추구하는 것이 가장 바람직한 것으로 보인다.

특히 한국의 취약한 사회적경제는 기능적으로 공공경제에 의존할 수밖에 없다. 특히 공공보조금으로 운영되는 사적기관의 문제가 심각한 사회서비스 분야(의료나 보육, 교육)에서 새로운 관계를 만들어 낼 수 있다. 예컨대 공공 부문 민영화의 일종이었던 PPP(Private Public Partnership)를 다른 의미의 PPP(People Public Partnership), 또는 CPP(Citizen Public Partnership)으로 바꿔낼 수 있다. 또한 독일의 2차 노동시장의 역할이 그렇듯, 사회적경제 영역의 잠재적 고용 능력이 남아 있다는 점에서 적극적 노동시장정책의 주요 주체(Birkholzer, 2005)이다. 사회적경제는 정의상 일자리의 창출에 적합한 것이다.

결론적으로 "제도 설계를 잘 하면 공동체, 시장, 그리고 국가는 서로 대체적인 관계가 아니라 보완적인 관계를 형성할 수 있다(Bowles & Gintis, 2002)." 따라서 사회적경제의 제도화(예컨대 한국의 협동조합법 제정)는 두 영역과의 보완성을 중심으로 이루어져야 한다.

〈보론〉 협동조합은 왜 희귀한가?[16]

협동조합과 사회적 기업은 세계적 위기가 닥칠 때마다 급증한 바 있다. 그러면 협동조합은 왜 위기에 강한 것일까? 사회적경제라는 범주 자체가 사회적 딜레마 해결의 오랜 지혜이기 때문이다. 예를 들어 맹수의 공격으로부터 부족을 보호한다거나, 품앗이로 모내기를 한다든가, 스스로 강물이나 공동 숲을 관리하는 규칙을 만들고 지켜 온 것이 모두 사회적경제에 속한다.

그런데 왜 협동조합은 지배적 범주가 되지 못한 것일까? 지금까지의 역사에서는 상황이 좋아지면 사람들은 언제 그랬냐는 듯 더 많은 단기적 이익을 약속하는 자본주의 기업을 선택해 왔다. 경제학자들은 협동조합의 융성과 쇠퇴기에 간헐적으로 협동조합은 왜 희귀한가를 해명하려 했다. 물론 그 이론적 수단은 주류경제학이었고 결론은 언제나 협동조합은 일정 규모 이상으로 성장할 수 없거나 성장하더라도 주식기업으로 '타락할 것'이라는 예언이었다. 이들의 모델에서 협동조합은 노동자관리기업(Labor-Managed Firm, 이하

LMF), 즉 노동자가 자신의 이익을 극대화하는 조직체로 나타난다.

인간이 전적으로 이기적이지는 않다고 하지만 많은 경우에 인간은 실제로 물질적 이익을 추구한다. 따라서 호모에코노미쿠스 가정에 입각한 경제학자들의 협동조합 비판은 충분히 현실화될 수 있다. 또 어떤 이유로든 현실에서 협동조합 또는 노동자관리기업이 자본주의적 기업 또는 투자자관리기업(Kapital-Managed Firm, 이하 KMF)에 비해 희귀하다는 것은 움직일 수 없는 사실이다.

KMF인가, 아니면 LMF인가는 투자자가 기업을 소유하는가, 아니면 노동자가 기업을 소유하는가로 갈린다. 바꿔 말하면 투자자가 노동을 고용하느냐, 노동자가 투자를 고용하느냐의 문제이다. 다우(Dow, 2000)는 "경제학은 자본주의 기업의 우위에 관해 납득할 만한 설명을 내놓지 못하고 있다."고 단언한다. 실로 새뮤얼슨(Samuelson, 1957)은 경쟁시장 모델에서 자본이 노동을 고용하느냐, 아니면 노동이 자본을 고용하느냐는 아무런 차이가 없다고 말한다. 실로 경제원론 수준에서 단지 기술을 표현하는 생산함수와 비용함수에는 노동 또는 자본의 통제가 나타나지 않는다.

현실에서 이 둘 간의 근본적 차이는, 물리적 자산의 소유권은 언제든 바뀔 수 있지만 인간에 대한 소유권은 쉽게 이전될 수 없다는 사실에 있다. 한마디로 "노동 서비스를 공급하는 능력은 양도(alienable)될 수 없다(Dow, 2000, 2003, Elerman, 1997, 2004)." 또한 노동이라는 요소는 상당한 이질성을 보이지만 금융자산은 그렇지 않다. 즉 자본은 화폐의 양으로 환원 가능하고 그 양이 의사를 결정하지만 노동은 사람의 속성이어서 하나의 양으로 환원할 수 없다는 점에 문제의 근본이 있다.

우선 자본 동원의 면에서 KMF는 주식시장을 통해 유한책임의 소유권을 자유롭게 이전할 수 있기 때문에, 어떤 이유로든 시장에서 인정을 받으면(또는 단순하게 거품이 생긴다 해도) 대규모 자본을 동원할 수 있다. 반면 LMF의 경우는 조합원의 가입비(up front fee)와 비분리 자산(Indivisible Reserve, 협동조합에 유보되는 자산은 조합이 해산한다 하더라도 개인에게 양도될 수 없다)이라는 제약속에서만 자본을 동원할 수 있으며, 소유권의 이전은 노동자 구성의 변화를 전제로 한다. 주식시장에 해당하는 회원권(membership, 조합원권) 시장이 존재한다 하더라도 전통적 협동조합의 경우 회원권의 구매란 그가 조합에 가입하는 것을 의미하므로 KMF에 비해 쉽게 매매가 일어날 수 없다. 또 탈퇴자(판매자)가 높은 가격에 신경을 쓴다면 조합원 노동력의 질이 무시될 수도 있다. 높은 가격을 지불하려는 사람일수록 노동력의 질이 낮을 수 있기 때문이다(역선택). 또한 일반적으로 집단적으로 소유된 자산에 대해서는 무임승차문제(여기서는 오용이나 남용)가 발생할 수 있다. '모든 사람의 소유는 아무도 소유하지 않은 것과 마찬가지(Alchian & Demsetz, 1972)'여서 감시의 태만이 일어날 수 있다.

혼히 LMF에 대한 금융기관의 대출은 기피되는데, 가장 평범하지만 일반적인 이유는 은행이 LMF의 구조에 익숙하지 않아서 적절한 평가가 어렵기 때문이다. 은행이 상대적으로 통제가 용이한 비민주적 기업을 선호하거나(Gintis, 1989), 만일 LMF가 고도로 특화된 자산을 가지고 있다면 담보로 사용되기 어려우며(Williamson, 1988) 은행의 역선택에 대해서 신뢰할 만한 시그널을 보내기 위해서는 스스로 투자를 늘려야 하는데 이 또한 추가로 지불해야하는 비용이라는 이유도 덧붙일 수 있다. 또한 민주적 결정 원칙을 지키면서 자본을 동원하기 위해서는 무의결권 우선주를 발행해야 하는데 이 때도 투자자를 안심시키기 위해 프리미엄을 부여해야 한다(Putterman, 1993).

한편 1주 1표에 의한 의사결정은 최대 주주에 의해 신속한 의사결정이 가능하지만, 1인 1표에 의한 의사결정은 노동자 간의 갈등을 야기할 소지가 있다. 노동자의 구성이 이질적이고 규모가 클수록 그럴 가능성이 높아진다(Hansman, 1990, Kremer, 1997). 다수결에 따라 의사결정이 이루어진다면 평균적 노동자들이 높은 생산성을 가진 노동자의 임금을 깎으려 할 것이므로 고능력자는 LMF를 기피할 것이다(Kremer, 1997).

이상 1980년대 이후에 발전한 계약이론이나 신제도주의 이론에 의한 비판 외에도 고전적인 워드-도마-바넥(W-D-V firm)의 비판이 있다. LMF는 노동자 조합원 1인당 순수입의 극대화를 목표로 하기 때문에 공급대응에 비탄력적이며 심지어 수익성이 좋을 때 고용을 줄이거나 비조합원 노동자를 고용하여 KMF로 타락할 것이다(이른바 워드효과). 또한 은퇴에 가까운 노동자일수록 미래의 투자수익을 누릴 수 없으므로 현재의 투자에 반대할 것이다(Pejovich, 1992, Jensen & Meckling, 1979). 따라서 과소투자의 문제가 발생하거나(시야문제, horizon problem) 새로운 조합원을 받지 않으려 할 것이다(공동소유문제, common property problem). 또한 소규모 협동조합은 기술혁신에도 불리할 가능성이 크다.

이상의 문제는 두 가지 범주로 분류될 수 있을 것이다. 하나는 어떤 이유로든 현재는 KMF가 지배적인 사회라는 데서 비롯된 문제이다. 모든 제도가 지배적 범주인 KMF의 성격에 따라 구성된다면 LMF가 점점 더 불리해지는 경로 의존성이 작용할 것이다. 예컨대 평가의 어려움에서 비롯되는 대출 기피라든가, 불신 때문에 지급해야 하는 프리미엄이 그러하다.

반면에 추론의 결과가 사실에 비추어 기각되는 경우도 많으며, 한쪽의 단점이 다른 쪽의 장점에 의해 보완되는 사안들도 있다. 이것은 기본적으로 협동조합의 조합원들이 이기적으로 행동하지 않기 때문에 발생한다. 예컨대 LMF가 대규모 자본을 동원하는 데 불리한 것은 사실이지만, '시야문제'나 '공동소유문제' 때문에 과소투자가 발생하는 것으로 보이지는 않는다. 일반적으로 협동조합 정신이 잘 스며든 조합의 구성원들은 장기 시야를 가지고 조합 내에 자본을 축적하여 장기투자를 한다든가, 상위 기관에 기금을 조성하는 데 반대하지 않는다. 비분리자산의 축적이 일정한 비율로 이루어지는 것

(몬드라곤의 경우 이윤의 30%를 재투자)은 합판협동조합에서 보듯, 경기 변화에 대한 신속한 대응은 어렵게 한다 하더라도 안정적 축적을 돕는다. LMF는 경기 상황에 대해 주로 임금의 변화로 대응하기 때문에 고용의 안정성(Navarra 2009, Craig & Pencavel, 1992)이 보장된다. 따라서 W-M-D 모델이 예측하는 워드효과는 현실에서는 좀처럼 발견되지 않는다. 비분리자산은 경기변동에 대해서 일종의 자동안정장치의 역할을 하며 이것이 노동자에게 보험을 제공하는 것이다. 또한 상당 규모의 조합 가입비(노동자 협동조합의 경우 월급의 일정액을 나눠서 내고 퇴직 시 일정한 이자를 붙여 되돌려 받는데 이는 사실상 퇴직금과 유사하다)와 협동조합 금융기관의 설립(몬드라곤의 노동금고, 퀘벡의 데자르댕은행, 에밀리아 로마냐의 우니폴 등), 그리고 상위 조합의 기금 조성(이탈리아의 경우 단위 조합은 수익의 3%를 기금으로 낸다)은 금융상의 한계를 극복하기 위한 현실적 제도들이다.

한편 감시와 응징이라는 면에서도(이는 협동의 필수 조건이다) 잔여청구권이 있는 감시자가 도덕적 해이를 막을 수 있다는 앨키앤과 뎀제츠의 주장과 달리 동료 간의 상호 감시가 더 효율적이어서 감시 비용을 줄일 수 있으며(Putterman, 1984) 노동자 간에 상대적으로 높은 합의(commitment)와 신뢰가 존재한다면 훨씬 더 효과적인 상호 감시가 이루어진다. 한편 감시에 관한 한, 주주의 도덕적 해이가 현실에서 더 심각하므로 감시 비용은 늘어날 수밖에 없고, KMF 역시 계약의 불완전성 때문에 노력(effort)의 양을 완전히 조절할 수 없으므로(홀름스톰과 밀그롬) 언제나 노동자에게 추가 유인을 주어야 하며, 실업의 위험에 대한 보험에 해당하는 추가 프리미엄도 제공해야 한다(스티글리츠의 암묵계약이론). 현실에서 LMF는 적은 감시자와 이윤 공유로 높은 생산성을 누리는 경우가 많다(Kruse, 1993).

다우(Dow, 2000)는 LMF의 장단점을 고려하여 LMF가 성공할 조건을 제시하는데, 대체로 자본의 규모가 적고, 자산 특수성이 적으며 동질적 노동자가 팀워크와 정보 공유의 장점을 활용할 수 있는 분야를 들고 있다. 이 외에도 LMF의 경제적 효율성을 높이기 위해 기업공시에 준하는 사회회계표준을 마련할 수 있으며 회원권의 자유로운 매매는 불가하더라도 입회비를 가상의 균형가격에 맞추려고 노력할 수 있을 것이다.

이런 점에 비추어 볼 때 협동조합, 더 일반적으로 얘기해서 사회적경제의 현실적인 어려움은 주로 금융과 인력 면에서 발생한다. 따라서 중앙정부와 지방자치체는 금융상의 불리함을 극복하고 원활하게 인력을 조달할 수 있도록 제도를 정비해야 한다.[17] 또 사회적경제기업들은 네트워크를 이루어서 단위기업의 영세성, 인력과 기술 조달의 어려움을 극복하는 노력을 해야 할 것이다. 몬드라곤이나 에밀리아 로마냐, 그리고 퀘벡 모두 네트워크 만들기에 성공했다는 점에 주목해야 한다.

3. 한국의 불평등과 소득주도성장─폴라니의 거시경제론?

> 노동시장, 토지시장, 화폐시장이 시장경제에 필수적이라는 점은 의심의 여지가 없다. 하지만 인간과 자연이라는 사회의 실체 및 사회의 경제조직이 보호받지 못하고 시장경제라는 '사탄의 맷돌'에 노출된다면, 그렇게 무지막지한 상품 허구의 경제체제가 몰고 올 결과를 어떤 사회도 단 한순간도 견뎌 내지 못할 것이다(『거대한 전환』, 244-245)

> 경제 위기는 소득 양극화와 사회적 배제를 초래했다. 이에 따라 경제 위기는 종종 사회정치적 위기로 발전하고 있다. 또한 화석연료 의존 체제는 기후온난화, 생물다양성의 파괴, 그리고 에너지와 식량 위기 등 인류 전체의 생존 자체를 위협하는 생태문제를 낳고 있다. 이러한 위기를 맞아서, 우리는 '다원적 경제'를 모색하는 다양한 움직임에 주목한다('서울선언')."

현재 세계는 최소한 이중의 직접적 위기를 맞고 있다. 불평등의 심화와 생태 위기가 그것이다. 폴라니의 허구의 상품, 즉 노동, 토지(자연), 화폐는 곧 생산요소이기도 하다. 주류경제학에서 이들 요소는 하나의 수치(스칼라)로 환원되어 생산함수로 들어가고, 그 기술적 성격에 의해 (생산)효율성을 판단받는다. 흔히 이 생산함수는 콥더글라스(CD)함수라는 일차동차 함수(더 일반적으로는 불변교차탄력성함수(CES FCN))의 모양을 취한다고 가정된다. 여기에 완전경쟁이라는 시장 조건이 덧붙으면 이제 모든 생산요소는 자신의 한계생산성에 따라(즉 마치 각 요소의 소유자가 사회에 기여한 바에 따라) 보수를 받게 된다. 이런 우스꽝스러운 가정에서 신고전파 생산이론과 성장이론이 전개된다.[18] 이 때문에 주류경제학은 분배문제를 거의 다루지 않는다. 보울리는 실제로 이 분배 몫이 일정하다고 주장했고(보울리의 법칙), 쿠즈네츠는 한 걸음 더 나아가서 자본주의 발전 초기에는 분배가 악화되지만 일정 단계가 지나면 개선될 거라고 예언했다(역U자 가설). 이에 따라 성장에만 신경 쓰면 그만이고 섣불리 분배문제를 건드렸다가는 상황만 악화시킬 거라는 주장은 지금도 주류경제학의 신조에 속한다. 이런 주장은 케네디 대통령의 "밀물이 오면 모든 배가 떠오른다."는 정치적 구호로 표현되었고, 지금도 한국의 성장론자들이 신봉하는 교의의 밑바닥에 깔려 있다.

피케티라는 프랑스의 43살짜리 경제학자가 이 모든 주장과 구호를 단숨에 엎어 버렸다. 그의 무기는, 어느 누구도 쉽사리 부정할 수 없는 장기 통계, 즉 역사적 사실이다. 그가 초점을 맞춘 수치는 "어떤 시점의 한 나라 순자산(피케티의 자본)을 그해의 국민소득으로 나누면 얼마나 될까?"(β=W/Y, W는 민간순자산, Y는 국민소득)이다. 예컨대 2014년에 한국의 민간이 가지고 있는 부(순자산)를 국민소득으로 표현하면 몇 배나 될까를 표현하는 수치이다. β에 자산수익률을 곱하면 그해 자산소유자들이 가져간 몫이 될 것이다(α=rβ). 그는 이 회계적 항등식에 '자본주의의 제1근본법칙'이라는 어마어마한 이름을 붙였다.

2014년 5월 14일 한국은행과 통계청이 아주 중요한 보고서, '국민대차대조표 공동개발 결과(잠정)'를 펴냈다. 이 두 기관은 국민계정 통계의 최고단계에 도달하기 위해서 '국민대차대조표'(세계적으로도 이 표를 만들기 시작한 건 10년밖에 되지 않는다)를 만들고 있다. 피케티의 자료 중 기능별 분배(자본 몫과 노동 몫의 분할) 역시 국민계정에 의존하기 때문에 한국은행과 통계청의 자료는 바로 피케티 지표들과 비교할 수 있다.

이번 자료에서 직접 나온 수치는 β값의 근사치이다. 한은과 통계청은 우리나라의 국민순자산(국부)은 1경 630.6조 원으로 국내총생산(1,377.5조 원)의 7.7배로 추계되었고 밝혔다. 이 수치를 피케티의 비율로 바꾸려면, 1) 분자의 국민순자산에서 정부의 자산을 빼서 민간 순자산을 계산하고 2) 분모의 국내총생산을 국민소득(국내총생산-감가상각+해외순수취소득)으로 바꾸면 된다. 현재 한은과 통계청이 발표한 자료(부록과 한은 통계 데이터베이스)로는 2000년에서 2012년까지 추계가 가능하다. 그 결과가 〈그림3〉이다.

〈그림3〉과 〈그림4〉의 2000년 이후 각국의 β값 추이를 비교해 보면 한국의

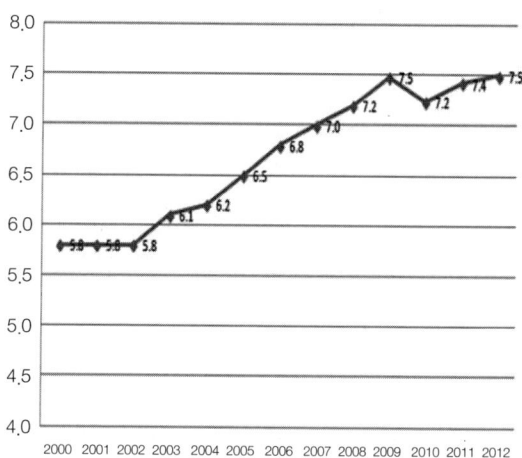

〈그림3〉 한국의 β(=민간순자산/국민총소득) 추이

〈그림4〉 세계 각국의 β값 추이

Figure 1 : Private wealth / national income ratios 1970-2010

〈출처〉Piketty &Zucman, 2014

〈그림5〉 상위 10% 자산 비중의 국제 비교

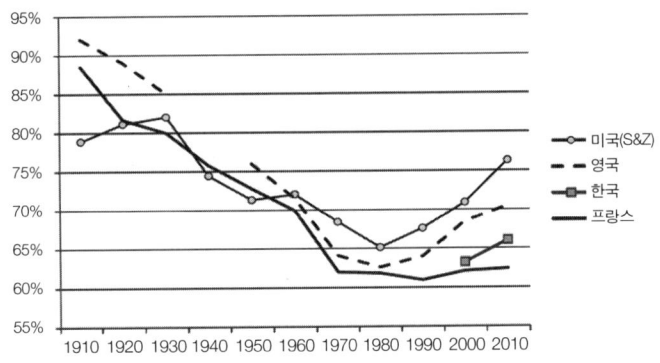

〈출처〉김낙년, 2015, 15쪽

수치는 선진국 어느 나라보다도 높은 수준에서 시작해서 가장 빠른 속도로 증가했다는 것을 알 수 있다. 오직 프랑스만 한국과 비견될 정도이다.

β는 민간의 순자산(부)를 한 해의 국민소득으로 나눈 수치이다. 당연히 이 수치가 크면 클수록 부의 집적이 이루어진 것이다. 하지만 이 수치 자체가 분배 상황을 말해 주지는 않는다. 국민 모두 똑같은 양의 부동산과 생산자본, 금융자산을 가지고 있을 수도 있다.

〈그림6〉 최상위 1% 소득 비중의 국제 비교

〈출처〉 김낙년, 2014

하지만 동국대의 김낙년 교수가 피케티와 마찬가지로 세금 자료로 계산한 결과 우리나라의 상위 10%는 자산의 66%를 가지고 있고 하위 10%는 고작 1.7%를 소유하고 있을 뿐이다.

또한 〈그림5〉를 보면 노동소득 역시 세계에서 가장 불평등이 심한 미국을 따라가고 있다는 사실을 알 수 있다.

피케티의 제3법칙에 따르면 자본의 수익률(r)이 경제성장률(g)보다 높으면 불평등은 점점 더 심화된다. 짧은 기간이지만 피케티 방식으로 한국의 자본 수익률을 계산하면 수익률은 점진적으로 하락해서 5% 수준이지만 경제성장률은 2015년 현재 2.6% 가량 되므로 점점 격차가 벌어진다. 즉 부의 불평등이 심해지는 건 확실하다.

피케티는 자본수익률이 일정하게 유지되는 이유를, 신고전파 성장론에 입각해서 생산요소의 교차탄력성이 1보다 큰 데서 찾았고, 이 때문에 좌우 경제학자들의 집중적 비판 대상이 되었다.[19]

하지만 생산함수를 사용하지 않고도 피케티의 논지에 따라 불평등의 심화를 얘기할 방법은 찾을 수 있다. 포스트케인시언들의 소득주도성장이론(임금주도성장이론)이 바로 그것이다. 노동소득몫과 자본소득몫의 격차는 실질생

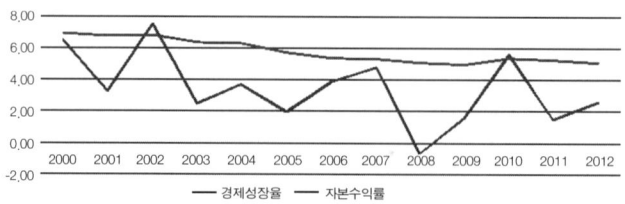

〈그림7〉 한국의 자본(자산)수익률과 실질국민소득 증가율

경제성장율 ―― 자본수익률

〈그림8〉 한국의 실질임금과 실질생산성 증가율의 격차와 지니계수의 추이

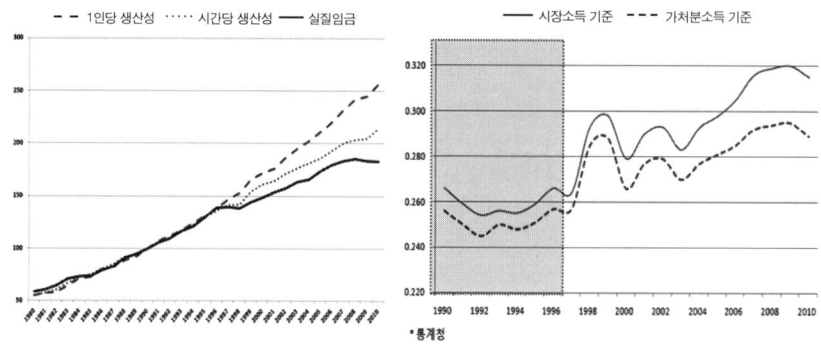

－ － 1인당 생산성 ······ 시간당 생산성 ―― 실질임금 ―― 시장소득 기준 ― － 가처분소득 기준

* 통계청

산성과 실질임금 증가율의 차이에서 바로 도출된다.

〈그림7〉에서 확인할 수 있듯이 1995년경부터 한국의 실질임금과 실질생산성 증가율 간의 괴리가 발생했고 이로 인한 불평등의 심화는 지니계수로도 확인할 수 있다. 그뿐만 아니라 이런 소득불평등(즉 노동소득몫의 하락)은 2005년 이후 세계에서 가장 빠르게 진행되고 있다.

한편 1960년대 한국은 세계에서 자산과 소득분배 양면에서 가장 평등한 나라에 속했다(우대형, 2014 참조). 해방 후 농지개혁을 한 데다 한국전쟁으로 지주계급이 거의 소멸했기 때문이다. 지주들에게 돈 대신 준 지가증권이 전시 인플레이션으로 휴지 조각으로 바뀌었다. 지주계급이 산업자본이나 금융자본까지 모두 장악한 동남아나 중남미와 비교할 때 동아시아가 경제성장이 빨랐던 이유 중 하나이다.

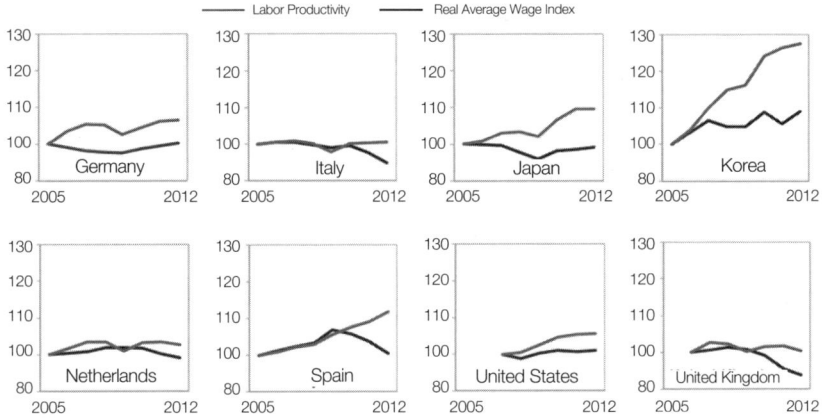

〈그림9〉 각국의 노동생산성과 실질 임금의 증가율 추이

또한 70-80년대의 높은 경제성장률 때문에 자산 불평등은 그렇게 빨리 진행되지 않았을 것이다. 하지만 외환 위기 이후 위의 그림들에서 확인한 것처럼 자산과 소득의 불평등이 심각해지고 있다. 다른 선진국들과 비교해도 대단히 빠른 속도로 사정이 악화되고 있다. 즉 기본적으로 실질임금 증가율이 생산성 증가율보다 낮아서 자산가들이 가져가는 임금몫이 크고, 이들의 몫은 다시 부동산 등 자산 구입에 쓰여서 자산 불평등도 더욱 심화되고 있다.

한편 임금소득몫이 증가했을 때 경제성장률이 오를 것인가는, 그 나라의 경제구조에 따라 결정된다. 예컨대 경제구조와 자산가들의 행동 양식에 따라 설비투자가 활발하게 일어난다면 노동자의 소득 증가가 성장률을 떨어뜨릴 수도 있을 것이다. 그동안의 연구 결과에 따르면 한국은 노동소득몫이 늘어나면 경제성장률도 올라가는 임금주도국가에 속한다(Onaran, Galanis, 2012, 홍장표, 2014 a,b 참조).

이에 따라 분배를 개선하면 성장률도 올릴 수 있다. 요즘 한국의 정치인들의 입에 오르내리는 소득주도성장론이 바로 이런 '임금주도성장(wage-led growth)'에 뿌리를 대고 있다. 여기서 '소득'은 임금소득을 말하며 임금소득은

1인당 평균임금×노동자수(고용)이므로 임금주도, 소득주도, 고용주도의 구분은 별 의미가 없다. 다만 한국에서는 자영업자의 비율이 대단히 높기 때문에 소득주도로 표현하는 쪽이 더 나을지도 모른다.

소득주도성장론에 대한 가장 큰 오해는 소득주도성장을 노동시장정책, 간단히 말해서 '임금이 올라가야 한다'는 주장으로 한정하는 것이다. 물론 이것만으로도 가히 상전벽해다. 지난 50년간의 수출주도(부채주도) 성장 기조에서 임금 인상은 수출 경쟁력을 낮추는 것으로 인식되었기 때문이다. 국민의 정부나 참여정부조차 시장은 되도록 건드리지 않고 재분배를 통해 복지를 늘리는 데 주력했다. 하지만 이런 노력에도 불구하고 한국의 부와 소득의 불평등의 분배 상황('조정 노동소득분배율')은 1990년대 중반 이후 거의 일직선으로 나빠지고 있다. 시장의 분배 자체가 문제인 것이다. 이런 경우 상당한 폭으로 복지를 증가시켜도 과거에 비해 별로 나아지지 않았다고 느낄 수 있다. 실제로 두 민주정부가 애써서 복지를 늘렸지만 지니계수로 보면 1990년대 초반보다 불평등했다.

소득주도성장론은 경제구조에 따라(대부분의 선진국에서) 임금 인상이 총수요를 늘려서 성장률을 높일 수 있다는 주장이다. 최근 부경대 홍장표 교수의 계량경제학 연구에 따르면 한국도 소득주도경제에 속하며, 나아가서 투자와 수출에도 도움이 되는 것으로 나타났다.

소득주도성장은 포스트케인시언 경제정책을 아우르는 정책 기조이며 그들의 경제학 방법론을 집약한 용어이다. 예컨대 임금은 노동시장에서 결정되는 것이 아니라, 각종 사회적 힘들이 작용한 결과이며 이렇게 분배가 결정된 이후에 다른 경제변수가 결정된다. 또한 상품의 가격은 기업의 독점력에 따른 마크업(비용에 일정한 이윤을 가산하는 것)이 결정하므로, 예컨대 대기업과 중소기업 간의 세력 관계가 중요하다. 금융정책에서도 포스트케인시언들은 중앙은행이 통화량이 아니라 기준금리를 목표로 삼아야 한다고 주장한다.

따라서 포스트케인시언의 정책 기조는 각 이해관계자(보통 모델에서는 노동자, 기업, 금리생활자)의 이해관계를 조정하는 사회적 합의를 필요로 한다.

실제 역사를 봐도 그렇다. 1960년대 이래 로빈슨이나 칼레츠키 등 '캠브리지 케인시언'들(포스트케인스주의의 창시자들)이 적극적으로 옹호한 '소득정책(incomes policy, 초기에는 임금정책이라고 불렀다)'은 현재 소득주도성장론의 원형이다. 현재 세계의 경제학계는 90% 이상이 신고전파경제학자(더 정확히 말하면 신합의경제학, New Consensus Economics)이므로 포스트케인시언 경제학이 실제로 주요 국가의 정책을 결정한 건 이때가 마지막이라고도 할 수 있다.

로빈슨 등은 노동조합의 강화뿐 아니라 고용주연합(예컨대 대한상의)의 단결을 통한 중앙 교섭을 지지했다. 당시에는 인플레이션에 대해서, 그리고 지금은 '장기 침체'에 대해서 노동자, 고용주, 정부가 사회적 합의를 해야 한다. 불행하게도 70년대 영국에서는 와일드캣 파업이 돌출하면서 중앙 교섭에 실패했고 노동당은 정권을 잃었다. 대처의 신자유주의로 향한 길이 열린 것이다.

임금정책이 놀라운 성공을 거둔 곳은 스웨덴이었다. 당시 노총의 이론가였던 렌과 마이드너에게 가장 큰 문제는 인플레이션이었다. 1950년대 초반 렌-마이드너 모델은 수출대기업의 임금을 제한하고 내수중소기업의 임금을 끌어올리는 '연대임금'을 제안했다. 대기업 고용주들은 쌍수를 들어 환영할 만한 제안이었고 오직 대기업 노동자의 양보가 문제였다. 임금 인상에 따라 파산하는 중소기업의 노동자들을 위해선 '적극적 노동시장정책'이 준비되었다. 이후 이 정책은 공공 부문의 확대와 보편적 복지국가로 발전했다.

지금은 정반대 상황이다. 노동자들의 임금이 올라야 성장률이 높아질 수 있고, 인플레이션을 걱정할 때도 아니다. 포스트케인시언의 가격설정이론에 따르면 한국 임금격차의 가장 큰 원인은 대기업의 마크업 가격에 있다. 실로 한국의 재벌은 생산물 시장뿐 아니라 생산요소 시장에서도 가공할 만한 독점력을 휘두른다. 하청 단가의 후려치기가 바로 그것이다. 중소기업의 생산성 향상분만큼 하청 단가를 내려서 중소기업의 과실을 모기업이 전부 빼앗을 수도 있다. 과실의 일부는 대기업 노동자에게 나눠 줄 수도 있을 것이다. 대기업과 중소기업 간 임금격차가 계속 벌어지는 가장 큰 이유가 여기에 있다.

문제는 재벌들이 전체 노동자 임금이 올라야 기업도 이익을 볼 수 있다는 사실, 공동 교섭에 의한 하청 단가 결정(이윤공유제 등)이 장기적으로 수출 경쟁력에도 도움이 된다는 사실을 받아들일 것인가의 여부이다. 또 대기업 노동자가 전체 임금 인상분의 대부분이 중소기업 노동자와 비정규직에게 돌아가는데 합의하고 앞장서서 싸울 수 있을까? 현재의 기득권 세력이 스스로 단기적인 이익을 양보할 수 있을까? 소득주도성장론이 성공을 거두기 위해서는 이런 중요한 전제 조건이 충족되어야 한다.

포스트케인시언들은 장단기 모두 적극적 재정정책을 써야 한다고 주장하며(따라서 미국과 유럽의 긴축정책에 반대한다), 특히 생태정책을 옹호한다. 즉 현재와 같은 '과소투자'(마이클 스펜스)의 시대에는 정부가 적극적으로 생태인프라 투자를 해야 한다고 주장할 것이다. 즉 소득주도성장론은 생태투자를 정책패키지에 포함시킬 수 있다.

소득주도성장론은 나라 전체의 정책 기조가 바뀌어야 한다고 주장한다. 포스트케인시언들은 세계적인 '장기 침체'가 부와 소득의 분배 악화에 따른 총수요 부족에서 비롯되었다고 생각한다. 각국은 내수 부족에 대해서 한편으론 수출주도성장(중국과 독일)으로, 다른 한편으론 부채주도성장(미국과 영국)으로 대응했다. 한국은 90년대 중반 이후 수출주도에 부채주도(주택 등 소비자금융의 급등)를 결합한 모델을 취했다.

하지만 지금 한국의 수출은 마이너스 증가율을 기록하고 있으며, 가계는 140%에 달하는 부채비율 때문에(2015년 말 현재 1,200조 원) 더 이상 빚으로 소비를 늘릴 수 없다. 수출주도-부채주도성장의 시대가 막을 내린 것이다. 사회적 대타협의 소득주도성장은 현재 한국에 절실한 '분배를 통한 성장' '균형 성장' '합의에 의한 성장'의 길이다. 또한 '생태 혁신을 통한 성장'의 길이다. 또한 소득주도성장론은 대기업과 공공 부문 노동자가 솔선해서 자본가와 정치인들을 설득하고 압력도 가해야 비로소 성공할 수 있는 '험한 오솔길'이기도 한다.

사회적경제는 소득주도성장론의 일부로 포함될 수 있다. 아니, 사회적경제 조직은 시민사회 대표 중 하나로 사회적 합의에 적극적으로 참여해야 할 주체이다. 사회적경제야말로 이해당사자들의 합의에 기초한 경제조직이다. 자본소득(배당)과 노동소득(임금)의 분배가 조합원총회에서 결정되기 때문이다. 또한 기업 내의 임금격차도 일정하게 제한되어 있으므로 노동소득 내 불평등도 최소화한다. 이런 면에서 사회적경제는 소득주도성장론 실천의 이상적 형태라고도 할 수 있다.

여기서는 다루지 않았지만 생태문제를 다루는 데도 신고전파의 생산함수는 적절하지 않다. 생산요소 간의 무한한 교체 가능성을 상정하기 때문이다. 폴라니의 사상을 거시경제학적으로 표현하려면 현재로서는 포스트케인지언 모델이 가장 적절한 것으로 보인다. 실제로 계량경제학으로 생태문제를 연구하는 대다수 생태경제학자들은 포스트케인시언 모델을 사용하고 있다.

경제 세션 토론
녹취문

○ 진행(성제환)

지금까지 네 부문 주제에 대한 발표를 마쳤습니다. 첫 번째 주제는 강신준 교수께서 노동해방, 그리고 마르크스의 약속에 대해서 해 주셨고, 두 번째 칫다다 선생님께서 세계의 경제 대공황과 자본주의 종말, 세 번째 윤병선 교수님께서는 특히 농업 문제에 초점을 맞추어서 자본주의 이후의 사회에 접근을 해 주신 것 같고, 네 번째 정태인 교수께서 다원적 경제로의 전환이 모두다 자본주의 이후 사회문제라는 관점에서 접근하신 것 같습니다. 우리 세션주제가 '경제의 대전환'인데 지금 토론을 미리 하시면 어떨까 싶습니다. 토론자들께서 발표자들께 질문을 하는 형식으로 발표자와 토론자 간 서로 상호교류가 이루어지는 방식으로 해 주시면 좋겠습니다.

○ 전창환

일단 준비를 해 온 것이 있으니까 각자가 조금씩 자기 얘기를 하고, 그다음에 그중에서 제일 핵심적인 이슈를 가지고 얘기를 나누시지요.

○ 진행(성제환)

에. 그러면 전창환 교수님부터 시작을 하지요.

○ 전창환

거대한 담론을 다루는 오늘과 같은 토론의 장이 그렇게 많지 않은 것 같습니다. 특히 권력이 바뀐 지 10년이 되어 가는데 이런 거대한 담론을 나누는 토론회에 별로 참가해 본 적이 없었습니다.

조금 더 테크니컬하고 세부적인 주제를 중심으로 하는 토론회는 있었지만, 이렇게 노동과 사회적경제, 완전경제와 생태, 새로운 정신세계의 추구라든지 이런 것들을 같이 논의하는 경우가 없었는데 원광대에서 이런 자리를 만들어 줘서 정말 감사드리고, 제가 조금 늦어서 강신준 교수님 발표를 다 듣진 못했습니다만, 여러분들의 이야기를 들으면서 많은 걸 배웠습니다.

최근에 저는 주로 금융의 정치경제학 내지는 연금자본주의나 연금과 관련된 전체 금융시스템의 변화 등에 관심을 갖고 있는데 제가 최근에 잘 보지 못했던 여러 영역들을 다루어 주셔서 많이 배웠습니다. 그중에서도 제가 그나마 많이 읽고 생각해 봤던 글이 칫다다 선생님의 '자본주의 대공황과 자본주의 종말'이라는 글입니다. 제가 공황이나 금융위기 쪽을 주로 연구했기 때문에 관심 있게 읽었습니다. 특히 지금 자본주의의 공황의 임박성과 그와 함께 여러 선생님들이 주목했던 소득과 부의 극단적인 불평등, 대중들의 구매력의 궁핍함, 실물과 금융 부분의 파열 같은 것들이 지금 21세기 자본주의의 중요한 폐해라 할까, 문제들을 제가 보기에는 굉장히 잘 지적해 주셨습니다. 그래서 그 부분은 사실 경제학 교수나 전문 연구자보다 훨씬 더 알아듣기 쉽게, 가슴에 와 닿게 설명을 해 주셨다고 생각합니다. 칫다다 선생님, 인도의 사카르라고 하는 선생님은 연구자이십니까? 영적 지도자이십니까?

○ 칫다다

영적 지도자입니다. 그런데 정치·경제 등에 대해서도 전지전능이라고 알고 있습니다.

○ 전창환

아, 그러시군요. 이제 이 토대경제에 대한 분석의 핵심이 제가 말씀드렸던 몇 가지 그런 심각한 문제고, 또 하나는 이 영적 세계의 어떤 전환, 소위 자본주의 세속에 물든 그런 이기심이라든지 이런 게 아니고 협동과 타자를 사랑하는 이타심이라든지, 새로운 사회에 걸맞은 정신세계가 갖추어지지 않으면 또 다른 어떤 세계를 우리가 예측하거나 기대하기 어렵다는 그런 면에서 새로운 사회의 정신적인 원리, 지주가 뭔지, 이런 것에 대해서도 이해할 수 있는 말씀을 해 주셔서 상당히 공감이 갔습니다. 특히 저보다 훨씬 더 과격하게 자본주의의 위기를 지적하셨던 것 같고, 공황의 임박성, 자본주의 종말도 더 예리하게 지적을 하셨다고 봅니다.

결론적으로 말씀하시는 것도 저는 상당히 동의하는 게, 동기부여가 되는 그런 사회를 말씀하시는 거잖아요. 그런데 소득과 부의 불평등이 심하고 일자리가 안 만들어지니까 다수의 사람들, 특히 젊은 사람들은 동기부여가 안 돼요. 도대체 내가 무엇을 추구하면서 살아야 될지, 이런 것에 대해서 중심이 없는 사람의 정신력(mentality)이라 그럴까 그런 무언가를 추구하는 게 있어야지 건강한 사회인데, 그런 것이 점점 희박해지는 것을 지적하셨습니다. 동기부여가 되고 그다음에 경제력도 분산되어 경제민주화 같은 것들이 되면서 서로 협동하는 사회, 협동조합이 지배조직이 되는 사회도 말씀하셨습니다. 그리고 마지막에 사드비프라(Sadvipra)가 이루어지는 사회를 말씀하셨는데 저는 크게는 어떤 현상에 대한 진단과 그다음에는 어떤 이상향 사회가 왔으면 좋겠다, 라고 하는 것에 대해서는 반대하지 않습니다.

한국사회도 그렇고 세계적으로도 문제가 굉장히 심각한데, 생각보다 이 사회의 개혁은 힘든 것 같습니다. 사회는 점점 핍진해지고 모순은 첨예해지는데 왜 그에 비해서 사회개혁과 사회변혁, 새로운 대안사회의 도래는 이렇게 멀어 보일까 하는 그런 느낌을 받았습니다. 여러 가지 요인이 복합적으로 작용한 거라고 생각하는데, 제가 생각할 때 이와 같은 척박한 환경의 사회와 새로운 정신 질서가 구축되는 그런 사회로 가는 중간 지대가 있는 것 같습니다. '기존 질서 유지를 통해서 자기이해를 관철하는 세대·세력들이 여전히 강고하다.' '이것을 뒤집으려고 하면 그런 것을 통해서 이득을 추구하고 부를 키워 가는 세력이 약해져야 하는데 생각보다 아직도 강고하다.' '군대, 경찰뿐만 아니고 정보, 금융 인프라 같은 여러 가지를 동원해서 1%의 소수 금융자본을 포함한 IT·BT·CT 분야를 지배하는 자본이 결합해서 이 사회를 주도하는데, 그 세력들이 의외로 강하다.' 이런 생각이 들어서 이러한 세력들이 스스로 교화되어 '아, 이렇게 우리가 부와 권력을 독점해서는 안 되겠다.'라고 생각하면 좋을 텐데, 제가 보기에는 아직도 그런 의식 단계에 도달하지는 못하는 것 같아요.

그러면 이제 뭘 해야 되냐면, 현재 상황에서 피해를 보는 다수의 젊은 세대, 비정규직, 약자들 이런 사람들이 이 문제에 대한 인식을 공감해서 가까운 시일 내에 우리가 지향하는 미래 사회를 이룩하기 위한 조그만 초석을 놓는 게 굉장히 중요하다고 생각합니다. 우리가 원하는 사회가 빨리 안 온다 하더라도 그런 초석이 하나라도 올바르게 구축이 되면 그러한 미래 사회를 지향하는 동력이 좀 더 구체화되고 커질 것이라고 생각하는데, 그에따라 정태인 선생님이 얘기했듯이 대안사회를 위한 제도적인 토대를 만드는 게 매우 중요한 것 같습니다. 기업 차원에서는 그것이 협동조합이 될 수도 있겠고, 금융이라든지 사회복지라든지 여러 가지 영역에서 소위 대안사회를 촉진할 수 있는 제도적인 틀을 만드는 게 굉장히 중요하다고 봅니다.

그러한 차원에서 제가 보기에는 선생님이나 사카르라는 분은 조금 생각이 못 미친다는 느낌이 들었습니다. 물론 관점이 다를 수도 있는데 제가 보기에는 이 어려운 현실을 타개하려면 메시아라든지 새로운 영적 질서의 도래도 기대해야겠지만 더 중요한 것은 이 사회를 조금씩이라도 개혁해 낼 수 있는 제도적 기초, 토대, 아니면 그걸 가능하게 하는 정책들이 마련되는 게 중요하겠다는 생각을 했습니다.

특히 한국사회의 지금 위기는 그야말로 부와 소득의 불평등의 위기인데 조금 더 크게 보면 제조업의 위기입니다. 이제 더 이상 제조업이 커질 수 없는 상황이 되었습니다. 지금 조선업이 이미 직격탄을 맞고 있고, 그동안 삼성의 핸드폰과 현대차가 한국 경제를 주도하였지만, 이 두 주축이 곧 중국에 의해서 대체될지도 모르는 위기감이 고조되고 있습니다. 지금까지 제조업으로 일자리를 만들었는데, 이제 조선업, 해운업의 위기를 필두로 전반적으로 미래가 밝지 않습니다. 그래서 저는 학생들에게 한국 경제가 세월호처럼 점점 가라앉고 있다는 느낌이 든다는 얘기를 합니다. 구조 희망이 보이지 않는 제조업의 위기를 느끼기 때문에 일자리의 구조를 바꿔야 한다는 생각을 하게 됩니다. 대부분 선진국들은 금융 등 서비스산업 부문에서 새로운 영역을 만들어 가는데, 아시다시피 서비스업 부문의 경쟁력도 한국은 제조업에 비해서 비교할 수 없을 정도로 취약합니다. 도대체 한국 경제, 한국사회는 어디에 희망을 걸어야 하는지 잘 안 보이는 그런 상황인 것 같습니다. 그래서 새로운 부문에서 먹거리를 만들 수 있는 기반을 만드는 것이 필요하고, 제조업도 어떻게든 부활시킬 수 있는 방안을 모색해야 합니다. 미국은 지금 제조업의 일부 부활을 얘기하는 경우도 있는데, 도대체 한국은 제조업을 버리고 다른 게 가능한지, 아니면 제조업의 지금 위기를 벗어날 수 있는 방안이 있는지 고민을 해 봐야 되지 않을까 생각을 합니다.

마지막으로 여러 가지 생태 위기, 노동의 위기, 금융 위기도 말씀하셨는데, 저는 세대 간 위기가 매우 중요하다고 생각합니다. 특히 청년실업 문제가 너무 심각하고, 50, 60대의 삶의 조건이 너무 다릅니다. 이 부분에 대한 특단의 방안이 연구되어서 특히 청년이 숨쉬는 사회가 되어야 한국사회가 건강해지기 때문에 청년들한테 뭔가 희망을 줄 수 있는 사회적 기반, 제도, 정책을 만들어 내는 것이 중요한 과제가 아닐까 생각합니다. 많은 사람들이 일자리를 가지고 신명나게 살면서 대안사회를 적극적으로 꿈꾸는 기반을 마련할 수 있으면 한국사회가 더 건강해지고 선생님이 생각하시는 미래사회에 조금 더 가까이 다가갈 수 있지 않을까, 그런 생각을 해 봤습니다.

○ 칫다다

아주 잘 지적해 주셨어요. 몇 가지 답변을 할게요. 우선 저의 스승님이 얘기한 것을 다시 인용할게요. 이렇게 얘기했어요. 지금 젊은이들은 지식도 있고 지성도 있고 사회를 보는 사회의식이 있어요. 굉장히 합리적으로 보는 거예요. 어떤 사회가 크게 양분화되니까 극소수의 자본가들과 신자유주의가 극성스럽게 되는 그런 사회에서 살아남기 위해서 나머지 세계의 계층, 그러니까 단순한 노동자들, 학자적인 사람들, 그중에서 많은 사람들이 지성인들로 살아남기 위해서 자본가에 고용되는 신분으로 타락되는 겁니다. 특히 지적인 사람들이 자본가에 빌붙어 아부를 해야 하는 경우에 불만을 가득 안고 살아가는데, 그들도 노동자 계층이라고 했어요. 노동자를 크게 봐서 지식인들 중에서도 살아남기 위해서 그렇게 행동하는 사람들을 노동자로 보았어요. 단순한 노동자와 불만에 가득 찬 노동자로 이렇게 나눴어요. 그래서 불만에 가득 찬 노동자들이 사회를 깨뜨려 버리게 된다 그랬어요. 그런데 이것을 막기가 거의 힘들 거라고 그랬어요. 그래서 사회는 깨질 수밖에 없죠. 자본주의 사회는 다 깨지는 이런 상황이 될 거라고 했어요. 그리고 우리나라가 신자유주의에서 벗어나는 정책을 했다면 우리나라는 단기간에 망할 수 있습니다. 그러니까 지금 상황에서는 같이 가야 돼요. 그래서 지금 실제로 세계에서 신자유주의에 반대했던 남미 같은 곳은 미국 압력 때문에 위험하지 않습니까? 그러니까 그런 수단을 썼다가는 자기의 종말을 더 빨리 초래할 수 있어요. 그래서 어떻게 할 방법이 없다고 볼 수 있습니다. 아주 미세한 부분에서 개선 보완할 수 있지만 그런 큰 흐름을 절대 바꿀 수는 없습니다. 사카르는, "지금이 자본주의의 마지막이며, 가장 어려울 때이면서 해결책이 없는 때이다. 새벽이 가장 어둡지 않느냐. 이제 바로 터지면 그다음에 우리가 다른 세계로 들어가기 시작한다. 그래서 자본주의가 붕괴될 수밖에 없는 것이다." 그리고 "붕괴되는 과정에서 그 기간을 줄이고 고통을 줄이는 방법을 너희들이 할 수 있을 것이다."라고 말했는데, 그것이 여러 매스컴 등을 통해서 사회의식을 일깨우는 것이죠. 지금은 매스컴에 지배되어 비밀이 유지되지만, 새로운 대안제도에 대해서 많은 홍보를 해야 돼요. 자본주의 문제점뿐만 아니라 대안제도, 여기서 말하는 프라우트에 대해서 많이 알려야 됩니다. 제가 10여 년 전에 얘기할 때는 콧방귀도 안 뀌었는데 지금은 프라우트를 제일 좋아해요. 그래서 많은 사람들이 이미 호응하고 있다고 볼 수 있어요. 대공황으로 인해 의식주, 의료, 교육 등 삶의 전 방면에서 엄청나게 어려워지는데 그것을 해결할 수 있는 방법으로, "최소한 다섯 가구 이상이 모여 사는 공동체를 형성시켜 프라우트에 기반한 형식으로 만들고, 그것이 점점 확산되는 식으로 하다 보면 자본주의가 붕괴되고, 이어서 새로운 대안사회로 가면서 그것이 확장되어 새로운 사회를 형성할 것이다."라고 얘기했어요. 그래서 자급자족적인 공동체운동을 강조했습니다. 그리고 독가(獨家)에 살지 말라고 했어요. 어려운 경제가 오면 독가는 공격의 대상이 된다고 했어요. 그 정도로 아주 심각하게 여겼거든요. 최소 다섯 가구 이상이 모여 살 때 여러 가지 효율성도 있게 됩니다. 다섯 가구 이상이 살면 토지 규모가 크지 않아도 자급자족이 가능합니다. 그리고 교육도 부모들이 할 수 있어서 여러 가지 비용 절약이 될 수 있습니다.

○ 진행(성제환)

예. 첫다다 선생님의 말씀은 그 정도로 듣겠습니다. 지금 말씀하신 것과 윤병선 교수께서 발표하신 생명의 눈으로 본 한국의 농업이 연관이 되는 것 같아서 이 문제에 대해 김흥주 교수님이 질문을 해 주시면 좋겠습니다.

○ 김흥주

저는 사회학을 전공했는데 이렇게 경제학 파트에 와서 토론을 하게 되어 떨립니다. 사실 윤병선 교수와는 대안 먹거리운동과 관련된 일을 지속적으로 같이 해 왔기 때문에 제가 이 자리에 토론자로 서게 된 것 같습니다. 윤병선 교수의 발표에 대해서 비판적이기보다는 보완적으로 몇 가지 이야기를 할까 합니다. 먼저 윤병선 교수의 발표를 간략하게 요약하면, 우리의 현대사를 절망의 시대와 희망의 시대로 나눌 수가 있습니다. 한국 농업의 60년은 절망의 과정이었죠. 그런데 최근 몇 가지 희망의 모습들이 보이기도 합니다.

첫째, 농촌에 새로운 사람들이 들어가고 있다는 점입니다. 귀농·귀촌 인구도 그렇고 다문화가정도 그렇고, 어쨌든 새로운 사람들이 보이고 있습니다. 지금까지는 떠나기만 했는데 새 사람들이 들어가고 있다는 것은 그나마 희망적이라고 말할 수 있습니다. 둘째, 지금까지 근대가 분리해 놓은 관계가 새롭게 형성되기 시작했다는 것, 음식과 농업의 분리가 근대라고 했다면 이제 또 새로운 관계 맺기(생협, 직거래, 또는 로컬푸드)가 시작되고 있다는 것도 또 다른 측면에서는 희망적이라고 할 수 있습니다. 셋째, 가장 희망적인 것은 지역이 재발견되고 있다는 점입니다. 지금까지 근대가 만들어 놓은 문명은 도시 중심이고 어쨌든 거대사회, 공동체가 해체되는 과정이라고 한다면, 최근 들어서는 다시 지역이 강조되고 공동체가 재구조화되고 있다는 것인데, 이런 점들은 매우 희망적입니다.

그런데 문제는 윤 교수님도 지속적으로 이야기하지만, 이런 희망적인 모습들이 자율적일 때는 대안이 되는데 어떤 정치논리나 시장논리로 재단되기 시작하면 또 다른 절망의 모습들로 나타난다는 것입니다. 가장 대표적인 것이 유기농업의 경우인데, 이것이 자율적일 때는 굉장히 좋았는데 친환경농업 등 정부정책으로 추진되면서 또 다른 절망스런 모습들로 바뀌더라는 것이죠. 친환경농업의 관행농업화라는 것도 그중 일부입니다. 로컬푸드도 마찬가지입니다. 지역이라는 것, 관계라는 것, 사람이라는 것, 그다음에 호혜성, 이런 것들이 중요한 가치이자 대안이 되어야 되는데 정부와 정치가 개입하다 보니 엉뚱한 방향으로 흘러가더라는 것이죠.

생협도 마찬가지입니다. 생협이 자율적인 운동으로 진행될 때에는 굉장히 희망적이었는데, 규모화되고 시장 논리가 개입되면서 개인의 사적 이익을 위해서 생협을 활용하는 경우도 많아지더라는 겁니다. 여기서 우리가 진지하게 고민을 해봐야 한다는 겁니다. 과연 무엇이 대안이냐, 라는 것이죠. 대안이라는 게 로컬푸드든 생협이든 또는 귀농이든 어떤 움직임들이 대안일지, 아니면 그런 움직임들을 이끌어갈 수 있는 힘이 대안일지, 가치와 철학·원칙 이러한 것들이 대안일지, 한 번쯤은 진지하게 고민을 해봐야 되는 것입니다. 중요한 것은 이 대안이라는 것도 지속가능해야 된다는 겁니다. 앞에서 사회적경제도 말씀하셨고 협동조합의 생존 가능성도 경제적으로 시뮬레이션해 보셨다고 하지만, 사실 한국사회에서 협동조합, 사회적경제, 로컬푸드, 생협 같은 것들이 지금과 같은 상황에서 지속가능할 수 있는 방안이 무엇인가, 이 부분을 진지하게 고민해 봐야 된다고 생각합니다. 그것은 경제적 논리만 가지고는 설명할 수 없는 부분이 분명히 있다는 것, 더군다나 우리나라같이 과잉정치화되어 있는 상황에서 정치가 개입됐을 때 이것은 또한 대안이 어떠한 괴물로 바뀌는 과정들이 있지 않나 하는 생각을 합니다. 윤 교수님의 설명을 듣고 싶은 것은, 이때 진정한 대안이 될 수 있는 방안이 무엇일까, 그리고 그 대안들이 지속가능할 수 있는 방안은 무엇일까, 그다음에 그러한 대안이 거대한 전환을 이루어서 새로운 주류로 되는 것을 대안이라고 할지, 아니면 언제나 주류적인 흐름을 대체하는 흐름이나 그 너머를 지향하는 흐름으로서의 대안을 이야기를 하는 건지, 이런 부분들을 윤 교수님도 설명을 해 주시고, 우리가 모두 고민해 봐야 할 과제라고 생각합니다.

○ 진행(성제환)

　감사합니다. 여러 가지 말씀을 해주셨는데 대안의 가치, 대안의 지속가능성, 대안의 자리매김, 이 세 가지로 말씀을 해주셨다고 생각되는데 답변을 좀 하시겠습니까?

○ 윤병선

　제목을 '생명의 눈으로 본 한국농업'으로 한 이유는 지금의 '농(農)'이라고 하는 것이 살림의 농이 아니라 그야말로 죽임의 농이며, 그것이 일반화되고 있다고 생각해서입니다. 아까 말씀드렸던 대로 자본에 의해서 농단되는 농의 모습이 결국 이렇게 나타나고 있는 것 아니냐 하는 취지였습니다. 그렇다면 우리가 지향해야 될 농이라는 것은 과연 어떠해야 되겠느냐, 라고 반문할 수 있겠지요. 이 부분과 관련해서 강원대학교 이병천 선생이 번역한 책을 통해 말씀드리겠습니다. 우자와 히로부미(宇澤弘文)의 『사회적 공통자본』이라는 책입니다. 2014년에 돌아가셨습니다만, 그분은 "농업(農業)이라는 말을 쓰지 말자, 농(農)이다, 농"이라고 하셨습니다. 우리도 사실 '농자천하지대본(農者天下之大本)'이라고 합니다만 '농자(農者)'라는 것이 농사짓는 사람을 말하는 게 아니라 바로 그 '농(農)'을 가리키는 거잖아요. 그런 측면에서 지금의 유기농업이라고 하는 것도 과연 그 농을 이야기할 수 있는 상황이냐 하는 겁니다. 이른바 농어업에 여전히 포함되어 있는 산업의 틀로 가 버리다 보니까 유기농업이라는 것이 '농(農)'의 가치를 확보하지 못하고 순환적 가치도 담아내지 못하고, 그래서 김홍주 교수가 이야기한 대로 경제적 도구로 사용되는 것이 아니냐 하는 겁니다. 그리고 생협 부분도 말씀드렸습니다마는, 마르크스는 "자본주의는 합리적인 농업을 방해한다"고 했잖아요. 유기농업이라는 것도 대안의 형태를 가지고 있고, 생협운동이나 로컬푸드 운동도 그러한 대안 가치를 실현한다고 했을 때는 소규모 생산 농가들이 중심이 되어서 거기에 지역의 사람들이 결합되는 모습들로 만들어진다면 농(農)과 식(食)의 관계를 회복하는 데 큰 의미가 있다고 생각합니다.

지난 2월 말, 저는 인도네시아 농촌지역을 탐방할 기회가 있었습니다. 테마는 생태농업이었어요. 그런데 그 사람들은 그야말로 유기농산물에 걸맞는 형태로 경작을 하고 있었습니다. 그럼에도 불구하고 유기농업이라는 말을 자기네들은 안 쓴다고 하더라고요. 왜 안 쓰냐고 했더니 "기본적으로 유기농업이라는 말을 쓰려면 '인증'을 받아야 하는데, 그렇게 되면 우리 스스로가 대상화되어 버린다. 그리고 인증을 받는데 필요한 여러 가지 조건들이 있는데 그것은 외부 자재에 대한 의존도를 심화시킬 뿐이다. 그래서 우리는 생산자와 소비자 사이의 신뢰관계를 바탕으로 하는 일상의 농업, 농생태적 농업, 즉 '생태농업'이라는 말로 쓴다"고 하더라고요. 그러면서 종자에 대한 의존부터 벗어나려고 노력을 하고 있다고 합니다. 그래서 "그러면 유기농이라는 인증을 받지 않아도 시장에서는 좀 비싸게 팔 수 있느냐?"고 물었더니, "시장에서 비싸게 판매되지 않는다"고 해요. "그러면 그렇게 어렵게 농사지어서 왜 같은 값을 받는 농산물 생산을 하느냐"고 했더니 "생태농업이다 보니까 투입자재나 요소를 외부에 의존하지 않아도 되어서 생산 과정 자체가 돈을 버는 작업이기도 하더라"고 하더군요. 그런데 우리의 경우에는 아니란 말이죠. 앞에서 저는 농업의 관행화에 대해, 그리고 로컬의 함정에 대해서 말씀드렸고, 생협조합 간의 경쟁이 치열해지는 상황도 말씀을 드렸는데 이것을 결합해서 대안적 가치를 만들어낼 수 있는 부분이 있지 않겠느냐 생각합니다.

최근 농업 부문에서 지역 농업이라는 것을 다시 바라보는 분들이 많아지고 있습니다. 대표적인 생협운동단체라고 할 수 있는 〈한살림〉의 경우도 말씀을 드렸습니다마는 지역을 매개로 어떻게 살림이라는 것을 할 것인가 라는 화두가 제기됩니다. 그리고 또 여러 지역에서는 협동조합이 중심이 돼서 직매장이 됐든 아니면 꾸러미가 됐든 조직 작업들이 많이 이루어지고 있거든요. 그러니까 과거에는 돈을 벌려면 서울로 올려 보내는 걸 당연시했지만 지금은 그 자체가 한계에 봉착하다 보니까 어떻게 보면 대안적 가치를 실현해 낼 수 있는 또 하나의 좋은 기회가 아닌가 싶습니다. 저는 그런 면에서 한국농업의 현재가 안타까운 모습이긴 하지만 지역에서 고민하는 주체들이 많이 있기 때문에 여전히 대안적 가치의 추구는 희망적이라고 생각합니다.

○ 진행(성제환)

감사합니다. 이제 협동조합에 대한 토론을 마무리하고, 얼마 전까지 국회에서 입법국장을 하셨고 지금은 외대에서 강의중이신 조영철 교수님께서 정태인 박사의 발표에 대해 토론해 주시고, 그다음에 이상호 교수께서 자본론에 대해 토론해 주시기 바랍니다.

○ 조영철

정태인 교수님은 제가 늘 존경하는 분인데요, 발표에서 방대한 양을 짧은 시간 내에 잘 말씀해 주신 것 같습니다. 정태인 교수님의 주장들은 제가 거의 동의하는 입장이기 때문에 문제제기할 것은 별로 많지 않습니다. 다만 한 가지 문제를 토론 차원에서 말씀드리고자 합니다. 정교수님 발표는 폴라니가 중요한 중심축인데, 제가 이해한 대로 다시 정리한다면 이렇게 보면 될 것 같습니다. 우리가 살고 있는 자본주의 사회는 결국은 국가라는 영역이 있고, 그다음에 자본주의 시장경제가 작동하고 있고, 그리고 이 둘이 아닌 사회라고 하는 영역이 존재하면서 상호 영향을 미치면서 돌아가고 있는 것이 바로 자본주의 사회라는 것이죠. 그런데 사회는 결국 자본주의 시장경제 원리로

부터 어느 정도 독립된 영역을 확보하고 있는 것입니다. 예를 들어서 지연, 혈연, 학연, 노동조합, 이런 것들이 되는 거겠죠. 분명히 자본주의 시장경제와 연결되어 있고 영향을 받지만, 노동조합은 어느 정도 자본주의 시장경제 원리로부터 독립되어 있습니다. 그리고 가족이라는 것은 어느 정도 독립됐고 자체의 원리가 있는 거죠. 이러한 영역이 어떤 나라건 모두 있다는 것입니다. 그리고 이 영역이 큰 나라가 있고 사회적 영역의 세력이 좀 더 큰 나라가 있습니다. 예를 들어 스웨덴이라든가 프랑스 같은 유형의 나라가 있고 미국처럼 좀 작은 시장이 훨씬 더 강력한 세력을 갖고 있는, 서로 다르지만 어쨌든 이 세 가지로 구성되어 있다는 것은 명백합니다. 시대에 따라서 이 세 영역의 세력 관계가 달라지고 있다는 거죠.

그런데 대처(Margaret Thatcher, 1925-2013)는 "사회란 건 없다. 개인이 있을 뿐이다"라고 극단적인 주장을 했습니다. 그러나 여기에 대해서 도저히 동의하기 어렵지요? 어떻게 사회가 없습니까? 앞에서도 이야기했듯이 지연, 학연, 혈연 모두 있고 호남향우회 같은 단체가 엄연히 존재하고 있는데요. 그래서 정태인 교수가 얘기했듯이 국가가 이런 약점을 가지고 있고 그다음 시민사회나 공동체라고 하는 것은 배타성이라고 하는 약점을 가지고 있습니다. 그 점을 정확하게 공격하면서 대처가 이 두 영역을 축소시키고 시장의 영역을 급속하게 확산시켰던 거죠. 대처가 특히 배타성 측면에서 공격했던 것은 사실 노동조합입니다. 노동조합이 인사이드-아웃사이더로서 고유한 한계를 갖고 있는 거죠. 지금 민주노총, 공공부문 노조 등에 대해 국민들이 좋게 생각하지 않는 이유가 정규직 노조만 보호하고 아웃사이드에 있는 청년 실업자에 대해서 별로 고려하지 않기 때문이 아니겠습니까? 그런 문제점들을 지적했던 것이죠.

그런데 사실은 정태인 교수가 이야기했던 것처럼 심리학에서는 누구나 인정하는 '진화'라는 것이 홍적세에 이루어졌는데, 20~30명 내지 40~50명의 무리생활에서 이루어졌던 진화 과정에서 협동을 하고 연대감을 갖고 있었던 그러한 조상이 살아남았고 우리는 그 DNA를 받고 있다는 것이죠. 그래서 경제학에서 이야기하는 호모이코노미(Homo-economicus), 그러니까 아주 합리적이고 개인주의적인 그런 인간이 인간의 본모습이 아니라, 협력하고 이타심과 연대감을 갖고 있는 것이 사실은 인간의 중요한 모습입니다. 그런데 지금 사회적 기업, 협동조합과 같은 것들이 강조되고 있는데, 그것이 중요하기는 하지만 폴라니가 얘기하는 사회라고 하는 것에 있어서는 굉장히 작은 영역이라고 생각합니다. 그것보다 훨씬 더 중요한 것이 있는데, 예를 들어서 2008년 금융위기를 맞아 신자유주의가 허구라고 하는 것이 다 드러났어요. 그런데 신자유주의는 붕괴했는데 새로운 것은 아직 오지 않고 있습니다. 오바마(Barack Obama)가 대통령이 됐을 때 사실은 2008년 금융위기가 터지고, 월가 점령시위가 이루어지고, 이제 신자유주의는 끝났구나, 라고 생각을 했는데, 신자유주의는 미동도 안 하고 그대로 있어요. 역시나 오바마가 사실 근본적인 개혁을 아무것도 못하고 있는 거거든요. 왜 그럴까요? 폴 크루그먼(Paul Krugman)이 오바마 대통령 대선 직전에 쓴 책이 『진보주의자의 양심』입니다. 우리나라에서는 좀 다르게 번역됐죠? 이 책의 핵심은 오바마 대선의 국면에서 미국은 프랭클린 루즈벨트(Franklin Roosevelt)의 두 번째 혁명을 지금 다시 조직해내야 된다, 라는 거예요.

그런데 왜 오바마는 안 되고 있을까요? 프랭클린 루즈벨트가 뉴딜 개혁을 성공시킬 수 있었던 것은 당시 대공황이 이루어지고 난 다음에, 2008년 금융위기처럼 미국 사람들도 더 이상 자본주의만 가지고는 안 된다는 것에 동의를 한 것 같아요. 미국 민주당이 개혁을 할 수 있었던 동력이 미국 사회 토대에 깔려 있었던 거예요. 사회적 토대가 미국 민주당하고 연결되어 있고 노동조합으로 연결되고 그다음에 진보주의자들의 여성운동이라든가 이탈리아계, 아일랜드계 부문들을 미국 민주당이 조직해 냈고 그 힘을 바탕으로 해서 프랭클린 루즈벨트가 뉴딜 개혁을 해 낼 수 있었던 겁니다. 지금 오바마가 그것을 못하는 것은 미국 민주당 아래에 그런 것들이 없기 때문이에요. 이미 레이건(Ronald Wilson Reagan)의 공격에 의해서 다 무너져 버렸던 겁니다. 그러한 사회적 토대가 없기 때문에 프랭클린 루즈벨트는 성공했는데 오바마는 성공을 못하고 있는 거죠. 그래서 폴라니가 사회를 강조하는 핵심이 바로 이런 측면이기 때문에 그런 거예요. 그러니까 사회가 중요한 거죠.

사회적 협동조합 같은 것도 중요하지만 그것은 사회의 작은 영역에 지나지 않습니다. 프랭클린 루즈벨트의 뉴딜 개혁을 만들어낼 수 있는 그런 사회적 토대를 말하는 거예요. 자본주의 시장 원래로부터 어느 정도 독립되어 있는, 자체 내에 윤리와 자체 내의 동력과 자체 내의 메카니즘(mechanism)을 갖고 있는 것이 중요해요.

1950, 60년대까지 제일 중요했던 것은 노동조합이었죠. 그런데 그것이 레이건과 대처에 의해서 완전히 무너졌고, 우리나라는 조직율이 10%밖에 안 되는 거고요. 지난번 총선에서 호남 분들이 민주당을 준엄하게 꾸짖으셨어요. 제가 봤을 때 호남 분들이 근본적으로 의식하셨는지는 모르겠지만 사실은 더불어민주당이 굉장히 잘못한 게 있습니다. 중앙정치에서는 8년 동안 새누리당이 압도적인 우위에 있어서 항상 야당 역할을 할 수밖에 없었으니까, 문제는 지방자치 역사가 20년이 됐는데 20년 동안은 계속해서 호남 쪽에서 더민주당이 집권세력이었어요. 그런데 그 20년 동안 호남에서 도대체 경상북도 도정하고 전라남도 도정이 뭐가 다르냐는 거예요. 광주시의 시정하고 부산시의 시정은 뭐가 다르냐 이겁니다. 똑같아요.

지역자치, 지역경제, 이것이 사회의 중요한 토대입니다. 프랭클린 루즈벨트가 미국의 민주당을 성공으로 이끌 수 있었던 것은, 지금 오바마가 성공 못하는 이유에 비견되기도 하는데, 바로 당시의 민주당이 그 지역의 사회와 연결되고, 노동조합과 연결되고, 그것을 바탕으로 해서 개혁을 할 수 있었던 것인데, 지금 더민주당이 20년 동안 호남을 장악했으면서 전혀 그런 것들을 만들어내지 못한 것, 이것은 준엄하게 비판받아야 된다고 생각합니다.

이제부터라도 정말 지방자치를 잘해야 됩니다. 그리고 전라도 지역의 지방자치가 경상도의 지방자치하고는 완전히 다른 모습을 추구해야 되고, 그것이 국가와 시장과 다른 섹터를 만들어낸 것과 긴밀하게 연결되어야 된다는 것이죠. 당연히 그렇게 되면 경상도와는 달리 전라남도와 전라북도에서는 생협이라든가 농협협동조합이라든가 이런 주민자치 활동이 왕성하게 활성화될 수밖에 없겠죠. 그것이 정치의 토대가 되는 것이고, 그것이 개혁의 힘이 되는 겁니다. 그것이 있어야 뉴딜 개혁이 가능한 거예요.

가장 선명하게 사례를 보여주는 것이 브라질의 룰라(Lula)죠. 룰라의 출발점은 지방자치를 하면 이렇게 달라진다는 것을 선명하게 보여줌으로 해서 브라질 국민 전체가 룰라로 견인되었던 것이거든요. 더불어민주당이 비판받아야 될 것이 바로 그 지점입니다. 20년 동안 기회를 줬는데 그것을 안 했다는 것이 문제라는 겁니다.

지금 한국경제가 심각한 상황입니다. 보통 경제학자들이 GDP 대비 비중으로 얘기하는데, GDP 대비 가계소득이 지금 계속 감소하고 있어요. 그러니까 당연히 가계소비가 늘 수가 없겠죠. 그리고 가계소득도 늘 수가 없고요. 유일하게 GDP 대비 소득비중이 증가하고 있는 것이 기업소득입니다. 그런데 기업소득이 증가하는데 투자는 안 해요. 그러니까 소득이 증가하는 영역이 기업인데 기업의 투자는 계속 감소하고, 가계소득은 감소하니까 또 감소하고 있습니다. 정부소득에 국민연금이 있고 참여정부 때까지는 불완전해도 조세부담율이 조금씩 올라가고 있었기 때문에 GDP 대비 기업, 정부소득이 증가하고 있었어요. 그런데 이명박 정부가 들어서고 감세정책을 쓰면서 GDP 대비 정부소득도 감소하고 있습니다. 그래서 2009년이 넘어서면 GDP 대비 정부예산 지출비중도 감소하고 있어요. 총수요를 구성하고 있는 것이 소비수요, 투자수요, 정부지출수요, 그리고 수출수요인데 이 소비, 투자, 정부지출 부문 모두 감소하고 있는 거예요. 그나마 정태인 교수님 말씀처럼 수출로 이 문제를 다 해결해 왔던 겁니다.

그런데 문제는 2015년 1월부터 15개월 연속해서 수출 절대규모가 계속 감소하고 있다는 겁니다. 그러니까 케인스(John Maynard Keynes)가 얘기한 유효수요 부족에 의해서 한국경제가 침체 상태에 들어가 있는 것이죠. 장하성 교수는 돌파구로서 대기업의 이윤을 하청기업으로 넘겨서 거기에서 하청기업에 원가 후려치기 이런 것을 방지해서 중소기업의 임금을 올리자, 이런 식의 제안을 하는데 제가 볼 때 쉽지 않습니다. 왜냐하면 단가 후려치기는 지금도 법원에서 거의 다 패소하고 있어요. 이건 일감 몰아주기보다 훨씬 더 법원에서 입증하기가 쉽지가 않습니다. 그리고 삼성전자의 이윤이 1차 하청기업으로 넘어간다고 해서 1차 하청기업이 임금을 올려준다는 보장도 없어요. 1차 하청기업보다 2차 하청기업이 많고, 3차 하청기업이 더 많고, 4차 하청기업이 훨씬 더 많습니다. 삼성전자의 이윤이 1차 하청기업으로 넘어간다고 해서 2차, 3차, 4차로 연쇄반응이 이루어진다는 보장이 전혀 없어요. 장하성 교수의 전략은 별로 효과가 없을 것이라고 봅니다. 물론 지속적으로 공정거래 확산을 추구해야 되겠죠. 제가 볼 때 중요한 것은 정부지침입니다. 법인세를 정부가 가져와서 그것을 가지고 복지사업을 해야 되는 거예요. 지금 필요한 복지가 엄청나게 많습니다. OECD 평균과 우리나라를 비교해 보면 우리나라가 보건복지 쪽 사회서비스 모형이 거의 절반밖에 되지 않습니다. OECD 고용율을 비교해 보면 보건복지 쪽 인력의 절반밖에 취업을 안 하고 있는 거죠. 건강보험에서 간호인력에 대해서 수가를 인정해 주고, 또 병원에서 간호사를 충분히 뽑고 거기에 수가를 보상해 주면, 당연히 병원들이 간호사를 뽑겠죠. 복지 지출을 통해서 인력을 확충해야 될 영역이 굉장히 많다는 겁니다. 그래서 정책적 효과를 빨리 보기 위해서는 정부가 참여정부 때의 조세부담율로 빨리 복귀해야 됩니다. 조세 감세정책 처리하고 참여정부 때 조세부담율로 가면 5년 내에―국회예산정책처의 추론에 따르면―약 90조 정도의 추가수입을 보장, 확보할 수 있어요. 법인세만 참여정부 때로 돌아가도 5.4조의 추가 세수가 발생합니다. 이것을 통해서 간호사 확보하고 소방관, 교사 더 뽑으면 장하성 교수가 얘기했던 것보다 훨씬 더 짧은 기간 동안에 소득주도성장을 할 수 있습니다. 문제는 증세입니다.

○ 진행(성제환)

감사합니다. 반대의견은 없으신 것 같고, 정태인 교수님께서 답변이라기보다도 추가 의견을 말씀해 주시면 좋겠습니다.

○ 정태인

저는 정치가 중요하다고 생각합니다. 혹자는 폴라니를 정치 우선의 경제학자라는 말씀도 하는데 사실은 사회 우선이라고 하는 게 더 정확한 것 같아요. 조영철 박사 얘기에 대해서 제가 덧붙일 얘기는 없고요. 요즈음 사회혁신이라는 말이 유행어 중 하나인데, 여태까지 나온 사회혁신을 보면 내용은 그동안 충족되지 않았던 필요를 충족시킨다는 데 있고, 그것보다 더 중요한 것은 그동안의 가버넌스(governance)가 사회의 내부에서 작동하는 가버넌로스(governance)를 바꾸는 방식으로 한다는 건데, 그게 사실은 국가나 또는 지방자치정부가 그냥 위에서 바턴 받아서 실행하는 게 아니고, 그중에서 특히 사회서비스 분야가 사회복지국가의 변형에 의해서 핵심적인 부분을 차지하는데, 시민운동이 스스로 전달기구를 만들어서 사회복지의 내용을 정하고 정치를 먼저 정하고(코컨스트럭션) 정책을 공동으로 수립합니다. 두 번째는 실제로 사회적 기업 같은 것을 만들어서, 예를 들어 간병인 협동조합을 만들든지 해서 이것도 실제로 실천합니다. 앞의 것을 코컨스트럭션(Co-construction)

이라고 하고 이것을 코프러덕션(Co-production)이라고 하는데 실제로 사회적 경제와 사회혁신이 연결되는 방식이 지방자치체 공동체 수준에서 민주주의를 사회복지나 정책에 반영하는 것을 사회혁신이라고 주장합니다. 저는 박원순 시장이 이걸 알고 얘기하지는 않는 것 같은데 여하튼 박원순 시장이 하는 사회혁신의 내용에서도 협치를 굉장히 강조하고 지금도 구청별로 사회경제정책을 많이 하는데 아직도 시민단체나 사회적경제를 조직하고 구청 공무원들이 민주적으로 잘해서 공동으로 정책을 수립하는 단계는 아닌 것 같아요. 아직은 아닙니다만, 적어도 처음에 공모 방식으로 많이 하는데, 공모 방식을 할 때 맨 처음에 공모 기준 같은 걸 같이 만들어요. 그리고 그것에 맞추어서 쓰는 것을 구청 공무원들이 안 해요. 모두 사회단체나 사회적경제기업들 이런 데서 만들어요. 물론 마지막에 만들어지면 그것을 다듬고 정책으로 만들고 제출을 하게 되겠지만. 그래서 그런 의미에서는 아직 주민들이 직접 참여해서 내 요구는 이런 것이고 이렇게 해결하자, 라는 것까지는 안 갔지만 그러나 상당 부분 활동가들이 그 부분을 만들어내고 있다는 것에는 동의합니다.

그리고 제가 요즘 여러 나라의 사회적경제, 사회서비스 분야, 사회적경제를 비교하는데 대부분이 운동가 출신들이에요. 일본의 경우는 오래전에 전공투가 지역으로 내려가서 중앙을 비워 버렸지만, 퀘벡은 고유한 민족주의, 즉 퀘벡 분리주의가 있잖아요. 그런데 우리나라도 그런 부분이 꽤 있어요. 서울시를 보면 과거 학생운동을 하다가 정당운동 하고, 그다음에 다시 지역으로 내려가서 지역운동을 하는 등, 특히 지역운동에서는 빈민운동 그룹이 핵심이 됩니다. 그래서 그런 것들을 보면 사회 혁신이라고 하는 것은 시민운동에서 충족되지 않은 것들을 공급하고 새로운 사회를 만들어내는 거라고 보여집니다. 그래서 시민운동, 시민조직이 정책을 같이 만들자고 요구하고 그 정책을 실천하는 가운데서 지역민주주의를 확보해 나가는 것, 이런 것들이 사회적경제와 사회혁신민주주의가 연결되는 부분이라 생각합니다.

○ 진행(성제환)

네. 수고하셨습니다. 이제 마지막으로 이상호 박사님께서 칼 마르크스 자본론 얘기를 좀 해주시죠.

○ 이상호

지금까지 주제가 현실 얘기를 하다가 이론 얘기를 해야 되는 상황인 것 같습니다. 제가 말씀드릴 내용은 마르크스주의나 노동해방인데요. 이것이 오늘날 어떤 의미를 갖고 있는지에 대해서 강신준 교수님이 잘 말씀하셨고 많은 부분 동의하는데 제가 준비한 질문을 세 가지 정도로 축약해 보겠습니다.

첫 번째는 일단 마르크스의 약속이 과연 오늘날에도 정당할 수 있는가, 라는 겁니다. 정당하다고 결론을 짓더라도, 그것을 논증하는 방법에서 약간 추가 설명이 필요하지 않을까 하는 생각이 듭니다. 왜냐하면 마르크스의 약속이 정당하다고 하면서 강 교수님은 "자본주의가 생명이 끝나고 있다. 이미 위기에 대한 대안을 마르크스가 얘기했다"는 말씀 말고는 추가 설명이 없기 때문입니다. 이제는 마르크스의 약속을 정당화하기 위해서라도 비마르크스주의자들의 말을 갖고 오히려 정당화하는 작업들이 필요할 때가 아닌가 싶어서 추가 보충설명이 필요하다고 보는데, 지금 교수님은 마르크스의 말로서 마르크스 논리를 정당화하는 것이기 때문에 일종의 순환론의 함정에 빠진 것으로 보일 수 있지 않을까 하는 생각이 들었습니다.

두 번째는 과학을 이야기하시면서 또 주체 의지도 이야기하시거든요. 이건 많이 하는 말이지만 실제로 과학이라면 주체 의지가 필요없는 거죠. 그냥 따라 오는 거니까요. 봄이 오면 여름이, 여름이 가면 가을이 온다는 식으로 얘기하죠. 근데 주체주의가 필요한 이유는 도대체 뭘까요. 두 가지로 해석이 가능할 텐데, 주체가 없다면 객관적인 과학법칙이 실현되지 않는 것이냐고 한다면 그것은 과학이 아니죠. 그다음은 주체의지가 작동하면 훨씬 승기를 당길 수 있는 것이라는 입장이라면 우리가 소련을 비판할 근거가 없는 거겠지요. 왜냐하면 소련이 자본주의 미성숙 단계에서 사회주의로 갔기 때문에 문제였다고 하는데, 소련도 언젠가는 자본주의가 성숙할 것이고 그것을 주체 의지로 당긴 거니까요. 이걸 어떻게 설명할 것인가가 문제입니다.

세 번째로 많은 부분이 아마 소련의 실패와 관련된 것일 텐데요. 아까 발표하실 때도 "소련은 마르크스와 무관하다"라고 이야기하셨어요. 그렇게 볼 수 있는 측면이 충분히 있습니다. 그런데 과연 마르크스와 무관할까, 라는 생각을 해 보면 마르크스의 자본론이나 공산당 선언에서 말하는 노동해방 이후의 국가 없는 세상이나 윤리에 대한 고민들도 필요할 것 같습니다. 사실 마르크스는 과학 법칙들을 강조하면서 자연스럽게 평등사회가 되면(계급해방이 되면) 계급 착취 도구로서의 국가가 없어질 것이다, 라는 맥락만 말했지 공공성을 담보할 별도의 고민들이 없는 것 같습니다. 또 마르크스 사상에서 오늘날 점점 윤리에 대한 문제의식, 공공성에 대한 문제의식들이 자꾸 살아나는데 마르크스의 약속이 실현되면 이런 고민을 안 해도 되는 건지, 아니면 별도로 해야 될 필요가 있다면 어떻게 해야 될 것인지, 이런 고민들이 필요할 것 같다는 생각이 들었습니다.

부수적인 문제인데, 마르크스의 약속을 아직은 완전히 실현하지 못했지만 가능성이 있는 것으로 독일 얘기를 많이 하시면서 보충 설명 하실 때 "잉여가치, 잉여노동 시간도 적다. 왜냐하면 총노동시간이 적기 때문이다"라는 논리로 잉여노동 시간이 적다는 것으로 설명히 셨고, 그다음에 2008년도 경제위기 이후에 OECD 회원국 중에서 가장 피해가 적다고 하셨고, 이게 마르크스의 약속을 그나마 많이 담보하고 있는 증거로 보시는데, 다르게 해석도 가능할 수 있을 것 같아요. 왜냐하면 기본적으로 잉여노동 시간이라는 게 절대 노동 시간, 총노동 시간에다가 노동생산과 같이 결합해서 봐야 될 것이기 때문에 두 가지를 동시에 봐야 되는 것이지 단순히 총노동 시간이 적다고 해서 잉여노동 시간이 적다는 식으로 추론하는 것은 노동생산성이란 변수를 아직 안 봤기 때문에 논증이 안 된 걸로 볼 수도 있습니다.

또 하나는 2008년 이후에 OECD 회원국 중에서 피해가 적다는 말은 우리가 흔히 얘기하기를 독일은 OECD, 유로의 최대수혜자 중에 하나라는 점이 2008년 경제위기 이후에 OECD 회원국 중에서 가장 피해가 적은 하나의 이유가 될 수 있을 텐데 이걸 단순히 마르크스의 약속을 그나마 가장 많이 (아직 완전히 실현은 안 됐지만) 담고 있어서 그런 것이라고 말하기에는 또 다른 보충설명이 필요한 게 아닐까, 라는 궁금증이 들었습니다. 가능한 범위 내에서 답변을 해주셨으면 좋겠습니다.

○ 진행(성제환)

감사합니다. 간단하게 답변 부탁합니다.

○ 강신준

짧고 단순하게 논지만 전달을 하려고 하니까 약간 논리적으로 비약도 있고 생략도 많았습니다. 그러다 보니 이상호 선생님 지적한 대로 그런 문제들이 많이 있어서 세부적인 설명이 필요하겠죠. 그런데 지금 여기서 다 말할 수는 없을 것 같고, 단지 마르크스에 대해서는 한두 가지만 염두에 뒀으면 좋겠어요. 일단은 이 사람의 사상이 아직까지 완전히 전모가 드러나지 않았다는 것과, 그 안에는 무슨 말이 있느냐면, 실제 제일 완성된 저작이라고 부르는 『자본』조차도 1권만 본인이 썼고 2권, 3권은 편집용 원고를 못 만들고 초고만 남아 있던 것을 그냥 출판해 놓은 거거든요. 그러니까 이 사람이 이것을 다시 손을 봤으면 어떤 형태의 논리가 거기에서 발전되어서 나왔을지 모르는 일입니다. 때문에 사실은 마르크스 이론은 완성된 이론으로 보기보다는 우리가 이어 받아가지고 완성을 시켜나가야 될 이론으로 봐야 됩니다.

이상호 선생님이 지적한 대로 그런 많은 문제점들은 결국 마르크스가 직접 한 부분도 있긴 하지만 상당 부분 오늘날의 우리 시점에 맞춰서 발전시켜 나가야 될 과제가 될 것 같고, 단지 마르크스가 정확하다고 생각되는 것은, 예를 들면 피케티가 말하는 자산소득이 올라갔다는 문제, 국가부채, 공공부채, 민간부채까지도 증가하는 문제, 소득양극화, 청년실업 문제(이것은 우리나라 30대 재벌 안에서만 실제 투자할 수 있는 여력이 되는 현금자산 유보가 800조가 넘는 나라입니다. 그러니까 돈이 없어서 실업 해결이 안 되는 건 아니죠. 이게 왜 이런 일이 벌어지는지), 소득주도 성장모델이 전부 자본주의의 현재 모순입니다. 이것은 바로 생산과 소비 사이의 부족한 소비 패턴에 있다는 것이고, 이 부분이 마르크스이론 가운데 실제 공황이론으로 체제에 적용되는 가장 중요한 부분입니다. 그래서 이 부분의 세부적인 사항이 우리가 좀 더 정교화시킬 필요가 있는 부분입니다. 사실 과잉생산이라는 게 결국 자기 자신의 신진대사를 깨는 것이거든요. 생산이 되어서 소비가 되면 당연히 다음 생산으로 순환이 되는 건데 그게 안 되기 때문에 발생한 것이라서, 이것조차도 사실은 마르크스 사상 안에 담겨 있는 것입니다. 그래서 제 생각에는 마르크스가 어쨌든 큰 해결의 단서로 우리에게 화두처럼 던져 준 것이고, 이것을 받아서 사회적경제 이론, 협동조합 이론, 원불교와 같은 이론으로 더 발전시켜 나갈 수 있는 뿌리로 삼을 수 있지 않을까 생각합니다. 고맙습니다.

○ 진행(성제환)

오늘 발표와 토론을 해 주신 여러 선생님들께 감사드립니다. 이 자리는 원불교 100주년 기념 학술대회의 경제세션이었습니다. 좋은 발표 해 주시고, 열렬하게 토론도 해 주시고, 끝까지 함께하면서 참여해 주셔서 감사합니다.

주석

'동아시아 평화의 위기, 무엇이 문제인가? / 서승

1 木宮正史, 「慰安婦」から「戦時下の女性の人権」へ」, 『外交』vol.32, 外務省, 2015, 31쪽.

2 평화 개념에는 요한 갈퉁과 같이 '구조적 폭력'의 제거를 주장하는 이들도 있으나, 여기서는 전쟁의 억지 내지는 제거라는 국제정치학적 전통적인 평화 개념에 대립 분쟁의 요인 제거, 역사적인 정의의 회복, 역사 인식의 공유라는 문제까지 포함시키기로 한다.

3 波多野澄雄, 「戦後外交における歴史問題─「請求権」をめぐる攻防」, 『外交』vol.32, 外務省, 2015, 19쪽.

4 이하의 서술은 서승, 「일본의 군사화, 개헌을 구동하는 '한일 "위안부" 합의」, 「이어지는 동아시아 평화기행20」, 『아시아문화 커뮤니티』, 2016년 1월호에 의거하고 있다.

5 http://www.newdaily.co.kr/news/article.html?no=299681.

6 김준형, 「창비주간」(2016.1.6), http://weekly.changbi.com/?p=6739&cat=5.

7 http://www.theguardian.com/world/2016/jan/26/former-sex-slaves-reject-japan-south-koreas-comfort-women-accord.

8 2014년 한국은 78억불의 무기수입을 계약하여 미국의 무기수출의 19%를 차지하고 세계최대의 대미 무기수입국이 되었다. 李東琦, 「米国こそが朝鮮半島の戦時状態に固執している」, 『週刊　金曜日』1082号, 2016年 4月1日, 43쪽.

9 서경식, '초심은 어디 가고 왜 반동의 물결에 발을 담그십니까', 《한겨레신문》, 2016.3.11. http://www.hani.co.kr/arti/society/society_general/734642.html 참조.

10 중국에서는 14년 전쟁이라고 함.

11 後藤乾一, 「アジア・太平洋戦争と「大東亜共栄圏」, 『東アジア近現代通史』6, 岩波書, 2011, 25-26쪽.

12 서승, 「이어지는 동아시아 평화기행13」, 『아시아문화 커뮤니티』, 2015년 7월호, 11-13쪽 참조.

13 木戸衛一, 『変容するドイツ政治社会と左翼党』, 耕文社, 2015, 31-32쪽.

전환 시대의 한국 정치 / 김성곤

1 『원불교 전서』, 「정전」 제13장 최초법어 중 3. 강자 약자 진화상 요법 1.

2 위의 최초법어 중 3. 강자 약자 진화상 요법 2.

중미관계와 북핵문제 / 진징이(金景一)

1 『中共中央文件选集』第12册, 中共中央党校出版社, 1979, 573쪽.

2 『毛泽东外交文选』注释20, 中央文献出版社, 世界知识出版社, 1994, 609-610쪽.

3 위의 책, 39-40쪽.

4 위의 책, 48쪽.

5 『毛泽东选集』第四卷, 人民出版社, 1991, 1376쪽.

6 中国现代国际关系研究院美国研究所, 『中美战略关系新论』, 时事出版社, 2005, 16쪽.

7 위의 책, 21쪽.

8 刘连弟, 王大为编著, 『中美关系的轨迹: 建交以来大事纵览』, 事实出版社, 1995, 562-563쪽.

9 达巍, 「建立面向未来的中美关系战略共识与长期稳定框架」, 『中国外交』, 2015年 第10期, 42쪽.

10 「改革开放中的美国因素」, 『世界知识』, 2014年 5月4日.

11 倪世雄, 王义桅主编, 『中美国家利益比较』, 时事出版社, 2004, 1쪽.

12 中国现代国际关系研究院美国研究所, 『中美战略关系新论』, 事实出版社, 2005, 26쪽.

13 约翰. 米勒−怀特 戴敏, 『中美关系新战略』, 中信出版社, 2008, 144쪽.

14 高程, 「从规则视角看美国重构国际秩序的战略调整」, 『世界经济与政治』(京), 2013.12, 85쪽.

15 杨洁勉, 「中美俄的亚太战略互动:动因, 特点和理论结构」, 『国际观察』, 2014.4, 3쪽.

16 1885년 러시아의 남진을 막기 위해 영국은 함대로 한반도 거문도를 점령하였다.

17 李昊宰, 『韩国人의 国际政治观』, 发文社, 1994, 4쪽 참조.

18 위의 책, 105쪽.

19 金景一, 「중국의 한국전쟁 참전 기원」, 『论衡』, 2005, 서론부분 참조.

20 《人民日报》, 1984年 9月 21日.

21 钱其琛, 『外交十记』, 世界知识出版社, 2003, 154쪽.

22 陈东晓, 「试论国际制度的本质特征及其与美国霸权的互动关系」, 『国际政治研究』, 2004. 3. 8쪽.

23 宋新宁, 陈岳, 『国际政治经济学概论』, 中国人民大学出版社, 1999, 290쪽 참조.

24 全東震, 『일본의 대한반도 정책』, 민족통일연구원, 1992.12. 31쪽.

25 小此木政夫編, 『ポスト冷戰の朝鮮半島』, 日本國際問題研究所, 1994, 266쪽.

26 《신동아》, 2005년 제5호.

27 「恩格斯致约·布洛赫」,『马克思恩格斯选集』第4卷, 人民出版社, 1976, 478쪽.

28 孙茹,『朝核问题地区合作进程研究』, 时事出版社, 2009, 141쪽.

29 钱其琛,「美国国家安全战略调整与新世纪初的国际关系」,《人民日报》(京),
   2004.1.19.

30 위의 글.

31 《环球时报》, 2016年 1月 8日.

32 王毅,「实现半岛无核化与半岛停和机制转换并行推进」,《人民日报》, 2016.2.18.

33 「恩格斯致约·布洛赫」,『马克思恩格斯选集』第4卷, 人民出版社, 1976, 478쪽.

34 「冲突不是办法」,『国际先驱论坛』, 2005年 6月9日.

35 姚勤,「朝核危机背后的全球核问题和地区安全」,『世界经济研究』(沪), 2003.11. 19
   쪽.

정산 송규 종사의 치교사상 / 이성전

1 『대종경』「수행품」41장(『원불교전서』, 익산: 원불교출판사, 1991).

2 송규,『建國論』, 이리: 불법연구회, 1945, 36쪽.

3 도치와 덕치의 함의와 실현에 대해서는 종교적 심성의 실현의 문제와 관련지어 고찰
   한 바 있다. 실현의 궁극은 도화 덕화로 드러난다. 이성전,「정산의 도화 덕화」, 원광
   대학교 마음인문학연구소 편,『치유와 도야, 마음의 실천적 이해』, 고양시: 공동체,
   2013.

4 최무석,「정산종사 교육사상」, 정산종사탄생백주년 기념사업회편,『정산사상의 현대
   적 조명』, 원불교출판사, 1999, 344쪽에서는 도치·덕치·정치를 교육의 내용으로 파
   악하고 있다.

5 『세전』, 제6장 국가, 2. 치교의 도(『원불교전서』, 익산: 원불교출판사, 1991).

6 서경수,「한용운의 정교분립론에 대하여」,『불교학보』제22집, 1985, 63-79쪽 참조.

7 송천은,「소태산 박중빈대종사의 종교관」,『진산한기두박사화갑기념: 한국종교사상
   의 재조명』하, 익산: 원불교출판사, 1993, 1429-1443쪽 참조.

8 『대종경』,「교의품」38장.

9 『월말통신』제4호, 송도성수필「법회록」,『교고총간』제1권, 익산: 원불교정화사,
   1968, 26쪽.

10 『대종경』,「교의품」37장.

11 위의 책,「교의품」36장.

12 『월말통신』제4호, 앞의 글, 28쪽.

13 教材整備, 機關確立, 政教同心, 達本明根 네 가지이다. 1943년 종법사에 취임하여

1962년 열반에 이르기까지 교단 지도이념으로 제시되었다.

14 『정산종사법어』, 「유촉편」36장(『원불교전서』, 익산: 원불교출판사, 1991).

15 『정전』제3편 수행편 최초법어 3. 강자·약자의 진화(進化)상 요법(『원불교전서』, 익산: 원불교출판사, 1991).

16 『월말통신』제1호, 이공주 수필, 「약자로 강자 되난 법문」, 『교고총간』제1권, 익산: 원불교정화사, 1968, 12쪽.

17 전복희, 「사회진화론의 19세기 말부터 20세기초까지 한국에서의 기능」, 『한국정치학회보』제27집 1호, 1993, 410-412쪽 참조.

18 전복희, 앞의 글, 417쪽.

19 이화택, 「강약의 개념과 변화유형」, 『원불교사상』제8집, 1985, 119쪽.

20 『월말통신』제1호, 이공주 수필, 「약자로 강자 되난 법문」, 『교고총간』제1권, 익산: 원불교정화사, 1968, 12-14쪽.

21 『정산종사법어』, 「도운편」9장.

22 "中者不偏不倚無過不及之名", 『중용장구』

23 송규, 앞의 책, 제3장 정치, 2. 중도주의의 운용.

24 위의 책, 제3장 정치, 1. 조선 현시에 적당한 민주국 건설.

25 위의 책, 제7장 진화의 도, 6. 영재의 외학장려.

26 『정산종사법어』, 「국운편」21장.

27 송규, 앞의 책, 제2장 정치, 2 자력확립.

28 신순철, 「건국론의 저술 배경과 성격」, 『원불교학』제4집, 1999, 517쪽.

29 박정훈 편저, 『한 울안 한 이치에』, 제1편 법문과 일화, 6. 돌아오는 세상, 5절, 익산: 원불교출판사, 1982.

30 『정산종사법어』, 「도운편」22장.

31 위의 책, 「도운편」25장.

32 송규, 앞의 책, 제3장 정치. 1. 조선 현시에 적당한 민주국 건설.

33 박정훈 편저, 앞의 책, 제1편 법문과 일화 6. 돌아오는 세상, 1절.

34 송규, 앞의 책, 제1장 서언.

35 위의 책, 제3장 7. 종교장려.

36 위의 책, 제8장 결론, 2. 동포에게 부탁하는 말.

37 『정산종사법어』, 「도운편」22, 25장.

38 위의 책, 「국운편」14장.

39 위의 책, 「국운편」15장.

40 『禮記』「禮運」第九.

41 "貨惡其弃於地也不必藏於己 力惡其不出於身也 不必爲己", 위의 책.

42 최성철 저, 『康有爲의 政治思想』, 서울: 一志社, 1988, 68-74쪽 참조.

43 송규, 앞의 책, 제6장 1항-4항.

44 위의 책, 제7장 9항 상속법 제한.

45 위의 책, 제6장 13항 긴급대책.

46 위의 책, 제6장 10항 저급생활의 향상.

47 『대종경』, 「전망품」 26-28장 참조.

48 신순철, 앞의 논문, 520쪽.

49 『정산종사법어』, 「경륜편」 24장.

50 위의 책, 「도운편」 34-37장 참조.

51 『정산종사법어』, 「유촉편」

52 김삼룡, 「정산종사의 생애와 사상」, 정산종사 탄생100주년 기념사업회 학술편찬분과 위원회 편, 『평화통일과 정산종사 건국론』, 익산: 원불교출판사, 1998, 5쪽.

53 『정산종사법어』, 「유촉편」 38장.

54 『정산종사법어』, 「도운편」 33장.

55 김삼룡, 위의 논문, 7쪽.

56 김영호, 「평화사상의 흐름(간디사상, 다원주의)에서 본 정산종사의 삼동윤리」, 『원불교학』 제4집, 1999, 4쪽.

57 박정훈 편저, 앞의 책, 제1편 법문과 일화, 6. 돌아오는 세상, 31절.

58 『대종경』, 「전망품」 6장.

59 위의 책, 「전망품」 16장.

60 위의 책, 「전망품」 18장.

61 『정산종사법어』, 「도운편」 32장.

62 박정훈 편저, 앞의 책, 제1편 법문과 일화 7. 기연따라 주신말씀 67절.

63 『정산종사법어』, 「근실편」 22장.

64 『대종경』, 「전망품」 19장.

자본주의 이후 영적 깨달음과 이상사회 만들기 / 다다 마헤슈와라난다

1 "The World's Billionaires", Forbes, 2015. http://www.forbes.com/billionaires/list/#version :static_header:country_search:Korea

2 Lee Kun-Hee, Suh Kyung-Bae, Jay Y. Lee, Chung Mong-Koo, Chung Eui-Sun, and Chey Tae-Won, 2010년과 2015년 억만 장자 포브스 목록 비교.

3 OECD Economic Surveys of Korea, April 2012. http://www.oecd.org/eco/50191444.pdf

4 Blake, Matt. "South Koreans drink TWICE as much the Russians and more than five times as much as the Brits", *DailyMail*, 3 February 2014 http://www.dailymail. co.uk/news/ article-2551059/South-Koreans-drink-TWICE-Russians-five-times-Brits. html#ixzz3qX7O4nYh

5 http://news.donga.com/3/all/20090119/8685838/1

6 "Korea's sex industry is major money earner". JoongAng Ilbo English. 2003-02-06. http:// joongangdaily.joins.com/article/view.asp?aid=1930662

7 According to The Korea Women's Development Institute (여성부), the sex trade in the country was estimated to amount to 14 trillion South Korean won ($13 billion) in 2007, roughly 1.6 percent of the nation's gross domestic product. http://www2.kwdi. re.kr/kw_board /skin/news/view.jsp?bp_board=news&bp_bbsNo=181

8 Ju-Min Park, "South Korean children finish last in happiness survey". *Reuters*, Nov4, 2014. http://www.reuters.com/article/2014/11/04/us-southkorea-children-idUSKBN0I O0OA20141104#yx3oPcwGD1k0uOKq.99

9 http://news1.kr/articles/?2436793

10 Card, James. "Life and death exams in South Korea." AsiaTimes11, no.30(2005).

11 Byeong-Seon Yoon, Won-Kyu Song and Hae-jin Lee. "The Struggle for Food Sovereignty in South Korea," *MonthlyReview*, May 2013 (Volume65,Number1). http:// monthlyreview.org /2013/05/01/the-struggle-for-food-sovereignty-in-south-korea/

12 From an interview with the author published in Maheshvarananda, Dada. After Capitalism: Economic Democracy in Action. Innerworld, 2012.

13 Thomas Hobbes, Leviathan: With Selected Variants from the Latin Edition of 1668 (Hackett Classics, Edwin Curley, editor).

14 Letter to Bishop Mandell Creighton, April 5, 1887 published in Historical Essays and Studies, edited by J. N. Figgis and R. V. Laurence (London: Macmillan, 1907).

15 Brian Levack. The Witch Hunt in Early Modern Europe (Harlow, UK: Longman, 2006)

16 Sylvia Nasar, "Economist Wins Nobel Prize for Work on Famines and Poverty", The New York Times, Oct. 15, 1998.

17 "24,771 dowry deaths reported in last 3 years: Govt" in The Indian Express, July 31, 2015. http://indianexpress.com/article/india/india others/24771 dowry-deaths-reported-in-last-3-years-govt/

18 quoted by Rupert Sheldrake in "Undoing the Dogmas of Science" in *Reality Sandwich* http://realitysandwich.com/164908/undoing_dogmas_rupert_sheldrake/

19 Alexander, Eben. Proof of Heaven: A Neurosurgeon's Journey into the Afterlife

(Simon & Schuster, 2012).

20 as quoted in After Einstein : Proceedings of the Einstein Centennial Celebration (1981) by Peter Barker and Cecil G. Shugart, p. 179.

21 Grossman, P., Niemann, L., Schmidt, S., and Walach, H. "Mindfulness-based stress reduction and health benefits: A meta-analysis", Journal of Psychosomatic Research 57:35-43, 2004.

22 McCracken, L., Gauntlett-Gilbert, J., and Vowles K.E. "The role of mindfulness in a contextual cognitive-behavioral analysis of chronic pain-related suffering and disability", Pain 131.1:63-69, 2007.

23 Hofmann, S.G., Sawyer, A.T., Witt. A.A., Oh, D. "The effect of mindfulness-based therapy on anxiety and depression: A meta-analytic review" Journal of Consulting Clinical Psychology 78:169-83, 2010.

24 Steven M. Melemis, Make Room for Happiness: 12 Ways to Improve Your Life by Letting Go of Tension. Better Health, Self-Esteem and Relationships (Toronto, ON: Modern Therapies, 2008).

25 Williams, J.M.G., Duggan, D.S., Crane, C., and Fennell, M.J.V. "Mindfulness-Based cognitive therapy for prevention of recurrence of suicidal behavior", Journal of Clinical Psychology 62:201-210, 2006.

26 "Famous people who meditate, from A to Z" http://tmhome.com/experiences/famous-people-who-meditate/

27 "Survey Says: Yoga and Meditation are Growing in Popularity" in The Alternative Daily, April 5, 2015 http://www.thealternativedaily.com/survey-says-yoga-and-meditation -are-growing-in-popularity/

28 Roger Walsh, "Asian Psychotherapies", in R. J. Corsini and D. Wedding (eds.), Current Psychotherapies (5th ed., Itasca, IL: F. E. Peacock, 1995).

세계경제 대공항과 자본주의의 종말 / 칫다다

1 사카르의, 1978년 12월 30일 인도 파트나시 및 1986년 5월 31의 켈커타시에서의 강연: (Published in: E-books; File name: The_Transitional_Period.html 및 File name: The_Poles_Shift_Their_Respective_Positions.html, Ananda Marga Publication, Kolkata, India)

2 사카르의, 1981년 4월20일 인도 켈커타에서의 강연: (Published in: E-book; A_Few_Problem_Solved_9.html, Ananda Marga Publication, Kolkata, India)

3 P.R. Sarkar, *Proutist Economics*, Calcutta, Ananda Marga Publication, 1992, pp.89-90.

4 P.R. Sarkar, *Proutist Economics*, Calcutta, Ananda Marga Publication, 1992, pp.90-91.

5 Maheshvarananda, After Capitalism(한글번역판;『자본주의를 넘어』, 서울: 한살림, 2013, p.511)

6 고철기, 『자본주의의 종말』, 서울: 물병자리, 1997(1997년 The Economist(London, England)에서 재인용).

7 Forbes, April 28, 2010.

8 www.money.cnn.com/gallery/news/companies/2015/05/16/top-paid-ceos.

9 P.R. Sarkar, *Proutist Economics*, Ananda Marga Publication, 1992, pp.89-90.

10 P.R. Sarkar, *Human Society Part II*, Ananda Marga Publication, 1967.

11 이가옥·고철기, 『공동체경제를 위하여』, 녹색평론사, 2001, 129-135쪽.

12 이가옥·고철기, 앞의 책, 137-138쪽.

생명의 눈으로 본 한국 농업 / 윤병선

1 해방 전후의 자소작별 농가호수의 변화를 보면, 자작농가의 비율은 1945년 14.2%에서 1949년에는 37%로 급증했다. 반면 순소작농가의 비율은 같은 기간 동안 50.2%에서 21.0%로 급감했다(김병태, 1981).

2 "미국의 잉여농산물로 들어온 면화는 매 둥구리마다 생산연표를 표시한 꼬리표가 붙어 있었는데 거의가 1935~36산의 솜 들이었다"(김대환, 1981에서 재인용).

3 "한국도 역시 공법 480호와 관련된 성공사례 국가이다. 한국시장도 양허조건에 의한 수원국(受援國)에서 출발하여 거대한 상업시장으로 성장하였다. 988년에 총액 23억 달러에 달하는 농산물을 매입하여 미국 농산물수입국으로는 일본에 이러 두 번째인 것이다. 오늘날 한국은 미국산 사료곡물과 사료원료를 수입하는 중요한 시장이 되었다"(USDA, 1990.3).

폴라니의 "거대한 전환"과 다원적 발전 / 정태인

1 폴라니 식으로 표현하면 허구의 상품인 자연, 인간, 화폐가 사회에 재착근되어야 한다.

2 아주 초보적인 방향은 정태인, 이수연 (2013)에 소개되어 있다.

3 폴라니레빗은 필자와의 인터뷰에서 뷰러웨이의 이 논문이 폴라니의 사상을 가장 잘 요약했다고 평가했다.

4 뷰러웨이에 따르면 마르크스주의 역시 세 파도를 이루게 된다. 첫 번째 파도 때는 자

본-노동의 모순을 중심으로 유토피아적 사회주의가 나타났고(고전적 사회주의), 두 번째 파도 때는 생산-교환의 모순을 중심으로 소비에트사회주의-서구사회주의-제3세계 사회주로 분화했다. 이때는 국가가 규제하는 사회주의 중심의 사고 (소비에트-서구-제3세계 사회주의)가 지배적이었다. 그리고 지금 세 번째 파도 때는

Table 2.1: Three waves of Marxism

	First wave (1795-1914)	Second wave (1914-1973)	Third wave (1973-?)
Contradiction	Capital-labour	Production-exchange	Production-environment
Socialism	Utopian	State	Societal
Marxism	Classical	Soviet-Western-Third World	Sociological-Global
Debates	Dynamics of capitalism	State regulation	Real utopias
Methodology	Theory guides practice	Practice guides theory→Autonomy of theory	Dialogue of theory and practice
Universalism	Linear	Imposed	Built from below

출처: Burawoy, 2014, p.48

생산-환경을 중심으로 사회적 사회주의가 되었으며 이제는 폴라니와 마찬가지로 현실 유토피아를 추구해야 한다는 것이다(사회학적 사회주의). 이 부분은 2014년 가을의 칼폴라니 국제심포지움에서 발표한 피피티를 글로 재정리한 것이다. 그것은 "협동의 경제학"에서 행동경제학, 진화생물학 등으로 정리했던 아이디어를 폴라니의 언어와 사상으로 재규정하는 일이다. 어쩌면 협동의 경제학 자체가, 그 옛날 대학원 때 읽었던 것들이 의식의 심연에 스며들어 있다(embedded)가 슬슬 기어나온 것인지도 모른다. 나는 케인스가 일반이론 마지막 페이지에 쓴 바, "일반 사람들은 자신이 어떠한 지적 영향도 받지 않았으리라고 생각하지만 보통은 죽은 경제학자의 노예"라는 문장을 증명한 셈이다. 참고로, 학회의 노학자들은 내 발표에 별 관심을 보이지 않았다. 단순히 영어를 못했기 때문만은 아닐 것이다.

5 이 절의 설명은 정태인, 이수연(2013)의 1장을 참조하기 바란다.
6 예컨대 "내가 살기를 좋아하며 죽음을 좋아하지 않으며 쾌를 좋아하고 고를 달가워하지 않는 누구의 생명을 빼앗는다면 이는 그에게 유쾌하지도 즐겁지도 않은 일일 것이다. 나에게 즐겁지도 유쾌하지도 않은 것은 그에게도 마찬가지이기 때문이다"(Samyutta Nikaya V pp 353-354)나 "네가 자신을 사랑하는 대로 네 형제를 사랑하라"는 코란의 말씀은 모두 유사하다.
7 폴라니와 아리스토텔레스의 연관에 관해선 II부를 참조하기 바란다.
8 노박의 대중적 서적 "초협력자"가 출판되어 있는데, (아마도 한글 맞춤법 표기법에 따라) Nowak을 노왁이라고 표기했다.
9 이스라엘 하이파 유치원의 실험이 대표적이다. 이 실험은 물질적 인센티브가 사람의 도덕적 규범을 변경해서 역효과가 나타날 수 있다는 것을 보여준다. 이는 경제/경영학의 당연한 정책들이 오히려 나쁜 결과를 낳을 수 있다는 것을 의미한다.
10 생물학의 해밀턴 법칙에 유비된다.
11 이 절의 일부는 이병천, 전창환 편, 2013에 실렸다.
12 자세한 설명은 브루니, 자마니, 2015를 참조하라. 80년대 이래 복지국가의 위기와 다시 부흥하는 "사회적경제"(또는 제3부문)는 이들에게 시민경제 복원, 즉 시민적 인본

주의에 입각한 새로운 사회의 신호탄으로 비쳐진다. 따라서 이들은 사회적경제를 시장의 보완물이나 국가의 보완물로 보는 견해를 신랄하게 비판한다. 이들에게 사회적 경제는 어떤 한 부문이 아니라 시장경제라는 총체를 의미하기 때문이다. 공동선과 상호성이 작동하는 시장에서만 진정으로 행복한 사회가 이뤄질 수 있다. 저자들이 누누이 강조했듯이 시장은 단순히 물건이 교환되는 장소가 아니며, 인간이 자기 실현을 위해 서로 관계를 맺는 장소이다. 그러나 이런 조건이 전혀 갖춰지지 않은 사회에서는 전략적으로 사회적경제를 시장경제와 분리해서 따로 발전시킬 필요가 있을 것이다.

13 심지어 인류는 100만년 가량을 수렵채취시대에 살았는데 이 장구한 기간의 경제는 뭐라고 불러야 할까? 인류 생존의 비결이 협동이라고 할 때(노박의 "초협력자") 이 경제를 사회적경제라고 불러야 하지 않을까? 적어도 공공경제나 시장경제가 아닌 것만은 확실하다.

14 이 절은 정태인(2013)을 요약한 것이다. 또 이 글의 일부는 수정, 보완되어 정태인 (2015)에도 실렸다.

15 정태인 등(2014)는 그러한 방안을 모은 것이라고 할 수 있다.

16 이를 둘러싸고 일어난 논쟁이, 저 유명한 "자본논쟁" 또는 캠브리지-캠브리지 논쟁(미국의 하바드대학과 MIT대학이 있는 곳도 캠브리지이다)이다. 폴라니 레빗에게 물어본 결과, 폴라니는 이 논쟁에 전혀 관심이 없었다고 한다. 아마도 그가 1960년대에 이미 중세와 고대의 경제를 연구하고 있었기 때문일 것이다. 이러한 사실도 폴라니에게 거시경제 모델을 찾기 어려운 이유 중 하나가 되었을 것이다.

17 자본논쟁까지 연결되어 있는 다소 복잡한 논의이지만 요약하면, 잘 작동하는 생산함수란 1) 현실의 생산함수가 규모의 불변함수(CRS)여야 하고, 2) CRS함수라도 집계 조건은 아주 엄격하며, 근사적으로 집계한다고 하더라도 1), 2)의 조건을 만족시켜야 하며(이상 "집계문제"), 현실의 함수가 존재할 수 없으며, "잘 작동하는 생산함수의 외양이 과연 그런 게 존재하는지에 관해 말해주는 것은 하나도 없다. 그런 외양은 회계항등식에서 나오는 것일 뿐이다. 그리고 그 항등식이 산출물 가치와 투입물 가치를 연결하고 있다"(이상, "추정문제", Fisher, 2005,p490). 즉 집계생산함수란 존재하지 않는다. 따라서 집계생산함수를 쓰는 거시 모델은 모두 허구 위에 서 있는 것, 폴라니의 언어로 "형식경제학"일 뿐이다.

찾아보기

종교 문명의 대전환과 큰 적공 총서 03

정치 · 경제의 대전환과 큰 적공

등록 1994.7.1 제1-1071
1쇄 발행 2016년 12월 31일

엮은이 원광대학교 원불교사상연구원
지은이 김종철 서 승 김성곤 윤창원 진징이 이성전 다다 마헤슈와라난다
　　　　강신준 칫다다 윤병선 정태인
펴낸이 박길수
편집인 소경희
편　집 조영준
관　리 위현정
디자인 이주향
펴낸곳 도서출판 모시는사람들
　　　　03147 서울시 종로구 삼일대로 457(경운동 수운회관) 1207호
전 화 02-735-7173, 02-737-7173 / 팩스 02-730-7173
홈페이지 http://modl.tistory.com

인 쇄 상지사P&B(031-955-3636)
배 본 문화유통북스(031-937-6100)

값은 뒤표지에 있습니다.
ISBN 979-11-86502-68-6 94290
ISBN 979-11-86502-66-2 94290　세트

이 도서의 국립중앙도서관 출판예정도서목록(CIP)은 서지정보유통지원시스템 홈페이지
(http://scoji.nl.go.kr)와 국가자료공동목록시스템(http://www.nl.go.kr/kolisnet)에서 이용하
실 수 있습니다.(CIP제어번호: 2016032072)

이 책은 2016년 ☯ 문화체육관광부의 후원으로 발간되었음.